JOHN M. GOTTMAN, Ph.D., y NAN SILVER

Los siete principios para hacer que el matrimonio funcione

John M. Gottman es profesor de psicología en la Universidad de Washington y codirector del Seattle Marital and Family Institute. Ha publicado más de cien artículos y decenas de libros, y en diversas ocasiones ha sido galardonado por su importante contribución al estudio de la pareja y la familia.

Nan Silver es redactora de la revista *Parents*. Ha sido directora de la revista *Health*, autora del libro *Normas educativas para padres responsables* y coautora del libro *Why Marriages Succeed or Fail*.

Los siete principios para hacer que el matrimonio funcione

Los siete principios para hacer que el matrimonio funcione

JOHN M. GOTTMAN, Ph.D., y NAN SILVER

Traducción de SONIA TAPIA

VINTAGE ESPAÑOL
Una división de Random House, Inc.
Nueva York

PRIMERA EDICIÓN VINTAGE ESPAÑOL, NOVIEMBRE 2010

Las anécdotas en este libro están basadas en las investigaciones del doctor Gottman. Algunas de las parejas que aparecen son combinados de los voluntarios de sus estudios. En todos los casos, los nombres y información de identificación se han cambiado.

Sentidos agradecimientos a John Wiley & Sons, Inc., por su permiso para traducir un extracto de *After the Honeymoon*, copyright © 1988 por Daniel B. Wile. Reproducido con el permiso de John Wiley & Sons, Inc.

Información de catalogación de publicaciones disponible en la Biblioteca del Congreso de los Estados Unidos.

Vintage ISBN: 978-0-307-73970-4

www.grupodelectura.com

Impreso en los Estados Unidos de América
10 9 8 7 6 5 4 3 2 1

Para Julie Gottman,
que da un nuevo sentido al concepto de colaboración,
y al corazón de mi equipo:
Sybil Carrere, Sharon Fentiman y Cathryn Swanson.
Ellas hicieron posible este libro
y contribuyeron a que el viaje fuera delicioso,
como tomar café con pasteles en una agradable terraza.

J. G.

A Arthur, mi amor y mi amigo

N. S.

Í N D I C E

AGRADECIMIENTOS

En primer lugar quiero dar las gracias a varios miles de parejas que han contribuido voluntariamente a mi investigación. Su decisión de revelar los aspectos más íntimos de su vida personal ha abierto una puerta, hasta ahora cerrada, que ha hecho posible formular estos siete principios para el buen funcionamiento del matrimonio.

Este libro se basa en investigaciones que recibieron un continuo apoyo del Instituto Nacional de Salud Mental, de la rama de Investigación Científica del Comportamiento. Ha sido de gran ayuda la guía de Molly Oliveri, Della Hahn y Joy Schulterbrandt.

Este libro ha sido posible igualmente gracias a una serie de importantes colaboraciones que han supuesto una gran alegría en mi vida. En primer lugar la colaboración del profesor Robert Levenson, de la Universidad de California, con la que he tenido la suerte de contar durante diecinueve años. Ha sido también muy importante mi colaboración con Neil Jacobson, de la Universidad de Washington, y mi trabajo con la doctora Laura Carstensen, de la Universidad de Stanford.

En mi laboratorio he disfrutado de enriquecedoras asociaciones. Las piedras angulares han sido: Sharon Fentiman, cuya elegancia mejora mi vida y me salva del caos; la doctora Sybil Carrere, que dirige mi laboratorio y es una gran colega, y Cathryn Swanson, mi programadora y analista de datos. No sólo son amigas y compañeras intelectuales, sino que contribuyen a hacer del trabajo una experiencia agradable. Quiero agradecer asimismo las contribuciones y el apoyo de Lynn Katz.

Mi esposa, Julie Schwartz Gottman, me ofreció amor, amistad, motivación, camaradería intelectual, apoyo y organización de conceptos. Ha sido también mi profesora y guía en la práctica de psicoterapia. Gracias a ella los talleres de parejas y padres se convirtieron en una emocionante experiencia creativa. Mientras nosotros nos dedicamos a nuestro trabajo, Etana Dykan dirige con mano experta nuestro Instituto del Matrimonio y la Familia, con gran ánimo y atención al detalle, y ayuda a facilitar nuestra comunicación. Su hermano Shai Steinberg, una persona de increíble creatividad, ha sido también un elemento fundamental en varias áreas de nuestro trabajo. Linda Wright contribuye a mantener un espíritu cálido y humano en nuestra labor (tiene un don especial para hablar con parejas desesperadas). Peter Langsam ha sido nuestro fiel consejero y compañero durante todo el proceso, ayudándonos con sus sabios consejos y su sentido de los negocios.

Recientemente he tenido la suerte de contar con excelentes estudiantes y trabajadores, incluyendo a Kim Buehlman, Jim Coan, Melissa Hawkins, Carole Hooven, Vanessa Kahen, Lynn Katz, Michael Lorber, Kim McCoy, Janni Morford, Sonnyu Ruckstahl, Regina Rushe, Kimberly Ryan, Alyson Shapiro, Tim Stickle y Beverly Wilson.

Quiero dar las gracias a la herencia intelectual de la cual me siento deudor. Como Newton escribió una vez: «Si he podido ver más lejos... ha sido alzándome sobre los hombros de gigantes.» Para mí estos hombros incluyen el trabajo de Les Greenberg y Susan Johnson sobre terapia matrimonial basada en las emociones; el erudito trabajo de Bob Weiss sobre muchos conceptos, incluido el de la anulación de sentimientos; el notable trabajo de Cliff Notarios sobre varios conceptos, entre ellos la eficacia de pareja; la fe de Howard Markman en la intervención preventiva; las grandes contribuciones de Dick Stuart, entre ellas su enfoque del intercambio conductual; el trabajo de Jerry Lewis sobre el equilibrio entre la autonomía y la conexión en el matrimonio, y el persistente trabajo de mi colega Neil Jacobson, que ha marcado el patrón en la investigación en terapia matrimonial. Estoy así mismo en deuda con el reciente trabajo de Jacobson con Andy Christensen, sobre la aceptación de la terapia matrimonial, así como con el trabajo de Ronald Levant y Alan Booth sobre hombres en las familias.

Debo mencionar también la obra de Dan Wile sobre terapia matrimonial, con su soberbia concentración. Me encanta la forma de escribir y pensar de Wile, totalmente consistente con muchas de mis investigaciones. Estoy convencido de que Wile es un genio, y el mejor terapeuta matrimonial del mundo. Es una suerte haber podido intercambiar ideas con él.

Deseo reconocer el trabajo de Irvin Yalom y Victor Frankl sobre psicoterapia existencial. Yalom ha promovido una gran fe en el proceso terapéutico y en la fuerza humana para crecer. Frankl tiene un lugar especial en mi corazón. Él y mi querido primo Kurt Ladner son supervivientes del campo de concentración de Dachau. Ambos encontraron un sentido en un contexto de intenso sufrimiento, tiranía y deshumanización. Espero extender su búsqueda existencial de sentido en el contexto matrimonial. De este modo podemos convertir el conflicto en una nueva experiencia de reveladores sueños vitales, encontrando un sentido compartido y reafirmando la amistad matrimonial.

He llegado a la conclusión de que muchos perspicaces estudios sobre el tema del matrimonio son básicamente correctos. Espero que mi contribución sea un homenaje a todos ellos y añada un poco de precisión a la lucha por comprender qué es lo que hace que las relaciones funcionen.

J. G.

1

En el laboratorio del amor: la verdad sobre los matrimonios felices

Es una mañana insólitamente clara en Seattle. Mark y Janice Gordon se sientan a desayunar. A través del ventanal del apartamento se ven las aguas de Montlake, de un intenso color azul. Algunas personas corren por el parque y los gansos pasean junto al lago. Mark y Janice disfrutan de la vista tanto como de sus tostadas, mientras comparten el periódico dominical. Más tarde Mark probablemente se pondrá a ver un partido de fútbol mientras que Janice charla por teléfono con su madre, en St. Louis.

Todo parece normal dentro de este apartamento… Hasta que advertimos las tres videocámaras instaladas en la pared, los micrófonos sujetos a la ropa de Mark y Janice, y los monitores Holter en torno a sus pechos. El bonito estudio no es en realidad la casa de Mark y Janice, sino un laboratorio de la Universidad de Washington en Seattle, donde durante dieciséis años he encabezado la investigación más extensiva e innovadora jamás realizada sobre el matrimonio y el divorcio.

Como parte de uno de nuestros estudios, Mark y Janice (junto con otras 49 parejas seleccionadas al azar) se ofrecieron voluntarios para pasar una noche en nuestro apartamento, conocido cariñosamente como el laboratorio del amor. Sus instrucciones eran actuar con toda la naturalidad posible, a pesar de que mi equipo de científicos los observaban desde detrás del espejo de la cocina, las cámaras grababan todas sus palabras y expresiones y los sensores captaban en sus cuerpos cualquier señal de tensión o relajación, tal como el latido de su corazón. Para preservar la intimidad básica, las parejas son monitorizadas sólo desde las nueve de la mañana a las nueve de la noche, y nunca cuando están en el cuarto de baño.

El apartamento está equipado con un sofá cama, cocina, teléfono, televisión, vídeo y reproductor de CD. Las parejas deben traer su propia comida, sus periódicos, sus ordenadores portátiles, labores de punto, incluso sus animales: todo lo que necesiten para vivir un fin de semana corriente.

Mi objetivo es nada menos que descubrir la verdad sobre el matrimonio, responder por fin las cuestiones que durante tanto tiempo nos hemos planteado: ¿Por qué a veces el matrimonio es tan difícil? ¿Por qué algunas relaciones funcionan, mientras que en otras se oye un tic tac como en una bomba de relojería? ¿Y cómo podemos evitar que un matrimonio se hunda? ¿O cómo podemos rescatar un matrimonio que naufraga?

PREDECIR EL DIVORCIO CON UNA PRECISIÓN DEL 91%

Después de años de investigación puedo por fin responder a estas cuestiones. De hecho ahora puedo predecir si una pareja seguirá felizmente unida o se separará. Y soy capaz de hacer esta predicción después de escuchar a la pareja en nuestro laboratorio del amor durante cinco minutos. Mi precisión en estas predicciones es de un 91 por ciento, en tres estudios distintos. En otras palabras, en un 91 por ciento de los casos en que he predicho si un matrimonio triunfará o fracasará, el tiempo me ha dado la razón. Estas predicciones no se basan en mi intuición o mis nociones preconcebidas sobre lo que debería ser un matrimonio, sino en los datos que he reunido durante años de estudio.

Al principio el lector se verá tentado de despreciar mis resultados, pensando que no son más que otra larga serie de teorías de moda. Lo cierto es que es normal que nos mostremos escépticos cuando alguien nos asegura haber averiguado qué hace que un matrimonio dure y cómo podemos rescatar el nuestro o asegurarlo a prueba de divorcios. Muchas personas se consideran expertas en el tema del matrimonio y están más que dispuestas a darnos su opinión sobre cómo formar una unión perfecta.

Pero ésa es la palabra clave: *opinión*. Antes de los avances ofrecidos por mi investigación, lo único con que contaban los expertos para ayudar a las parejas era su opinión, su punto de vista. Y aquí incluyo a todos los consejeros cualificados, con talento y con estudios. Por lo general, cualquier terapeuta responsable se basa en su formación profesional y su experiencia, su intuición, su historia familiar, tal vez incluso sus convicciones religiosas. Pero ninguno se basa en pruebas científicas. Porque hasta ahora no había datos científicos rigurosos que explicasen por qué algunos matrimonios tienen éxito mientras que otros fracasan.

Con toda la fama que ha merecido mi capacidad para predecir divorcios, los descubrimientos más gratificantes obtenidos de mis estudios son los siete principios que impiden que un matrimonio fracase.

MATRIMONIOS EMOCIONALMENTE INTELIGENTES

Lo que hace que un matrimonio funcione es muy sencillo. Las parejas felizmente casadas no son más listas, más ricas o más astutas psicológicamente que otras. Pero en sus vidas cotidianas han adquirido una dinámica que impide que sus pensamientos y sentimientos negativos sobre el compañero (que existen en todas las parejas) ahoguen los positivos. Es lo que llamo un matrimonio emocionalmente inteligente.

Puedo predecir si una pareja se divorciará después de observarla y escucharla durante cinco minutos.

Recientemente la inteligencia emocional ha sido ampliamente reconocida como un factor importante para predecir las posibilidades de éxito de un niño. Un niño que está en contacto con sus emociones, y sabe comprender a los demás y relacionarse con ellos, tiene un futuro prometedor sea cual sea su coeficiente intelectual académico. Lo mismo rige para los matrimonios. Una pareja emocionalmente inteligente (es decir, que sabe comprender y respetar al compañero y la relación), tiene más probabilidades de ser feliz en su unión.

De la misma manera que los padres pueden enseñar a los hijos a ser emocionalmente inteligentes, una pareja puede aprender también esta habilidad. Tan sencillo como suena. La inteligencia emocional puede impedir que una pareja entre en las estadísticas de divorcios.

¿Por qué salvar tu matrimonio?

Las estadísticas de divorcios arrojan cifras muy serias. Las posibilidades de que un primer matrimonio acabe en divorcio en un período de cuarenta años es del 67 por ciento. La mitad de los divorcios se producen durante los primeros siete años. Algunos estudios establecen que el índice de divorcios para segundos matrimonios es un 10 por ciento más alto que el de los primeros matrimonios. Las posibilidades de divorcio son tantas que todas las parejas casadas —incluyendo aquellas satisfechas con su relación— deberían hacer un esfuerzo extra para mantener sólido su matrimonio.

Una de las razones más tristes por las que un matrimonio fracasa es que ninguno de los cónyuges reconoce su valor hasta que es demasiado tarde. Sólo después de firmar los documentos, repartir los muebles y alquilar apartamentos separados se dan cuenta de lo mucho que han perdido. A menudo un buen matrimonio se da por sentado, no se valora, y no se le dedica el respeto y el cuidado que merece y necesita. Algunas personas pueden pensar que divorciarse o languidecer en una relación infeliz no es nada serio, tal vez incluso lo consideren «moderno». Pero ahora contamos con suficientes pruebas documentales para saber lo dañino que puede resultar para todas las personas implicadas.

Gracias al trabajo de investigadores como Lois Verbrugge y James House, ambos de la Universidad de Michigan, sabemos ahora que un matrimonio infeliz aumenta en un 35 por ciento las posibilidades de caer enfermo, e incluso acortar nuestra vida en un período medio de cuatro años. Por el contrario, las personas felizmente casadas viven más tiempo y disfrutan de mejor salud que las divorciadas o aquellas involucradas en una relación infeliz. Los científicos saben con seguridad que estas diferencias existen, pero todavía no sabemos exactamente por qué.

Parte de la respuesta puede ser que en un matrimonio infeliz experimentamos un estímulo fisiológico crónico y difuso. En otras palabras, nos sentimos estresados físicamente y a menudo también emocionalmente. Esto supone un desgaste extra para el cuerpo y la mente, que a su vez puede desarrollar una variedad de enfermedades físicas, incluyendo hipertensión o enfermedades coronarias, y diversos trastornos psicológicos, como ansiedad, depresión, suicidio, violencia, psicosis, homicidio o drogadicción.

No es sorprendente que las parejas felizmente casadas muestren un índice mucho más bajo en estas enfermedades. Estas parejas tienden a ser más conscientes de la salud. Los investigadores apuntan que esto se debe a que los cónyuges mantienen el uno sobre el otro regulares chequeos, cuidando de que se tomen las medicinas necesarias, se coma de forma sana, etc.

Las personas casadas viven cuatro años más que las que no lo están.

Recientemente descubrimos en mi laboratorio pruebas preliminares de que un buen matrimonio nos hace más sanos beneficiando directamente nuestro sistema inmunológico, que estimula las defensas del cuerpo contra la enfermedad. Hace unos diez años que los investigadores saben que el divorcio puede inhibir las funciones del sistema inmunológico. Teóricamente, al disminuir la capacidad del organismo de luchar contra invasiones de agentes externos, quedamos más vulnerables a enfermedades infecciosas y cánceres. Ahora hemos descubierto que lo contrario también es verdad: las parejas felizmente casadas no sólo evitan esta disminución de la capacidad inmunológica, sino que pueden experimentar un aumento de la misma.

Después de estudiar las respuestas inmunológicas de las cincuenta parejas que pasaron una noche en el laboratorio del amor, descubrimos una notable diferencia entre las que estaban satisfechas de su matrimonio y aquellas cuya respuesta emocional ante el cónyuge era neutral o infeliz. Utilizamos muestras de sangre de todos los sujetos para comprobar las respuestas de los glóbulos blancos, la principal arma defensiva del sistema inmunológico. En general, los hombres y mujeres felizmente casados mostraban mayor proliferación de glóbulos blancos ante una invasión de agentes externos.

Probamos también la efectividad de otros guardianes del sistema inmunológico: las células encargadas de destruir células del organismo que han sido dañadas o alteradas (como las infectadas o las cancerosas), y que limitan el crecimiento de tumores. Una vez más, los sujetos satisfechos con su matrimonio contaban con más células de esta clase.

Habrá que realizar más estudios antes de que los científicos puedan confirmar que este estímulo del sistema inmunológico es uno de los mecanismos mediante los cuales un buen matrimonio beneficia nuestra salud y aumenta la longevidad. Pero lo más importante es que sabemos que un buen matrimonio ejerce este efecto. De hecho, estoy convencido de que si los entusiastas del ejercicio dedicaran un 10 por ciento del tiempo que pasan en el gimnasio a cuidar de su matrimonio, en lugar de sus cuerpos, su salud se vería mucho más beneficiada.

Cuando un matrimonio comienza a hundirse, no son los cónyuges los únicos que sufren. Los hijos padecen igualmente. En un estudio que realicé con 63 niños en edad preescolar comprobamos que aquellos que vivían en sus hogares una gran hostilidad matrimonial sufrían elevados niveles de estrés, en comparación con los otros niños. No sabemos cuáles serán las repercusiones de este estrés, pero sí es cierto que esta indicación biológica de tensión se reflejaba en su comportamiento. Seguimos a los sujetos hasta la edad de quince años y averiguamos que entre ellos existía un mayor índice de absentismo escolar, depresión, rechazo a los compañeros, problemas de comportamiento (sobre todo agresión), malas calificaciones e incluso fracaso escolar.

Una conclusión importante derivada de estos descubrimientos es que no es sensato aguantar un mal matrimonio por el bien de los hijos. Es claramente dañino criar niños en un hogar dominado por la hostilidad entre los padres. Un divorcio pacífico es mejor que un matrimonio en guerra. Por desgracia, los divorcios rara vez son pacíficos. La mutua hostilidad entre los padres suele mantenerse después de la ruptura. Por esta razón, los hijos de divorciados arrojan resultados tan malos como los que viven bajo el fuego cruzado de un mal matrimonio.

Investigación innovadora. Descubrimientos revolucionarios

A la hora de salvar un matrimonio, hay mucho en juego para todos los miembros de la familia. Pero a pesar de la documentada importancia de la satisfacción matrimonial, las investigaciones científicas en cuanto al tema del matrimonio estable son muy reducidas. Cuando comencé a investigar en este campo, en 1972, los datos científicos fiables sobre el matrimonio podían contarse con los dedos de una mano. Al decir «fiables» me refiero a datos reunidos utilizando métodos científicos tan rigurosos como los de la ciencia médica. Por ejemplo, muchos estudios sobre felicidad matrimonial se realizaban simplemente sometiendo a los cónyuges a diversos cuestionarios. Esto se conoce como el método del autoinforme y, aunque tiene su utilidad, es bastante limitado. ¿Cómo sabemos si una esposa es feliz simplemente porque marca la casilla de «felicidad» en el cuestionario? Las mujeres sometidas en su relación a abusos físicos suelen obtener una calificación muy alta en los cuestionarios sobre satisfacción matrimonial. Sólo cuando una mujer se siente segura y es entrevistada a solas, revela sus sufrimientos.

Para remediar estas lagunas en la investigación, mis colegas y yo hemos mejorado los métodos tradicionales estudiando el matrimonio con otros métodos más innovadores y exhaustivos. Actualmente seguimos a setecientas parejas en siete estudios distintos. No sólo observamos a recién casados, sino también parejas más veteranas, con cónyuges de cuarenta a sesenta años de edad. También hemos estudiado matrimonios que acaban de tener su primer hijo, y parejas interactuando con hijos recién nacidos, en edad preescolar o adolescentes.

Como parte de esta investigación he entrevistado a parejas sobre la historia de su matrimonio, su filosofía sobre el matrimonio, sus puntos de vista sobre el matrimonio de sus padres. Las he filmado mientras hablaban sobre cómo habían pasado el día, sobre las áreas de continuo desacuerdo en su relación o sobre temas más alegres. Y para obtener una lectura psicológica de su estado de tensión o de relajación, he medido su ritmo cardíaco, su presión sanguínea, su sudoración o la función inmunológica. En todos los casos he permitido que la pareja viera las cintas de vídeo para que expresaran su propio punto de vista sobre lo que pensaban o sentían al ver, por ejemplo, que su ritmo cardíaco o su presión sanguínea subía bruscamente durante una discusión matrimonial. Y he mantenido el contacto con las parejas, estudiándolas al menos una vez al año para ver cómo seguía su relación.

De momento mis colegas y yo somos los únicos investigadores que realizamos esta observación y análisis exhaustivo de las parejas casadas. Nuestros datos ofrecen la primera visión real del funcionamiento interno, de la anatomía de un matrimonio. Los resultados de estos estudios, y no mis opiniones, forman la base de mis siete principios para el buen funcionamiento del matrimonio. Estos principios son la piedra angular de una terapia a corto plazo, notablemente efectiva, que he desarrollado junto con mi esposa, Julie Gottman, doctora en psicología clínica. Esta terapia, junto con algunos talleres que siguen los mismos principios, está pensada para matrimonios en crisis o para parejas que quieren mantener sólida su relación.

Nuestro enfoque contrasta con el tradicional ofrecido por la mayoría de los terapeutas matrimoniales. La causa es que a medida que mi investigación comenzaba a descubrir la verdadera historia del matrimonio, tuve que abandonar algunas creencias largamente asentadas sobre el matrimonio y el divorcio.

Por qué fracasa la mayoría de las terapias matrimoniales

Si tienes o has tenido problemas en tu relación, habrás recibido un sinfín de consejos. A veces parece que todo el mundo cree conocer el secreto del amor eterno. Pero la mayoría de estas nociones, ya sean expresadas por psicólogos en la televisión o por una experta manicura en un salón de belleza, son erróneas. Muchas de estas teorías, incluso las esbozadas por teóricos con talento, han sido desacreditadas, o merecen serlo. Pero han llegado a afianzarse de tal forma en la cultura popular que las aceptamos casi sin darnos cuenta.

Tal vez el mayor mito es que la comunicación (y más concretamente, el aprender a resolver nuestros conflictos) es la receta para un matrimonio feliz, apasionado y duradero. Sea cual sea la orientación teórica de un terapeuta matrimonial, ya optemos por terapias de largo plazo, de corto plazo o una consulta radiofónica de tres minutos, el mensaje suele ser siempre el mismo: aprende a comunicarte mejor.

Es fácil comprender la popularidad de este consejo. Cuando una pareja se encuentra en conflicto (ya sea una corta discusión, una pelea a gritos o un silencio férreo), cada uno de los cónyuges está dispuesto a ganar. Cada uno se obsesiona de tal modo en lo herido que se siente, en demostrar que tiene razón y la otra persona se equivoca, o en hacer el vacío, que las líneas de comunicación quedan dañadas o totalmente interrumpidas. De modo que parece lógico que si escuchamos a nuestro cónyuge con atención y cariño, encontraremos solución a nuestros problemas y recuperaremos la relación.

La técnica más común para resolver conflictos —utilizada de una u otra manera por casi todos los terapeutas matrimoniales— se conoce como la escucha activa. Un terapeuta puede recomendarte, por ejemplo, que intentes alguna forma de intercambio emisor-receptor. Digamos que a Judy le molesta que Bob trabaje hasta tarde casi todas las noches. El terapeuta recomienda a Judy expresar sus quejas con frases que pongan de manifiesto lo que ella siente, en lugar de lanzar acusaciones a Bob. Judy dirá: «Me siento sola y agobiada quedándome en casa sola con los niños una noche tras otra mientras tú trabajas hasta tarde», en lugar de: «Eres muy egoísta quedándote a trabajar hasta tarde mientras yo tengo que cuidar sola de los niños.»

A continuación se le pide a Bob que exprese con sus palabras el contenido y los sentimientos del mensaje de Judy, y que compruebe con ella si lo ha entendido bien (esto demuestra que está escuchando de un modo activo). También debe validar los sentimientos de Judy, es decir, debe hacerle saber que los considera legítimos, que la respeta y la comprende aunque no comparta su punto de vista. Bob podría decir: «Debe de resultarte difícil cuidar de los niños tú sola mientras yo trabajo.» A Bob se le pide que no emita ningún juicio, que no intente imponer su punto de vista y que responda sin ponerse a la defensiva. «Te escucho» es una expresión clave común en la escucha activa.

Al forzar a los cónyuges a ver la perspectiva de su pareja, se espera llegar a una solución del conflicto sin ira. Este método se recomienda sea cual sea el problema en cuestión (ya se refiera a la cuenta de la compra o a grandes diferencias en objetivos vitales). La resolución de conflictos se vende no sólo como una panacea para matrimonios en crisis, sino como un tónico para evitar que una pareja comience a fallar.

¿Cuál es el origen de este método? Los pioneros de la terapia matrimonial lo adaptaron de técnicas utilizadas por el famoso psicoterapeuta Carl Rogers para psicoterapia *individual*. La psicoterapia rogeriana tuvo su auge en la década de los sesenta, y todavía se practica hoy en día. El método consiste en responder sin emitir juicios y con una actitud de aceptación a todos los sentimientos y pensamientos que el paciente exprese. Por ejemplo, si el paciente dice: «Odio a mi esposa. Es una bruja que no deja de incordiarme», el terapeuta asiente y responde: «Te escucho decir que tu esposa te incordia y que tú odias eso.» El objetivo es crear un entorno empático en el que el paciente confíe en su terapeuta y se sienta a salvo para explorar sus pensamientos y emociones íntimas.

Puesto que el matrimonio es, idealmente, una relación en la

que las personas se sienten a salvo siendo ellas mismas, parece lógico pensar que las parejas deberían aprender a practicar esta clase de comprensión incondicional. La resolución de conflictos es ciertamente más fácil si cada uno expresa empatía por el punto de vista de la otra parte.

El problema es que no da resultado. Un estudio sobre terapia marital, realizado en Munich y dirigido por el doctor Kurt Hahlweg, puso de manifiesto que incluso después de aplicar las técnicas de escucha activa, las parejas seguían en crisis. Las pocas parejas que obtuvieron algún beneficio sufrieron una recaída al cabo de un año.

La amplia gama de terapias basadas en resolución de conflictos comparte un muy alto índice de recaídas. De hecho, la mejor terapia de esta clase, conducida por el doctor Neil Jacobson, de la Universidad de Washington, tiene un índice de éxito de sólo un 35 por ciento. En otras palabras, sus propios estudios muestran que sólo el 35 por ciento de las parejas experimentan una mejora significativa en su matrimonio como resultado de esta terapia. Un año más tarde, menos de la mitad de este grupo —es decir, un 18 por ciento de las parejas que se sometieron a la terapia— retienen los beneficios obtenidos. *Consumer Reports* realizó un estudio sobre las experiencias de sus lectores con todo tipo de psicoterapeutas. Los terapeutas obtuvieron en general una alta puntuación... excepto por los terapeutas matrimoniales, que obtuvieron puntuaciones muy bajas. Este muestreo no puede calificarse de investigación científica rigurosa, pero confirma lo que la mayoría de los profesionales del campo saben: a largo plazo, los métodos tradicionales de terapia matrimonial no benefician a la mayoría de las parejas.

No es difícil entender por qué la escucha activa fracasa tan a menudo. Tal vez Bob ha hecho todo lo posible por escuchar con atención las quejas de Judy. Pero él no es un terapeuta escuchando las quejas de un paciente sobre una tercera parte. La persona de la cual se queja su esposa es él mismo. Algunas personas pueden ser magnánimas ante estas críticas, pero es poco probable que tú o tu cónyuge seáis una de ellas. Incluso en la terapia rogeriana, cuando el cliente comienza a quejarse del terapeuta, el terapeuta cambia su actitud empática por algún otro método terapéutico. La escucha activa requiere que las parejas realicen gimnasia emocional de categoría olímpica cuando sus relaciones apenas pueden caminar.

Si crees que la validación y la escucha activa pueden facilitar la resolución de conflictos en tu pareja, empléala. En algunas circunstancias es un método muy apropiado. Pero ten en cuenta que aunque contribuya a que las peleas sean «mejores» o menos frecuentes, por sí solo no puede salvar tu matrimonio.

Incluso las parejas felizmente casadas pueden tener peleas a gritos. Las discusiones no necesariamente dañan al matrimonio.

Después de estudiar a unas 650 parejas y realizar un seguimiento de sus matrimonios durante catorce años, ahora podemos entender que este método terapéutico no funciona, no sólo porque para la mayoría de las parejas es casi imposible practicarlo bien, sino, lo que es más importante, porque la resolución de conflictos no es lo que hace funcionar un matrimonio. Uno de los descubrimientos más sorprendentes de nuestra investigación es que la mayoría de las parejas felizmente casadas rara vez practican nada semejante a la escucha activa cuando surge una crisis.

Veamos el caso de una de las parejas que hemos estudiado: Belle y Charlie. Después de más de cuarenta años de matrimonio, Belle afirmó que le gustaría no haber tenido hijos. Esto, evidentemente, fue doloroso para Charlie. A continuación tuvo lugar una conversación en la que se violaban todas las reglas de la escucha activa. En la discusión no entran ni la validación ni la empatía: ambos se lanzaron de cabeza a defender su punto de vista.

CHARLIE: ¿Crees que te habría ido mejor si yo te hubiera hecho caso y no hubiéramos tenido hijos?
BELLE: Tener hijos fue un insulto para mí, Charlie.
CH.: Oye, espera un momento...
B.: ¡Rebajarme a ese nivel!
CH.: Yo no te he rebaja...

B.: Yo quería compartir mi vida contigo, y en vez de eso he terminado hecha una esclava.

CH.: Pero bueno, para el carro. A mí me parece que la cuestión de los hijos no es una cosa tan simple. Creo que hay muchos factores biológicos que no tienes en cuenta.

B.: Mira la cantidad de matrimonios que no han tenido hijos, y les ha ido de maravilla.

CH.: ¿Como quién?

B.: ¡Los duques de Windsor!

CH.: ¡Venga ya!

B.: ¡Él era el rey! Se casó con una mujer que valía mucho y tuvieron un matrimonio muy feliz.

CH.: No creo que sea un buen ejemplo. Para empezar, ella tenía cuarenta años. No es lo mismo.

B.: Pero nunca tuvo hijos. Y él se enamoró de ella no porque fuera a darle hijos.

CH.: Pero, Belle, tú sabes que existe un impulso biológico muy fuerte de tener hijos.

B.: Considero un insulto que pienses que estoy dominada por la biología.

CH.: ¡No podemos evitarlo!

B.: Ya. Mira, el caso es que pienso que nos lo habríamos pasado muy bien sin hijos.

CH.: Pues yo creo que nos lo hemos pasado muy bien con ellos también.

B.: La verdad es que yo no me lo he pasado tan bien.

Aunque tal vez no lo parezca, Charlie y Belle han estado felizmente casados durante más de 45 años. Ambos sostienen estar del todo satisfechos con su matrimonio y se consideran entregados el uno al otro.

Sin duda han tenido discusiones similares durante años. Pero no las terminan enfadados. Siguen discutiendo por qué Belle piensa así de la maternidad. Lo que más lamenta es no haber podido pasar más tiempo con Charlie. Desea no haber estado siempre tan cansada, tan de mal humor. Pero la pareja discute el tema con cariño, con risas. Ni el ritmo cardíaco ni la presión sanguínea indican tensión en ninguno de los dos. Lo que Belle está diciendo, en esencia, es que ama tanto a Charlie que desearía haber pasado más tiempo con él. Evidentemente, entre ellos existe algo muy positivo que domina la discusión. Sea lo que sea ese «algo positivo», es algo con lo que la terapia matrimonial, con su énfasis sobre las peleas «buenas», no puede ayudarnos a conectar.

MÁS MITOS SOBRE EL MATRIMONIO

La noción de que podemos salvar nuestro matrimonio simplemente aprendiendo a comunicarnos con más sensibilidad es el error más extendido sobre este tema, pero ni mucho menos el único. A lo largo de los años he encontrado muchos otros mitos que no sólo son falsos, sino incluso potencialmente destructivos para el matrimonio, puesto que puede guiar a las parejas por un camino equivocado o, peor aún, convencerles de que su matrimonio no tiene solución.

Entre estos mitos comunes se cuentan:

Las neurosis o los problemas de personalidad arruinan el matrimonio

Es lícito suponer que las personas con traumas no tienen muchas posibilidades de un matrimonio feliz. Pero lo cierto es que las investigaciones han demostrado que sólo existe una relación muy débil entre las neurosis comunes y el fracaso en el amor. La razón es que todos tenemos nuestras «pequeñas locuras», aspectos en los que no somos totalmente racionales. Pero éstos no tienen por qué interferir con el matrimonio. La clave de un matrimonio feliz no consiste en tener una personalidad «normal», sino en encontrar a la persona con la que concordamos.

Veamos un ejemplo.

Sam tiene problemas para enfrentarse a la autoridad. Odia a su jefe. Si estuviera casado con una mujer autoritaria, que tendiera a darle órdenes y a decirle lo que tiene que hacer, el resultado sería desastroso. Pero está casado con Megan, que le trata como un compañero y no intenta dominarle. Llevan diez años felizmente casados.

Vamos a compararlos con otra pareja cuyo matrimonio sufre problemas. Jill siente un miedo profundo al abandono, debido a que sus padres se divorciaron cuando ella era muy pequeña. Su esposo, Wayne, que la quiere de verdad, es un donjuán que coquetea abiertamente en las fiestas. Cuando ella se queja, él insiste en que le es totalmente fiel y quiere seguir disfrutando del inofensivo placer del coqueteo. Pero Jill percibe una amenaza en esta actitud (y sabe que Wayne no está dispuesto a cambiar). Esto los lleva a separarse y finalmente al divorcio.

La conclusión es que las neurosis no tienen por qué arruinar un matrimonio. Lo importante es cómo nos enfrentemos a ellas. Si ambos cónyuges saben aceptar el lado extraño de la pareja y convivir con él con cariño y respeto, el matrimonio puede prosperar.

Los intereses comunes mantienen unida a la pareja

Todo depende de cómo se relacione la pareja al perseguir esos intereses. Una pareja amante de las canoas puede deslizarse suavemente por el agua, riendo, charlando y disfrutando juntos. Su amor a las canoas enriquece y hace más profundo su amor y su interés mutuo. Pero también se da el caso de personas amantes del canoísmo, pero que no muestran el mismo respeto mutuo. Sus viajes estarán plagados de comentarios hirientes del tipo: «¡Así no se rema, imbécil!», o bien irritados silencios. En este caso, un interés común no es exactamente beneficioso para la relación.

El toma y daca

Algunos investigadores creen que lo que distingue un matrimonio con éxito de un matrimonio fracasado es que en aquél los cónyuges saben responder a las iniciativas positivas del otro. En otras palabras, responden a una sonrisa con una sonrisa, a un beso con un beso. Si uno ayuda al otro en una tarea, el otro hace lo propio, etc. En esencia, la pareja funciona con un acuerdo no escrito de ofrecer recompensa por cada palabra o hecho amable. En los «malos» matrimonios, este contrato se ha roto, de modo que el aire se impregna de rabia y resentimiento. Según la teoría, si una pareja en crisis se hace consciente de la necesidad de este «contrato», la relación puede recuperarse.

Evitar el conflicto puede arruinar un matrimonio

«Exprésalo tal como es» se ha convertido en una actitud dominante. Pero la sinceridad no es la mejor recomendación para todos los matrimonios. Muchas relaciones sobreviven felizmente aunque la pareja tienda a «esconder el polvo debajo de la alfombra». Tomemos el ejemplo de Allan y Betty. Cuando Allan se enfada con Betty, se pone a ver béisbol en la televisión. Cuando Betty se enfada con Allan, se va de compras. Luego se encuentran de nuevo, como si nada hubiera pasado. En cuarenta años de matrimonio jamás se han sentado a mantener un «diálogo» sobre su relación. Ninguno sabe lo que es una afirmación de «validación». Y sin embargo los dos afirman sinceramente estar muy satisfechos con su matrimonio y amarse profundamente. Ambos sostienen los mismos valores, les encanta pescar y viajar juntos, y desean para sus hijos un matrimonio tan feliz como el que ellos han compartido.

Las parejas tienen distintos estilos de conflicto. Algunas evitan las peleas a toda costa, otras discuten con frecuencia, otras son capaces de solucionar sus diferencias mediante el diálogo y llegar a un compromiso sin siquiera levantar la voz. Ningún estilo es necesariamente mejor que los demás, siempre que funcione para ambos miembros de la pareja. Los problemas surgen cuando uno de los cónyuges quiere siempre solucionar un conflicto mediante el diálogo mientras que el otro prefiere ver la televisión.

La infidelidad es una causa principal de divorcio

Sucede más bien al contrario. Los problemas que ponen a un matrimonio en el camino del divorcio impulsan también a los cónyuges a buscar relaciones externas a la pareja. La mayoría de los terapeutas sostienen que el objetivo de las relaciones extramatrimoniales no es el sexo, en la mayoría de los casos, sino la búsqueda de amistad, apoyo, comprensión, respeto, atención y cariño: es decir, todo aquello que el matrimonio debería ofrecer.

En uno de los estudios más fidedignos realizados sobre el divorcio, a cargo de las doctoras Lynn Gigy y Joan Kelly, extraído de The Divorce Mediation Project en Corte Madera, California, el 80 por ciento de las personas divorciadas sostienen que su matrimonio naufragó porque la pareja se fue distanciando poco a poco, o porque no se sentían amadas o apreciadas. Sólo un porcentaje de un 20 al 27 por ciento afirmaron que parte de la causa fue una relación extramatrimonial.

Los hombres no están biológicamente «hechos» para el matrimonio

Esta teoría, corolario de la idea de que las relaciones extramatrimoniales son causa de divorcio, sostiene que los hombres son mujeriegos por naturaleza, y que por tanto no están hechos para la monogamia. Es supuestamente la ley de la jungla: el macho busca procrear todo lo posible, de modo que su fidelidad a una hembra es superficial. La hembra, por su parte, encargada de la larga tarea de cuidar de los hijos, busca un único compañero que cuide de ella.

Pero sean cuales sean las leyes naturales que rigen a otras especies, entre los seres humanos la frecuencia de relaciones extramatrimoniales no depende tanto de que la persona sea hombre o mujer, sino más bien de las oportunidades disponibles. Ahora que muchas mujeres trabajan fuera de casa, el índice de relaciones extramatrimoniales entre mujeres se ha disparado. Según la doctora Annette Lawson, del Berkeley's Institute of Human Development, de la Universidad de California, desde que las mujeres han comenzado a trabajar fuera de casa, el número de relaciones extramatrimoniales entre mujeres es ligeramente superior al de los hombres.

Hombres y mujeres son de distinto planeta

Según una serie de libros de éxito, hombres y mujeres no pueden comprenderse porque los hombres son «de Marte» y las mujeres «de Venus». Sin embargo, los matrimonios con éxito se componen también de estos respectivos «alienígenas». Las diferencias de sexo pueden contribuir a los problemas matrimoniales, pero no son la causa de ellos.

El factor determinante para que una mujer se sienta satisfecha con el sexo, romance y pasión en su matrimonio es, en un 70 por ciento, la calidad de la amistad con su pareja. Para los hombres, el factor determinante es igualmente, en un 70 por ciento, la calidad de la amistad con su pareja. De modo que a la postre hombres y mujeres parecen venir del mismo planeta.

Y podría seguir con la lista. La cuestión es que no sólo existen numerosos mitos sobre el matrimonio, sino que la falsa información que a menudo ofrecen puede disuadir a algunas parejas que intentan desesperadamente salvar su matrimonio. Porque lo que estos mitos implican es que el matrimonio es una institución en extremo compleja para la que la mayoría de nosotros no servimos.

No estoy sugiriendo que el matrimonio sea fácil. Todos sabemos que para mantener una relación duradera hace falta valor, decisión y resistencia. Pero una vez comprendas lo que de verdad hace funcionar un matrimonio, te resultará más sencillo salvar o preservar el tuyo.

¿Por qué funciona un matrimonio?

El consejo que solía dar a las parejas al principio de mi carrera era en esencia el mismo que ofrecen la inmensa mayoría de los terapeutas matrimoniales: las viejas sugerencias sobre la capacidad de comunicación y resolución de conflictos. Pero después de estudiar mis propios datos, tuve que enfrentarme a los hechos: lograr que las parejas discutan de forma más «agradable» puede reducir su nivel de estrés mientras discuten, pero no basta para insuflar vida a un matrimonio en crisis.

La trayectoria adecuada para estas parejas se hizo evidente sólo después de analizar las interacciones de parejas cuyos matrimonios navegaban suavemente en aguas turbulentas. ¿Por qué aquellos matrimonios funcionaban tan bien? ¿Acaso estas parejas eran más inteligentes o más estables? ¿O simplemente tenían más suerte que otras? Fuera lo que fuera, ¿era posible enseñarlo a otras parejas?

Pronto quedó claro que estos matrimonios felices no eran nunca uniones perfectas. Algunas parejas que declaraban estar satisfechas con su relación mostraban significativas diferencias de temperamento, intereses o valores familiares. El conflicto no era infrecuente. Discutían, igual que las parejas infelices, de dinero, trabajo, los niños, el mantenimiento de la casa, el sexo y la familia política. El misterio era cómo lograban moverse con desenvoltura a través de estas dificultades y mantener su matrimonio estable.

Seguí estudiando cientos de parejas hasta que por fin descubrí los secretos de estos matrimonios emocionalmente inteligentes. No existen dos matrimonios iguales, pero cuanto más observaba a los matrimonios felices más claro tenía que guardaban entre ellos siete significativas similitudes. Los matrimonios felices tal vez no sean conscientes de que siguen estos siete principios, pero lo cierto es que así es. Los matrimonios infelices siempre fallan al menos en alguno de estos siete aspectos, y generalmente en muchos de ellos. Si llegas a dominar estos siete principios puedes tener la certeza de que tu matrimonio prosperará. Aprenderás a identificar cuáles de estos factores son o pueden llegar a ser los puntos débiles de tu matrimonio, y a concentrar tu atención allí donde tu relación más lo necesita.

En los siguientes capítulos conocerás todos los secretos para mantener un matrimonio feliz, y te guiaremos paso a paso en la aplicación de estas técnicas a tu propia relación.

Pruebas, por favor

¿Cómo puedo estar tan seguro de que esto beneficiará tu matrimonio? Porque a diferencia de otras terapias matrimoniales, la mía se basa en el conocimiento de lo que hace prosperar un matrimonio, en lugar de los factores que lo hacen fracasar. Ya no tengo que averiguar por qué algunas parejas permanecen felizmente casadas. Ahora lo sé con certeza. He demostrado en qué se distinguen los matrimonios felices de todos los demás.

Estoy seguro de que los siete principios funcionan no sólo porque mis datos así lo corroboran, sino porque los cientos de parejas que han asistido a nuestros talleres también lo han confirmado. Casi todas estas parejas acudieron a nosotros porque su matrimonio estaba en crisis, algunas incluso estaban al borde del divorcio. Muchas dudaban de que un simple taller de dos días basado en los siete principios pudiera salvar su relación. Por fortuna, su escepticismo resultó infundado. Nuestros datos indican que estos talleres ejercieron un profundo y poderoso efecto en las vidas de estas parejas.

El índice de recaída en las parejas que asisten a mis talleres es dos veces menor que el de la terapia matrimonial tradicional.

A la hora de juzgar la efectividad de la terapia matrimonial, nueve meses parece ser el número mágico. Generalmente para entonces las parejas que van a recaer después de la terapia ya han recaído, y aquellas que retienen los beneficios de la terapia durante este período tienden a conservarlos a largo plazo. De modo que nosotros pusimos a prueba nuestros talleres realizando un seguimiento extensivo de 640 parejas durante nueve meses. Me alegra informar que el índice de recaída fue sorprendentemente bajo. El índice de recaída nacional para la terapia matrimonial tradicional es de un 30 a un 50 por ciento. Nuestro índice es de un 20 por ciento. Averiguamos que al comienzo de nuestros talleres el 27 por ciento de las parejas corría un alto riesgo de divorcio. A los tres meses, la proporción había bajado a un 7 por ciento, y a los nueve meses era de un 0 por ciento. Pero incluso las parejas que no corrían un alto riesgo de divorcio obtuvieron significativos beneficios de nuestros talleres.

Amistad versus peleas

En la base de mi programa subyace una sencilla verdad: los matrimonios felices están basados en una profunda amistad. Los cónyuges se conocen íntimamente, conocen los gustos, la personalidad, las esperanzas y los sueños de su pareja. Muestran gran consideración el uno por el otro y expresan su amor no sólo con grandes gestos, sino con pequeños detalles cotidianos.

Veamos el ejemplo de Nathaniel, que lleva su propio negocio de importación y trabaja durante muchas horas. En condiciones normales, su horario podría haber sido motivo de conflicto en el matrimonio. Pero su esposa Olivia y él han encontrado la forma de seguir unidos. Charlan frecuentemente por teléfono durante el día. Si ella tiene una visita con el médico, él se acuerda de llamarla para ver cómo le ha ido. Si él tiene una reunión con un cliente importante, ella llama para interesarse por el tema. Si tienen pollo para cenar, ella le cede los dos muslos porque sabe que a él le gustan. Si él hace pasteles de mora para los niños el domingo por la mañana, hace algunos sin moras para ella, porque sabe que no le gustan. Aunque no es un hombre religioso, la acompaña a la iglesia todos los domingos porque para ella es importante. Y aunque a ella no le gusta pasar mucho tiempo con sus parientes, se ha hecho amiga de la madre y las hermanas de Nathaniel porque sabe que a él le importa mucho la familia.

Aunque todo esto pueda sonar prosaico y aburrido, es más bien todo lo contrario. A través de las cosas pequeñas pero importantes Olivia y Nathaniel mantienen la amistad que es el fundamento de su amor. El resultado es que su matrimonio es mucho más apasionado que el de parejas que suelen realizar vacaciones románticas y se hacen grandes regalos el día del aniversario pero no logran estar en contacto el uno con el otro en la vida diaria.

La amistad aviva las llamas de la pasión porque ofrece la mejor protección contra los sentimientos negativos hacia la pareja. Gracias a que Nathaniel y Olivia han mantenido fuerte su amistad a pesar de los inevitables desacuerdos e irritaciones de la vida matrimonial, experimentan lo que se conoce técnicamente como «preponderancia de sentimiento positivo». Esto significa que los pensamientos positivos que albergan el uno sobre el otro y sobre su matrimonio son tan dominantes que imperan sobre los sentimientos negativos. Para perder su equilibrio hace falta un conflicto mucho más serio que en cualquier otra pareja. Esta positividad les hace sentirse optimistas hacia su matrimonio y su vida en común, y les motiva a concederse el uno al otro el beneficio de la duda.

Vamos a ver un sencillo ejemplo.

Olivia y Nathaniel se disponen a ofrecer una cena.

—¿Dónde están las servilletas? —pregunta Nathaniel.

—¡En el armario! ¿Dónde van a estar? —responde Olivia irritada.

Puesto que su matrimonio está fundado en una firme amistad, lo más probable es que él no haga caso del tono de Olivia y se limite a coger las servilletas. Atribuirá su enfado a algún problema sin importancia que no tiene nada que ver con él (por ejemplo, tal vez esté intentando en vano descorchar la botella de vino). Sin embargo, si su matrimonio estuviera en crisis, lo más probable es que él se enfadara a su vez o gritara:

—¿Sí? ¡Pues cógelas tú!

Esta «predominancia positiva» es similar en cierto modo a la técnica del «peso establecido» para adelgazar. Según esta popular teoría, el cuerpo tiene un «peso establecido» que intenta mantener. Gracias a la homeostasis, ya comamos mucho o poco, nuestro cuerpo tiene una fuerte tendencia a mantenerse en torno a ese peso. Sólo reajustando el metabolismo del organismo (por ejemplo, haciendo ejercicio) lograremos perder peso de forma definitiva con una dieta.

La positividad y la negatividad operan en el matrimonio de una forma similar. Una vez el matrimonio «establece» cierto grado de positividad, hará falta más negatividad para dañar la relación que si el «nivel establecido» fuera más bajo. Y si la relación se torna abrumadoramente negativa, será más difícil recuperarla.

La mayoría de los matrimonios comienzan con un grado tan alto de positividad que a los cónyuges les resulta difícil imaginar que su relación puede deteriorarse. Pero muy a menudo este estado no dura mucho. Al cabo de un tiempo la irritación, la rabia y el resentimiento pueden crecer hasta el punto de que la amistad se torna cada vez más una abstracción. La pareja puede seguir hablando de amistad, pero lo cierto es que ya no es una realidad cotidiana. Finalmente acaban en una «preponderancia de sentimiento negativo». Todo se interpreta de forma cada vez más negativa. Si la esposa dice: «No se puede usar el microondas sin poner comida dentro», el marido lo interpreta como un ataque y por tanto responde: «No me digas lo que tengo que hacer. ¡Yo soy el único que ha leído las instrucciones!» Y comienza otra pelea.

Una vez alcanzado este punto, parece muy difícil volver al lazo fundamental que unió a la pareja inicialmente. Pero mis siete principios os enseñarán a fortalecer vuestra amistad incluso cuando os sintáis inmersos en la negatividad. A medida que conozcáis estos principios, entenderéis con más profundidad el papel de la amistad en el matrimonio, y desarrollaréis la capacidad de revivir o mantener esa amistad.

El arma secreta de una pareja feliz

El redescubrimiento de la amistad no evita que las parejas discutan, pero sí les da un arma secreta que impide que las peleas se les escapen de las manos.

Veamos por ejemplo lo que sucede cuando Olivia y Nathaniel discuten.

Tienen planeado trasladarse a las afueras de la ciudad, y la tensión ha ido creciendo entre ellos. Aunque están de acuerdo en qué casa comprar y cómo decorarla, no piensan lo mismo en cuanto al coche. Olivia cree que deberían comprar una pequeña furgoneta, un vehículo práctico. Para Nathaniel nada podría ser peor. Él quiere un jeep. Cuanto más hablan de ello, más decibelios alcanzan sus discusiones. Si uno pudiera oírlos gritar albergaría serias dudas sobre su futuro juntos. De pronto, Olivia pone los brazos en jarras, en perfecta imitación de su hijo de cuatro años, y saca la lengua. Puesto que Nathaniel sabía que estaba a punto de hacerlo, saca la lengua él primero. Los dos se echan a reír. Como siempre, la pequeña payasada mitiga la tensión entre ellos.

En nuestra investigación hemos encontrado un nombre técnico para lo que hicieron Olivia y Nathaniel. Sin darse cuenta emplearon un *intento de desagravio*, cualquier frase o acción —cómica o no— que impide que la negatividad aumente sin control. Los intentos de desagravio son el arma secreta de las parejas emocionalmente inteligentes, aunque muchas de ellas no saben siquiera que están empleando un arma tan poderosa.

Si una pareja disfruta de una buena amistad, ambos miembros se tornan expertos en enviarse intentos de desagravio y en interpretar de forma correcta los que a su vez reciben. Pero si una pareja se encuentra en un estado propenso a la negatividad, incluso un intento de desagravio tan claro como «Oye, lo siento», tendrá un índice de éxito muy bajo.

El éxito o fracaso de los intentos de desagravio es uno de los factores primordiales que indican si el matrimonio prospera o se hunde. Y lo que determina el éxito de los intentos de desagravio es la fuerza de la amistad matrimonial. Esto tal vez parezca simplista o evidente, pero ya veremos en las páginas siguientes que no es así. El fortalecimiento de la amistad matrimonial no es algo tan sencillo como «ser simpático». Aunque pienses que tu amistad es sólida, te sorprenderá saber que todavía puede fortalecerse más. La mayoría de las parejas que asisten a nuestros talleres se alegran de saber que casi todo el mundo pierde el control durante un conflicto matrimonial. Lo que importa es que las reparaciones sean efectivas.

EL PROPÓSITO DEL MATRIMONIO

En los matrimonios más sólidos, marido y mujer comparten una profunda sensación de trascendencia. No sólo «se llevan bien», sino que también respaldan las esperanzas y aspiraciones de su pareja y dan sentido a su vida en común. A esto me refiero cuando hablo de honrar y respetar al otro.

Muy a menudo es este factor lo que provoca que los cónyuges se enzarcen en discusiones eternas, o que se sientan solos. Después de observar incontables grabaciones de peleas matrimoniales, puedo garantizar que la mayoría de las disputas no tratan de si la tapa del retrete está subida o bajada, o de a quién le toca sacar la basura. Por el contrario, son asuntos más profundos los que originan estos conflictos superficiales y los hacen mucho más intensos y dolorosos de lo que podrían ser.

Si entendéis esto, estaréis dispuestos a aceptar una de las verdades más sorprendentes sobre el matrimonio: la mayoría de los desacuerdos matrimoniales no tienen solución. Las parejas pasan años intentando cambiarse el uno al otro. Pero esto es imposible. Y esto es así porque la mayor parte de sus desacuerdos está basada en diferencias fundamentales de personalidad, valores o estilo de vida. Discutir por estas diferencias no es más que una pérdida de tiempo y una forma de dañar el matrimonio.

Esto no significa que no puedas hacer nada si tu relación está inmersa en el conflicto. Lo que significa es que el típico consejo de resolución de conflictos no sirve de nada. Lo que necesitas es comprender las diferencias esenciales que provocan el conflicto entre tú y tu pareja, y aprender a vivir con estas diferencias honrándose y respetándose el uno al otro. Sólo entonces podréis dar un sentido a la relación.

Hasta ahora las parejas debían lograr este objetivo siguiendo su propio instinto, o por pura suerte. Pero mis siete principios ofrecen los secretos del éxito matrimonial a todas las parejas. Sea cual sea el estado de tu relación, estos principios pueden suponer un cambio drástico y positivo en tu vida.

El primer paso para mejorar tu matrimonio es comprender lo que sucede cuando no se siguen los siete principios. Esto ha quedado demostrado en mi extensiva investigación de parejas que no pudieron salvar su matrimonio. Aprender sobre el fracaso puede impedirte cometer los mismos errores, o repararlos en caso de que ya los hayas cometido. Una vez comprendas por qué los matrimonios fracasan, y cómo los siete principios pueden evitar esta tragedia, estás en camino de mejorar tu matrimonio para siempre.

2

Cómo predecir el divorcio

Dara y Oliver se sientan frente a frente en el laboratorio del amor. Ambos están cerca de los treinta años y se han ofrecido voluntarios para formar parte de mi estudio sobre recién casados. En esta exhaustiva investigación, 130 parejas han accedido no sólo a poner sus matrimonios bajo el microscopio, sino también frente a la cámara. Dara y Oliver se encuentran entre las cincuenta que fueron observadas durante su estancia de una noche en el apartamento del laboratorio. Mi capacidad para predecir el divorcio se basa en parte en mis análisis de estas parejas y sus interacciones.

Dara y Oliver sostienen que sus vidas son caóticas pero felices. Ella asiste por la noche a la escuela de enfermería, y él trabaja muchas horas como programador de ordenadores. Como muchas parejas, incluyendo tanto las que son felices como las que finalmente se divorcian, Dara y Oliver reconocen que su matrimonio no es perfecto. Pero afirman que se quieren y están dispuestos a seguir juntos. A ambos se les ilumina el semblante cuando hablan de la vida que planean construir.

Les pido que pasen quince minutos en el laboratorio intentando resolver la discusión que mantenían mientras yo los grababa. Mientras ellos hablaban, los sensores acoplados a su cuerpo establecían los niveles de tensión de acuerdo a varias mediciones en su sistema circulatorio, entre ellas el ritmo cardíaco.

Yo esperaba que en la discusión surgiera por fin alguna negatividad. Al fin y al cabo les habíamos pedido que se pelearan. Aunque algunas parejas son capaces de resolver desacuerdos con palabras comprensivas y sonrisas, lo más frecuente es que haya tensión. Dara y Oliver no son ninguna excepción. Dara piensa que Oliver no cumple con su parte en las tareas de la casa, y él piensa que Dara le agobia demasiado, con lo cual cada vez está menos motivado para realizar sus tareas.

Después de escucharles hablar de su problema, yo predije tristemente a mis colegas que el matrimonio de Dara y Oliver haría aguas. Efectivamente, cuatro años más tarde nos informan de que están a punto de divorciarse. Aunque todavía viven juntos, se sienten solos. Se han convertido en fantasmas en un matrimonio que en otros tiempos les hizo sentir tan vivos.

PRIMERA SEÑAL: PLANTEAMIENTO VIOLENTO

El mejor indicativo de que esta discusión (y el matrimonio) no va por buen camino es el modo en que se plantea. Dara se torna de inmediato negativa y acusadora. Cuando Oliver menciona el tema de las tareas de la casa, ella se muestra sarcástica:

—Para ti no existen —dice.

Oliver intenta levantar los ánimos haciendo un chiste:

—Podríamos escribir un libro: «Los hombres son unos cerdos.»

Pero Dara no reacciona. Siguen hablando, intentando idear un plan para que Oliver realice sus tareas, y entonces dice:

—La verdad es que me gustaría encontrar una solución, pero no creo que sea posible. He intentado hacer una lista de tareas, pero no sirve de nada. He intentado dejar que lo hagas a tu manera, y durante un mes no has hecho nada.

Ahora está culpando a Oliver. En esencia está diciendo que el problema no son las tareas de casa, sino él.

Cuando una discusión toma este camino —con críticas o sarcasmo, que es una expresión de desprecio—, la conversación ha tenido un «planteamiento violento». Aunque Dara habla con un tono bajo y tranquilo, sus palabras están cargadas de negatividad. Después de escuchar el primer minuto de su conversación, supe que al final de ella Dara y Oliver no habrían resuelto sus diferencias. Las investigaciones muestran que si una discusión tiene un planteamiento violento, terminará de modo inevitable con una nota negativa, por mucho que se intente «ser agradable» entre tanto. Las estadísticas son significativas: en el 96 por ciento de las ocasiones se puede predecir el resultado de una conversación de quince minutos basándose en los *tres primeros minutos*. Un planteamiento violento es una garantía de fracaso. De modo que si comienzas de este modo una discusión, más te vale hacer borrón y cuenta nueva y empezar otra vez.

LA SEGUNDA SEÑAL: LOS CUATRO JINETES

El planteamiento violento de Dara dispara la alarma que indica que el matrimonio está sufriendo serias dificultades. A medida que se desarrolla su discusión yo sigo buscando tipos particulares de interacciones negativas. Algunas clases de negatividad, si permitimos que escapen a nuestro control, son tan letales para una relación que yo los llamo los Cuatro Jinetes del Apocalipsis. Generalmente estos cuatro jinetes cabalgan en el corazón de un matrimonio en el siguiente orden: críticas, desdén, actitud defensiva y actitud evasiva.

El primer jinete: las críticas

Siempre tendrás alguna queja sobre la persona con la que vives. Pero entre las quejas y las críticas hay una diferencia abismal. Una queja sólo se refiere a una acción específica en la que tu cónyuge ha fallado. La crítica es más global, e incluye palabras negativas sobre el carácter o personalidad de tu pareja. «Estoy muy enfadada porque anoche no fregaste la cocina. Dijimos que lo haríamos por turnos.» Esto es una queja. «¿Por qué eres tan distraído? No soporto tener que fregar siempre la cocina cuando te toca a ti. ¡Nada te importa!» Esto es una crítica. Una queja se centra en un comportamiento específico, pero una crítica va más allá. Una crítica incluye culpa y difamación.

Ésta es la receta: para convertir cualquier queja en crítica, simplemente añade mi frase favorita: «¿Pero a ti qué te pasa?»

Generalmente un planteamiento violento aparece disfrazado de crítica. En el siguiente ejemplo veremos cómo las quejas de Dara se convierten en críticas cuando Dara empieza a hablar:

—La verdad es que me gustaría encontrar una solución, pero no creo que sea posible (*queja*). He intentado hacer una lista de tareas, pero no sirve de nada. He intentado dejar que lo hagas a tu manera, y durante un mes no has hecho nada. (*Crítica. Dara está dando a entender que el problema es culpa de Oliver. Aunque así fuese, echarle la culpa no hará más que empeorar las cosas.*)

Aquí tenemos otros ejemplos que muestran la diferencia entre quejas y críticas.

Queja: El coche se ha quedado sin gasolina. ¿Por qué no lo llenaste como te dije?

Crítica: ¿Por qué nunca te acuerdas de nada? Te he dicho mil veces que llenes el tanque.

Queja: Deberías haberme dicho antes que estás demasiado cansado para hacer el amor. Estoy decepcionada y me siento estúpida.

Crítica: ¿Por qué eres siempre tan egoísta? Ha sido una faena que me dejaras llegar hasta aquí. Deberías haberme dicho antes que estabas demasiado cansado para hacer el amor.

Queja: Tenías que consultarme antes de invitar a nadie a cenar. Quería estar a solas contigo esta noche.

Crítica: ¿Por qué siempre pones a tus amigos por delante de mí? Yo siempre soy la última de la lista. Esta noche íbamos a cenar solos.

Si oyes ecos de estas críticas en tus discusiones con tu pareja, ten en cuenta que no sois los únicos. El primer jinete es muy común en las relaciones. De modo que no pienses que estáis condenados al divorcio. El problema de las críticas es que cuando se hacen constantes allanan el camino para los otros jinetes, más peligrosos.

El segundo jinete: desprecio

Dara no sólo critica a Oliver, sino que no tarda en pasar al desprecio. Cuando sugiere establecer una lista de tareas para que él recuerde lo que tiene que hacer, dice: «¿Crees que puedes funcionar con una lista?» A continuación Oliver afirma que necesita relajarse durante un cuarto de hora cuando llega a casa antes de empezar a hacer nada.

—De modo que si te dejo en paz durante un cuarto de hora, ¿crees que estarás motivado para ponerte en marcha y hacer algo? —pregunta ella.

—Tal vez. No lo hemos intentado, ¿no? —replica Oliver.

Dara tiene aquí una oportunidad para suavizar la discusión, pero en lugar de eso recurre al sarcasmo:

—A ti lo que se te da estupendamente cuando llegas a casa es tumbarte o desaparecer en el baño. —Y luego añade desafiante—: Así que tú crees que ésa es la solución mágica, que te deje en paz un cuarto de hora.

El sarcasmo y el escepticismo son formas de desprecio. Lo mismo puede decirse de los insultos, el gesto de poner los ojos en blanco, la burla y el humor hostil. El desprecio, en cualquiera de sus formas —el peor de los cuatro jinetes— envenena las relaciones porque implica disgusto. Es imposible resolver un problema cuando tu pareja está recibiendo el mensaje de que estás disgustado con ella. El desprecio aumenta siempre el conflicto, en lugar de favorecer la reconciliación.

Peter, encargado de una zapatería, era un maestro del desprecio en lo referente a su esposa Cynthia. Veamos lo que sucede cuando intentaban resolver sus conflictos con respecto al dinero.

Peter dice:

—Tú mira la diferencia entre nuestros vehículos y nuestra ropa. Me parece que dicen mucho de nosotros y de lo que sabemos valorar. Tú te burlas de mí porque lavo mi furgoneta, mientras que tú pagas a alguien para que te lave el coche. Tu coche nos está costando una fortuna y tú ni siquiera te molestas en lavarlo. Es imperdonable, y de lo más desconsiderado.

Esto es un claro ejemplo de desprecio. Peter no sólo señala que gastan el dinero de forma distinta, sino que acusa a su esposa de un defecto moral: ser desconsiderada.

Cynthia responde que para ella es muy difícil lavar el coche. Peter no hace caso de esta explicación y sigue en sus trece.

—Yo cuido de mi furgoneta porque cuando uno cuida las cosas duran más. Yo no soy como tú: «Bah, ya compraremos otra nueva.»

Cynthia, todavía esperando que Peter se ponga de su lado, dice:

—Mira, si me ayudaras a lavar el coche sería estupendo. Te lo agradecería mucho, de verdad.

Pero en lugar de aprovechar esta oportunidad de reconciliación, Peter quiere pelea:

—¿Cuántas veces me has ayudado tú a lavar la furgoneta?

—Muy bien. Si tú me ayudas a lavar el coche, yo te ayudo con la furgoneta —responde ella, intentando de nuevo reconciliarse.

Pero el objetivo de Peter no es resolver el problema sino atacar a Cynthia, de modo que replica:

—Eso no es lo que te he preguntado. ¿Cuántas veces me has ayudado con la furgoneta?

—Nunca.

—¿Lo ves? Por eso creo que no tienes ninguna responsabilidad. Es como si tu padre te comprara una casa. ¿Qué esperarías? ¿Que también te la pintara?

—A ver, ¿me ayudarás a lavar el coche si yo te ayudo a lavar la furgoneta?

—La verdad es que no sé si quiero que me ayudes —dice Peter.

—Bueno, ¿entonces me ayudarás con el coche?

—Te ayudaré cuando pueda. No te voy a firmar una garantía de por vida, ¿no? ¿Qué vas a hacer, denunciarme? —Y Peter se echa a reír.

Escuchando esta discusión queda claro que el principal propósito de Peter es rebajar a su esposa. Su desprecio aparece en su implicación de que él es moralmente superior, como cuando dice: «Yo creo que eso dice mucho sobre nosotros y lo que sabemos valorar», o: «Yo no pienso como tú: “Bah, ya compraremos otra.”»

Las parejas que muestran desprecio tienen más probabilidades de sufrir enfermedades infecciosas (resfriados, gripes, etc.).

El desprecio se exacerba por los pensamientos negativos sobre la pareja, guardados durante mucho tiempo. Es más probable tener estos pensamientos negativos cuando las diferencias no se resuelven. Sin duda, la primera vez que Peter y Cynthia discutieron de dinero, él no fue tan desdeñoso. Probablemente ofreció una queja sencilla como: «Creo que deberías lavar tú misma el coche. Sale muy caro tener que pagar siempre a alguien para que lo lave.» Pero al no llegar a un acuerdo sobre esto, sus quejas se convirtieron en críticas globales, del tipo: «Siempre has sido una manirrota.» Y a medida que el conflicto proseguía, Peter se fue sintiendo más y más disgustado y harto de Cynthia, y este cambio llegó a afectar sus palabras en ulteriores discusiones.

La beligerancia, prima del desprecio, es igualmente letal para una relación. Es una forma de enfado agresivo porque contiene una amenaza o una provocación. Si una esposa se queja de que su marido no llega del trabajo a tiempo para la cena, una respuesta beligerante sería: «¿Sí? ¿Y qué piensas hacer?» Cuando Peter dice a Cynthia: «¿Qué vas a hacer, denunciarme?», cree que está haciendo un chiste, pero en realidad está mostrando una actitud beligerante.

El tercer jinete: la actitud defensiva

Considerando lo desagradable que Peter está siendo, no es sorprendente que Cynthia se defienda. Señala que no lava el coche tan a menudo como Peter piensa, y explica que para ella es físicamente más difícil lavar el coche que para él lavar la furgoneta.

Aunque es comprensible que Cynthia se defienda, las investigaciones muestran que con esto rara vez se obtiene el efecto deseado. El cónyuge agresivo no da su brazo a torcer ni pide perdón. Esto sucede porque la actitud defensiva es en realidad un modo de culpar a la pareja. Lo que estamos diciendo en esencia es: «El problema no soy yo. Eres tú.» La actitud defensiva no hace sino agravar el conflicto, y por eso es tan peligrosa. Cuando Cynthia explica que le resulta difícil lavar el coche, Peter no dice: «Ah, ahora lo entiendo», sino que ignora esta excusa, ni siquiera da muestras de haberla escuchado. Lo que hace es afianzarse más en su posición, diciendo que él cuida muy bien de su vehículo y dando a entender que ella es una irresponsable por no hacer lo mismo. Cynthia no puede ganar. Ni su matrimonio tampoco.

Las críticas, el desprecio y la actitud defensiva no siempre entran en el hogar en estricto orden. Funcionan más bien como una carrera de relevos, pasándose el testigo de uno a otro continuamente si no sabemos poner fin a este ciclo.

Esto se ve claramente en la discusión de Oliver y Dara sobre las tareas del hogar. Aunque parecen estar buscando una solución, Dara se torna cada vez más desdeñosa, burlándose de Oliver, y desechando todas las ideas que él ofrece. Cuanto más se pone él a la defensiva, más lo ataca ella. El lenguaje corporal de Dara indica condescendencia. Habla en tono bajo, con los codos apoyados en la mesa y los dedos entrelazados bajo el mentón. Como un abogado o un juez, hace las preguntas sólo para ver cómo él se encoge.

DARA: Así que tú crees que ésa es la solución mágica, que te deje en paz un cuarto de hora.

OLIVER: No, no creo que ésa sea la solución mágica. Yo creo que funcionaría si además escribimos una lista con las tareas que hay que hacer. Podríamos poner un calendario. Sí, así lo tendría presente.

D.: Ya. Como cuando te escribo las cosas en la agenda. ¿Acaso las haces entonces? (*burla y desprecio*)

O.: No siempre tengo ocasión de mirar mi agenda durante el día. (*actitud defensiva*)

D.: Y crees que sí que mirarás el calendario, ¿no?

O.: Sí. Y si me retraso en cualquier momento, deberías decírmelo. Pero nunca me lo dices, lo que haces es protestar: que si no he hecho esto, que si no he hecho lo otro... ¿Por qué no me preguntas si tengo una razón para no haber hecho la tarea? El otro día, por ejemplo, me quedé levantado para hacerte el currículum. Muchas veces te hago favores, pero tú nunca lo tienes en cuenta. (*actitud defensiva*)

D.: ¿Acaso no hago yo cosas por ti? (*actitud defensiva*)

O.: Sí, claro que sí... Sólo creo que deberías relajarte un poco.

D.: (*sarcástica*): Ya. Bueno, pues parece que hemos encontrado la solución.

Es evidente que Dara y Oliver no han resuelto nada, a causa de las críticas, el desprecio y la actitud defensiva.

El cuarto jinete: actitud evasiva

En matrimonios como el de Dara y Oliver, donde las discusiones tienen un planteamiento violento, donde las críticas y el desprecio provocan una actitud defensiva, finalmente uno de los cónyuges se distancia, y esto augura la llegada del cuarto jinete.

Pensemos en el esposo que llega a casa del trabajo, se encuentra con un bombardeo de críticas de su esposa y se esconde detrás de un periódico. Cuanto más se cierra él, más grita ella. Finalmente él se levanta y se marcha de la habitación. En lugar de enfrentarse a su esposa, se distancia. Al apartarse de ella está evitando una pelea, pero también está poniendo en peligro su matrimonio. Ha recurrido a la actitud evasiva. Aunque tanto los hombres como las mujeres recurren a ella, es más común entre los hombres, por razones que veremos más adelante.

Durante una conversación típica entre dos personas, el receptor ofrece una serie de señales para que el emisor sepa que lo escucha. Estas señales pueden ser contacto visual, movimientos afirmativos con la cabeza, decir de vez en cuando «sí» o «ya». Pero una persona evasiva no ofrece estas señales de reconocimiento, sino que tiende a apartar o bajar la mirada sin pronunciar palabra. Como si oyera llover. La persona evasiva actúa como si no le importara en absoluto lo que el otro dice, como si ni siquiera lo oyera.

La actitud evasiva suele llegar más tarde que los otros tres jinetes. Por eso es menos común entre recién casados, como Oliver, que entre parejas que llevan un tiempo en una espiral negativa.

Hace falta tiempo para que la negatividad creada por los tres primeros jinetes crezca hasta tal punto que la evasión se convierta en una salida comprensible.

Ésta es la actitud de Mack cuando discute con su esposa Rita sobre el comportamiento que ambos muestran en las fiestas. Ella sostiene que el problema es que Mack bebe demasiado, mientras que él piensa que el peor problema es la reacción de Rita, que lo avergüenza gritándole delante de sus amigos.

Aquí tenemos una parte de su discusión:

RITA: O sea, que el problema soy yo otra vez. Empiezo quejándome de algo y ahora el problema soy yo. Como siempre.

MACK: Sí, ya sé que a veces soy yo. (*pausa*) Pero tus rabietas infantiles son una vergüenza para mí y para mis amigos.

R.: Si supieras controlar la bebida en las fiestas…

M.: (*baja la vista, evita el contacto visual, no dice nada; se está evadiendo*)

R.: Porque me parece (*se echa a reír*) que por lo demás nos llevamos bastante bien (*ríe de nuevo*).

M.: (*sigue evadiéndose; guarda silencio, no la mira, no asiente con la cabeza, no asume ninguna expresión ni pronuncia palabra*)

R.: ¿No crees?

M.: (*silencio*)

R.: Mack, ¿me oyes?

LA TERCERA SEÑAL: SENTIRSE ABRUMADO

Rita podría pensar que sus quejas no obran ningún efecto sobre Mack. Pero nada más lejos de la verdad. Generalmente las personas recurren a la evasión como una protección para no sentirse *abrumadas*. Esto sucede cuando la negatividad de uno de los cónyuges —ya sea en forma de crítica, desprecio o incluso actitud defensiva— resulta tan súbita y abrumadora, que la otra persona se siente conmocionada, tan indefensa frente a la agresión que haría cualquier cosa por evitar una réplica. Cuanto más abrumado/a te sientas por las críticas o el desprecio de tu pareja, más alerta estarás ante las señales que indican que tu pareja está a punto de «estallar» de nuevo. Lo único que puedes pensar es en protegerte de la turbulencia que causan los ataques de tu cónyuge. Y la forma de lograrlo es distanciarte emocionalmente de la relación. No es de extrañar que Mack y Rita estén en la actualidad divorciados.

Paul es otra de las personas que se evade cuando su esposa Amy se torna negativa. En la siguiente discusión, Paul expresa lo que todas las personas evasivas sienten:

AMY: Cuando me enfado es justamente cuando deberías hacer un esfuerzo. Pero si dejas de hablar es como si me dijeras que ya no te importa lo que siento. Y entonces me siento un gusano, como si mis sentimientos u opiniones no te interesaran en absoluto. Un matrimonio no debería ser así.

PAUL: Lo que yo digo es que si quieres tener una conversación seria, no puedes estar dando gritos todo el rato. Empiezas a atacar desde el principio.

A.: Bueno, cuando estoy furiosa o me siento herida, tengo ganas de hacerte daño y empiezo a gritar. Pero es entonces cuando los dos deberíamos parar. Yo debería decirte que lo siento y tú deberías decirme: «Ya sé que quieres hablar de esto y debería hacer un esfuerzo por hablar en lugar de ignorarte.»

P.: Yo hablo cuando...

A.: Cuando te conviene.

P.: No; cuando tú no estás gritando en plena pataleta.

Amy insiste en explicarle a Paul cómo se siente cuando él se evade, pero no parece escuchar las explicaciones de Paul (es decir, que se evade porque no puede soportar la hostilidad de ella). Esta pareja se divorció más adelante.

El naufragio de un matrimonio puede predecirse pues por los habituales planteamientos violentos y el hecho frecuente de que alguno de los dos se sienta abrumado a causa de la incesante presencia de los cuatro jinetes durante las discusiones. Aunque cada uno de estos factores puede predecir por sí solo un divorcio, lo general es que los cuatro coexistan en un matrimonio que no es feliz.

LA CUARTA SEÑAL: EL LENGUAJE DEL CUERPO

Aunque no hubiera podido oír la conversación entre Mack y Rita, habría predicho su divorcio simplemente observando sus lecturas fisiológicas. Cuando observamos los cambios físicos en las parejas durante una discusión tensa, podemos comprobar hasta qué punto se estresa físicamente la persona que se siente abrumada. Una de las reacciones físicas más comunes es la aceleración del ritmo cardíaco, que alcanza unos 100 latidos por minuto, o incluso 165. El ritmo cardíaco normal en los hombres es de 30 a 76 latidos por minuto, y en las mujeres de unos 82. También se dan cambios hormonales, incluyendo la secreción de adrenalina, que estimula la respuesta de lucha o de huida. Asimismo aumenta la presión sanguínea. Estos cambios son tan notables que si uno de los cónyuges se siente abrumado con frecuencia durante las discusiones matrimoniales, es fácil predecir que acabarán divorciándose.

El hecho de que una persona se sienta abrumada con frecuencia lleva al divorcio por dos razones. En primer lugar, indica que al menos uno de los cónyuges siente una grave tensión emocional al tratar con el otro. En segundo lugar, las sensaciones físicas que provoca el sentirse abrumado —aceleración de ritmo cardíaco, sudoración, etc.— imposibilitan cualquier conversación productiva capaz de solucionar un conflicto. Esta sobreestimulación del organismo durante una discusión es un sistema de alarma muy primitivo, heredado de nuestros antepasados prehistóricos. Todas estas reacciones de tensión, como el martilleo del corazón o el sudor, suceden porque nuestro organismo percibe que la situación es peligrosa. Aunque vivamos en la era de la concepción *in vitro* y los trasplantes de órganos, desde el punto de vista de la evolución no ha pasado mucho tiempo desde que habitábamos en las cavernas. De modo que el cuerpo humano no ha refinado su reacción al miedo, y responde de la misma forma ya nos enfrentemos a un tigre o a un cónyuge agresivo que nos increpa porque nunca nos acordamos de bajar la tapa del retrete.

Cuando las reacciones físicas de estrés se dan durante una discusión con la pareja, las consecuencias son desastrosas. Nuestra habilidad para procesar información queda reducida, lo cual significa que es más difícil prestar atención a lo que el otro está diciendo. La resolución creativa de problemas se va por la ventana. Nos quedamos con las respuestas más reflejas y menos intelectuales de nuestro repertorio: luchar (criticar, mostrar desdén o ponernos a la defensiva), o huir (evadirnos). Desaparece cualquier posibilidad de solucionar el problema. De hecho, lo más probable es que la discusión no haga sino empeorarlo.

HOMBRES Y MUJERES SON DIFERENTES

En un 85 por ciento de los matrimonios, el evasivo es el esposo. Esto no es por algún fallo del hombre. La razón se encuentra en nuestra herencia evolutiva. Las pruebas antropológicas sugieren que hemos evolucionado de los homínidos cuyas vidas se circunscribían dentro de modelos de sexo muy rígidos, puesto que éstos eran ventajosos para sobrevivir en un entorno hostil. Las hembras se especializaban en criar a los hijos, mientras que la tarea de los machos era la caza en común.

La cantidad de leche que una madre produce queda afectada por su estado de relajación, que a su vez se relaciona con la liberación de la hormona oxitocina del cerebro. De modo que la selección natural favorece a la hembra capaz de tranquilizarse rápidamente después de una situación de estrés. Su capacidad para conservar la calma aumenta las posibilidades de supervivencia de los hijos al optimizar la cantidad de alimento que reciben.

Pero la selección natural masculina favorecerá lo contrario. Para aquellos primeros cazadores, el estado de alerta y vigilancia era clave para la supervivencia. De modo que los machos propensos a la descarga de adrenalina y que no se tranquilizaban fácilmente tenían más posibilidades de sobrevivir y procrear.

Hoy en día el sistema cardiovascular del macho sigue siendo más reactivo que el de la hembra, y más lento en recuperarse de la tensión. Por ejemplo, si un hombre y una mujer oyen de pronto un fuerte ruido, como una explosión, lo más probable es que el corazón de él lata más deprisa que el de ella, y esté acelerado durante más tiempo, según las investigaciones del doctor Robert Levenson de la Universidad de California, en Berkeley. Lo mismo sucede con la presión sanguínea: la de él subirá más y durante más tiempo. El psicólogo Dolf Zillman, de la Universidad de Alabama, ha descubierto que cuando los sujetos varones reciben un trato brusco deliberado y luego se les pide que se relajen durante veinte minutos, su presión sanguínea sube y sigue elevada hasta que consiguen desquitarse. Sin embargo, las mujeres sometidas al mismo tratamiento son capaces de serenarse durante esos veinte minutos. Es interesante el dato de que la presión sanguínea de la mujer tiende a subir de nuevo si se la presiona para que se desquite.

Puesto que la confrontación matrimonial, que activa el estado de alerta, tiene un mayor efecto físico sobre el hombre, es lógico que los hombres sean más proclives que las mujeres a intentar evitar estas confrontaciones.

Es un hecho biológico: los conflictos matrimoniales afectan más a los hombres que a las mujeres.

Esta diferencia en la reacción fisiológica de nuestros distintos organismos influye también en lo que hombres y mujeres piensan cuando experimentan tensión en el matrimonio.

Como parte de ciertos experimentos, pedimos a algunas parejas que se observen discutir en una cinta grabada y que nos cuenten lo que estaban pensando cuando nuestros sensores detectaron alguna reacción. Sus respuestas sugieren que los hombres tienden más a los pensamientos negativos que mantienen su tensión, mientras que las mujeres son más proclives a los pensamientos tranquilizadores que las ayudan a recuperar la calma y mostrarse conciliadoras. Los hombres, en general, piensan en lo indignados que están («No pienso aguantar esto», «Se van a enterar de quién soy yo»), lo cual lleva al desprecio o la beligerancia. O bien se consideran víctimas inocentes de la ira o las quejas de su esposa («¿Por qué siempre me echa la culpa de todo?»), lo cual lleva a la actitud defensiva.

Evidentemente estas reglas no se aplican a todos los individuos, pero después de veinticinco años de investigación he advertido que en la mayoría de las parejas existen estas diferencias entre hombres y mujeres en cuanto a las reacciones fisiológicas y psicológicas ante el estrés.

A causa de estas diferencias, la mayoría de los matrimonios (incluyendo los felices) siguen un patrón similar en los conflictos. Según este patrón, la esposa, que es por constitución más capaz de enfrentarse a la tensión, saca a colación algún tema peliagudo. El esposo, que no es tan capaz de enfrentarse a ello, intentará evitar el tema. Puede ponerse a la defensiva o evadirse, o incluso tornarse beligerante o despectivo en un intento por silenciar a la esposa.

El hecho de que tu matrimonio siga este patrón no indica necesariamente que el divorcio sea inevitable. De hecho aquí encontrarás ejemplos de los cuatro jinetes, e incluso de algún cónyuge que se siente abrumado, en matrimonios estables. Pero cuando los cuatro jinetes aparecen constantemente, cuando alguno de los cónyuges se siente abrumado con frecuencia, la relación tiene graves problemas.

Cuando una persona se siente abrumada es prácticamente inevitable que se distancie de su pareja. Esto a su vez hace que el otro cónyuge se sienta solo. Sin ayuda, el matrimonio terminará divorciándose o viviendo una relación muerta en la que ambos mantendrán vidas paralelas y separadas bajo el mismo techo. Tal vez realicen juntos algunas tareas, como jugar con los niños, celebrar fiestas o ir de vacaciones, pero emocionalmente ya no se sentirán conectados.

LA QUINTA SEÑAL: INTENTOS DE DESAGRAVIO FRACASADOS

Hace falta tiempo para que los cuatro jinetes acaben con un matrimonio. Aun así, el divorcio puede a menudo predecirse con sólo escuchar una conversación entre recién casados. ¿Cómo puede ser esto?

La respuesta es que al analizar cualquier desacuerdo en una pareja, podemos tener una idea clara del patrón que tienden a seguir. Un factor crucial en ese patrón es si los intentos de desagravio funcionan o fracasan. Los intentos de desagravio son esfuerzos que realiza la pareja («Vamos a dejarlo un momento», «Espera, necesito calmarme un poco») para mitigar la tensión durante una discusión, para frenar y poder así evitar que alguno se sienta abrumado.

Los intentos de desagravio salvan el matrimonio no sólo porque mitigan la tensión emocional entre los cónyuges, sino porque al bajar el nivel de tensión también evitan que el corazón se acelere y provoque que alguno de ellos se sienta abrumado. Cuando los cuatro jinetes gobiernan la comunicación de una pareja, los intentos de desagravio no suelen ser siquiera advertidos. Especialmente cuando nos sentimos abrumados, no somos capaces de oír una bandera blanca verbal.

En los matrimonios infelices se desarrolla un círculo vicioso entre los cuatro jinetes y los intentos de desagravio fallidos. Cuanto más desdeñosa y defensiva es la pareja, más veces se sentirán los cónyuges abrumados, y más difícil les resultará oír y responder a un intento de desagravio. Y puesto que los intentos de desagravio pasan inadvertidos, el desdén y la actitud defensiva aumentan, los cónyuges se sentirán más abrumados, y esto a su vez hará más difícil oír el siguiente intento de desagravio. Hasta que por fin uno de los cónyuges se distancia.

Por eso puedo predecir un divorcio con sólo escuchar una discusión entre marido y mujer. El fracaso de los intentos de desagravio es un indicador muy preciso de un futuro infeliz. La presencia de los cuatro jinetes predice el divorcio con un 82 por ciento de precisión. Pero si a esto añadimos el fracaso de los intentos de desagravio, el índice de aciertos alcanza un 90 por ciento. Esto es porque algunas parejas que cabalgan con los cuatro jinetes en sus discusiones logran reparar el daño que éstos provocan. Por lo general, en esta situación (cuando los cuatro jinetes están presentes pero los intentos de desagravio funcionan), el resultado es un matrimonio estable y feliz. De hecho, en un 84 por ciento de los casos, los recién casados que lograban reparar los daños de los cuatro jinetes seguían manteniendo un matrimonio estable y feliz seis años más tarde. Pero si no existen intentos de desagravio, o si estos intentos pasan desapercibidos, el matrimonio corre serio peligro.

Después de escuchar una discusión matrimonial durante tres minutos, puedo predecir en un 96 por ciento de los casos si esa discusión logrará resolver un conflicto.

En los matrimonios emocionalmente inteligentes se da una amplia gama de intentos de desagravio. Cada persona tiene su propio estilo. Olivia y Nathaniel se sacan la lengua, otras parejas se echan a reír o sonríen o piden perdón. Incluso una frase con tono irritado como «Deja de gritarme» o «Te estás saliendo del tema» puede mitigar una situación tensa. Estas reparaciones mantienen el matrimonio estable porque impiden que los cuatro jinetes se asienten del todo.

El éxito o el fracaso de un intento de desagravio no tiene que ver con la elocuencia de la frase, sino con el estado del matrimonio. Hal y Jodie, una pareja felizmente casada, me enseñaron esta lección. Hal es un químico investigador, y a causa de la naturaleza de su trabajo se entera muchas veces en el último momento de que no llegará a casa a tiempo para cenar. Aunque Jodie sabe que Hal no puede controlar su horario, esta situación la molesta enormemente. Cuando discutieron el problema en nuestro laboratorio, Jodie señaló que los niños se negaban a cenar hasta que él estuviera en casa, de modo que muy a menudo tenían que cenar muy tarde, cosa que a ella no le gustaba. Hal sugirió entonces que les preparase una merienda cena para que no pasaran hambre, ante lo cual Jodie le espetó:

—¿Y qué te crees que he estado haciendo todo este tiempo?

Hal se dio cuenta de que había metido la pata. Se había mostrado inconsciente ante lo que sucedía en su propia casa y, peor aún, había agraviado la inteligencia de su esposa. En un matrimonio infeliz, esto podría ser el comienzo de una buena pelea. Yo esperé a ver qué pasaba a continuación. Puesto que todas las demás pruebas sugerían que su matrimonio era feliz, predije que Hal recurriría a algún hábil intento de desagravio. Pero lo único que hizo fue mirar a Jodie con una sonrisa bobalicona. Jodie se echó a reír y luego prosiguieron con la discusión.

La sonrisa de Hal dio resultado porque el matrimonio funcionaba. Pero cuando Oliver intentó ablandar a Dara riéndose durante su conversación sobre las tareas del hogar, no consiguió nada. En los matrimonios en que se han asentado definitivamente los cuatro jinetes, hasta los intentos de desagravio más sensibles y precisos pueden fracasar de modo estrepitoso.

Irónicamente vemos más intentos de desagravio entre las parejas con problemas que en los matrimonios estables. Cuanto más fracasan los intentos de desagravio, más recurre a ellos la pareja. Es penoso ver cómo uno de los cónyuges ofrece una y otra vez intentos de desagravio, en vano.

¿Cuál es la diferencia? ¿Cómo podemos saber que los intentos de desagravio darán resultado? Más adelante veremos que es la calidad de la amistad entre marido y mujer y, como expliqué en el primer capítulo, la «predominancia positiva».

La sexta señal: malos recuerdos

Cuando una relación queda inmersa en la negatividad, no sólo corre peligro el presente y el futuro de la pareja. También el pasado corre un riesgo. Generalmente pregunto a las parejas sobre la historia de su matrimonio. He visto en repetidas ocasiones que los cónyuges que mantienen un punto de vista negativo sobre su pareja y su relación suelen reescribir su pasado. Si les pregunto sobre el noviazgo inicial, la boda, el primer año que pasaron juntos, puedo predecir sus perspectivas de divorcio incluso cuando ignoro sus sentimientos actuales.

La mayoría de las parejas se casan con grandes esperanzas y expectativas. En los matrimonios felices, los cónyuges miran atrás con cariño. Aunque la boda no saliera bien, tienden a recordar los momentos buenos en lugar de los malos. Recuerdan lo positivos que se sentían al principio, lo emocionante que fue conocerse y lo mucho que se admiraban. Cuando hablan de los tiempos difíciles, glorifican las luchas que han mantenido y sienten que sacaron fuerzas de la adversidad que soportaron juntos.

Pero cuando un matrimonio no va bien, la historia se escribe de nuevo, para peor. Ahora ella recuerda que él llegó media hora tarde a la ceremonia, o él insiste en el tiempo que ella pasó hablando con el padrino de la boda, o «coqueteando» con sus amigos. Otra triste señal es cuando les resulta difícil recordar el pasado: se ha convertido en algo tan poco importante o tan doloroso que han dejado que se desvanezca.

Peter y Cynthia no siempre estuvieron discutiendo sobre coches y asuntos de dinero. Sin duda, si miramos su álbum de fotos encontraremos muchas imágenes felices de sus primeros días juntos. Pero esas imágenes se han borrado hace tiempo de sus mentes. Si se les pide que describan sus primeras épocas, nos contarán detalles de su noviazgo y su boda, pero poco más. Cynthia recuerda que se conocieron en una tienda de discos en la que ella trabajaba como cajera. Consiguió el nombre y el número de teléfono de él por el recibo de la tarjeta de crédito, y le llamó para preguntarle si le había gustado el CD que había comprado. A continuación tuvieron su primera cita.

Cynthia nos dice que al principio se sintió atraída por Peter porque era guapo, iba a la universidad y mantenía conversaciones interesantes. «Pues yo creo que fue porque tenía tarjeta de crédito», tercia Peter, haciendo una referencia a sus actuales peleas sobre el dinero. Él no recuerda muy bien qué le atrajo de ella cuando se conocieron. «Pues... —Hace una larga pausa—. La verdad es que no lo sé. Nunca quise pensar qué era en concreto lo que me gustaba. Creo que habría sido peligroso.»

Cuando les preguntamos con qué actividades disfrutaban en aquel entonces, a los dos les cuesta recordar. «Íbamos de excursión o algo así, ¿no?», le pregunta Cynthia. Él se encoge de hombros. Lo mismo sucede cuando hablan de su decisión de casarse. «Pensé que haría más sólida la relación. Parecía un paso lógico. Ésa es la razón principal», dice Peter. Recuerda que se declaró a Cynthia en un restaurante, atando el anillo a una cinta blanca en torno a un ramo de rosas blancas. El recuerdo parecía prometedor, hasta que Peter añadió con una risa triste:

—Nunca lo olvidaré. Ella vio el anillo, empezó a temblar y me dijo: «Supongo que querrás una respuesta, ¿no?» No era la reacción que esperaba, la verdad. —Peter se vuelve hacia su esposa—. Ni siquiera sonreíste al decirme aquello. Te quedaste totalmente inexpresiva, como si pensaras que yo era un idiota.

—No —exclama Cynthia sin fuerzas.

La situación no mejora. Peter tenía neumonía y una fiebre muy alta el día de la boda. Lo que más recuerda, aparte de sentirse enfermo, era estar en la limusina después de la ceremonia, con Cynthia y el padrino de boda. El padrino encendió la radio y se oyó a todo volumen la canción *Same Old Ball and Chain*. Cynthia recuerda que se sintió herida porque muchos invitados se marcharon justo después de la cena. Peter recuerda que todo el mundo golpeaba las copas con los cubiertos para que Cynthia y él se besaran. «Yo ya me estaba enfadando», dice Peter. Para resumir el día de su boda dice: «Fue toda una tragedia.» Cynthia esboza una lánguida sonrisa de aquiescencia.

La razón de que Peter y Cynthia tengan recuerdos tan distorsionados es que la negatividad entre ellos se ha tornado muy intensa. Cuando los cuatro jinetes cabalgan en un hogar, dañando la comunicación, la negatividad crece hasta tal grado que todo lo que un cónyuge hace es considerado bajo una luz negativa por el otro.

En un matrimonio feliz, si el esposo olvida recoger la ropa de la lavandería, tal como prometió, lo más probable es que ella piense: «Bueno, ha estado muy estresado últimamente y necesita dormir.» Considerará que ha sido un fallo momentáneo provocado por una situación específica. En un matrimonio infeliz, la misma circunstancia provocará una reacción muy distinta: «Él siempre es tan desconsiderado y egoísta», pensará ella.

De la misma forma, en un matrimonio feliz, un gesto cariñoso, como que la esposa salude al marido con un beso apasionado cuando él vuelve a casa después del trabajo, se verá como un signo de que ella lo quiere. Pero en un matrimonio infeliz, la misma acción llevará al marido a pensar: «¿Qué querrá de mí ahora?»

Mitch, uno de los maridos que estudiamos, es un ejemplo de esta percepción distorsionada. Cada vez que su esposa Leslie le hace un regalo, lo abraza o incluso le llama por teléfono, él atribuye algún motivo oculto a sus actos. Mitch ha reescrito la historia de su matrimonio, con un guión muy negativo. Cada vez que surge un conflicto se siente indignado. Sus pensamientos negativos sobre Leslie contribuyen a mantener su tensión. Se siente abrumado en cuanto surge una confrontación. Las expectativas negativas sobre ella y su relación se han convertido en la norma. Esta pareja acabó divorciándose.

El final se acerca

Cuando una pareja llega al punto de reescribir su historia, cuando sus mentes y sus cuerpos imposibilitan la comunicación y la solución de los problemas, el fracaso es casi inevitable. Los cónyuges se encuentran constantemente en alerta roja. Puesto que siempre esperan una batalla, el matrimonio se convierte en un tormento. El resultado comprensible es el abandono de la relación.

A veces una pareja en este estado acude a un terapeuta. En la superficie puede parecer que no pasa nada. No discuten, no muestran desdén ni actitudes evasivas. Hablan con calma y con distancia sobre su relación y sus conflictos. Un terapeuta inexperto podría suponer que sus problemas no son muy profundos. Pero lo cierto es que uno de los cónyuges, o ambos, ya se ha distanciado emocionalmente del matrimonio.

Algunas personas abandonan un matrimonio de forma literal, divorciándose. Otras lo hacen simplemente viviendo vidas separadas bajo el mismo techo. Sea cual sea el camino, existen cuatro etapas finales que señalan la muerte de una relación:

1. Considerar que los problemas matrimoniales son muy graves.
2. Hablar parece inútil. Cada uno intenta solucionar los problemas a solas.

3. Empiezan a llevar vidas separadas.
4. Se sienten solos.

Cuando una pareja llega a la última etapa, uno de los cónyuges, o ambos, puede tener una aventura. Pero una relación extramatrimonial es por lo general un *síntoma* de un matrimonio moribundo, no la causa. El final del matrimonio podía haberse predicho mucho antes de la relación extramatrimonial. A menudo las parejas comienzan a buscar ayuda para salvar su matrimonio cuando ya están inmersas en aguas turbulentas. Hubieran podido ver mucho antes las señales de aviso, si hubieran sabido buscarlas.

Los problemas incipientes pueden verse en:

1. Lo que los cónyuges se dicen el uno al otro (la prevalencia de planteamientos violentos en las conversaciones, los cuatro jinetes y la negativa a aceptar consejo).
2. El fracaso de los intentos de desagravio.
3. Las reacciones fisiológicas (el hecho de sentirse abrumados).
4. Los constantes pensamientos negativos sobre el matrimonio.

Cualquiera de estas señales sugiere una separación emocional, y en la mayoría de los casos el divorcio es sólo cuestión de tiempo.

Pero no se acaba hasta que se acaba

Pero por muy triste que suene todo esto, estoy convencido de que muchos matrimonios pueden salvarse. Incluso una pareja que ha tocado fondo puede revivir si recibe la ayuda precisa. Lamentablemente, la mayoría de los matrimonios en esta etapa reciben la ayuda equivocada. Cualquier terapeuta bien intencionado aconsejará encarecidamente a la pareja que resuelva sus diferencias y mejore su comunicación. En otra época yo mismo habría recomendado esto. Al principio, cuando averigüé cómo predecir el divorcio, pensé que había descubierto la clave para salvar matrimonios. Lo único que hacía falta, pensaba, era enseñar a la gente a discutir sin dar cabida a los cuatro jinetes y sin sentirse abrumada. Entonces los intentos de desagravio funcionarían y la pareja podría solventar sus diferencias.

Pero, como tantos otros expertos antes que yo, estaba en un error. No fui capaz de encontrar el código para salvar matrimonios hasta que comencé a analizar lo que de hecho funcionaba en los matrimonios felices. Después de estudiar intensamente matrimonios estables durante dieciséis años, ahora sé que la clave para reanimar una relación o ponerla a prueba de divorcios no reside en cómo manejamos las discusiones, sino en cómo se comporta un cónyuge con el otro cuando no están discutiendo. De modo que aunque mis siete principios pueden ayudarte a enfrentarte a los conflictos, la base de mi método es fortalecer la amistad que existe en el corazón de todo matrimonio.

3

Primer principio: mejora tus mapas de amor

Rory era un pediatra que dirigía una unidad de cuidados intensivos para bebés. Era muy querido en el hospital. Era un hombre reservado pero muy cariñoso, encantador y con un agudo sentido del humor. Era también un adicto al trabajo, que dormía en el hospital una media de veinte noches al mes. No conocía los nombres de los amigos de sus hijos, ni siquiera el nombre del perro de la familia. Si le preguntaban dónde estaba la puerta trasera de la casa, él a su vez se lo preguntaba a su esposa Lisa.

Lisa estaba molesta porque veía muy poco a Rory, y él parecía muy desconectado emocionalmente. Ella tenía frecuentes gestos para demostrarle su amor, pero estos detalles no hacían sino irritarle. Lisa sentía que Rory no valoraba su matrimonio.

Todavía hoy me sorprende la historia de esta pareja. Él era un hombre muy dotado intelectualmente y sin embargo ni siquiera sabía dónde estaba la puerta trasera de su propia casa. De los muchos problemas a los que su relación se enfrentaba, tal vez el fundamental era la abrumadora ignorancia de Rory sobre lo referente a su vida familiar. Estaba tan absorto en su trabajo que quedaba muy poco espacio en su mente para su esposa.

Por extraña que pueda parecer esta absoluta ignorancia, he descubierto que muchos matrimonios caen en la costumbre similar (si bien menos espectacular) de no prestar atención a los detalles de la vida de su cónyuge. Uno de los miembros de la pareja, o los dos, apenas conoce los gustos, alegrías o miedos del compañero. Si al esposo le gusta el arte moderno, la esposa no sabe por qué, o quién es su pintor favorito. Él no recuerda los nombres de los amigos de ella, o quién es ese colega que ella teme que intente desbancarla en el trabajo.

Las parejas emocionalmente inteligentes, por el contrario, conocen íntimamente el mundo de su compañero. Yo llamo a esto un «mapa de amor» bien detallado. El mapa de amor es esa parte de la mente donde almacenamos toda la información relevante sobre la vida de nuestra pareja. Otra forma de decir esto es que estas parejas han adjudicado un amplio espacio cognitivo a su matrimonio. Recuerdan los eventos importantes de la vida del otro, y mantienen la información al día a medida que los hechos y los sentimientos del compañero varían. Si ella hace una ensalada, sabe cómo le gusta a él el aliño. Si ella trabaja hasta tarde, él le graba en el vídeo su programa favorito porque sabe cuál es y cuándo lo emiten. Él sabe lo que ella piensa de su jefe y sabe cómo llegar a su despacho desde el ascensor. Sabe que para ella la religión es importante, aunque en el fondo tiene dudas. Ella sabe que a él le da miedo parecerse demasiado a su padre y que se considera un «espíritu libre». Los dos conocen los objetivos vitales del otro, sus preocupaciones y sus esperanzas.

Sin este mapa de amor no podemos conocer a nuestra pareja. Y si no conocemos a una persona, ¿cómo podemos amarla de verdad? No es sorprendente que el término bíblico para el amor sexual sea «conocer».

En el conocimiento está la fuerza

Del conocimiento surge no sólo el amor, sino la fortaleza para capear las tormentas matrimoniales. Las parejas que cuentan con un detallado mapa de amor están mucho mejor preparadas para enfrentarse a las dificultades y los conflictos.

Veamos, por ejemplo, una de las mayores causas de insatisfacción matrimonial y divorcio: el nacimiento del primer hijo. El 67 por ciento de las parejas, en nuestro estudio de recién casados, sufrieron una caída precipitada en satisfacción matrimonial cuando fueron padres por primera vez. El 33 por ciento restante no experimentó esta caída. De hecho, la mitad de ese porcentaje vivió una mejora en su matrimonio.

¿Cuál es la diferencia entre estos dos grupos? Las parejas cuyos matrimonios mejoraron después del primer hijo tenían detallados mapas de amor, según el estudio de cincuenta parejas realizado por mi alumna Alyson Shapiro. Estos mapas de amor protegieron el matrimonio durante la conmoción. Puesto que marido y mujer ya tenían la costumbre de mantenerse informados y eran plenamente conscientes de lo que el otro sentía y pensaba, no se perdieron en el huracán. Pero si no comenzamos con un profundo conocimiento de nuestra pareja, es fácil que perdamos el rumbo cuando la vida cambia de forma tan súbita y drástica.

Maggie y Ken se conocían desde hacía poco tiempo cuando se casaron y decidieron tener hijos. Pero lo que les faltaba en longevidad, lo compensaron con intimidad. Estaban en contacto no sólo con los factores externos de sus vidas (sus actividades favoritas, deportes, etc.), sino también con sus deseos, creencias y miedos más profundos. Por muy ocupados que estuvieran, siempre tenían tiempo para contarse cómo habían pasado el día. Y por lo menos una vez a la semana salían a cenar y charlaban, a veces de política, otras veces del tiempo, y en ocasiones de su matrimonio.

Cuando nació su hija Alice, Maggie decidió dejar su trabajo como científica informática para dedicarse a la niña. Ella misma se sorprendió con su decisión, puesto que siempre había estado muy dedicada a su carrera. Sin embargo, cuando se convirtió en madre el sentido de su vida cambió. Descubrió que estaba dispuesta a hacer grandes sacrificios por Alice. Ahora quería que el dinero que habían ahorrado para comprarse un barco fuera a parar a una cuenta para costear en el futuro los estudios de su hija.

Lo que le sucedió a Maggie les sucede a muchas madres: la experiencia de la maternidad es tan profunda que cambia todo el sistema de valores y hasta la noción de la propia identidad.

Al principio Ken estaba confuso ante los cambios de su esposa. La mujer que él conocía se estaba transformando ante sus propios ojos. Pero estaban profundamente conectados y Ken pudo ponerse al día en los pensamientos y sentimientos de Maggie. Muy a menudo, ante el nacimiento de un niño el esposo queda de lado. El esposo no puede seguir la metamorfosis de su esposa, una metamorfosis que tal vez no comprende o que no le gusta. Para Ken siempre había sido una prioridad conocer a Maggie, de modo que no hizo lo que suelen hacer los hombres cuando son padres por primera vez: no se distanció del recién formado círculo entre madre e hijo. El resultado fue que vivieron juntos la transformación en padres, sin perderse de vista el uno al otro y sin perder de vista su matrimonio.

Muchas parejas pierden el rumbo al tener un hijo si no cuentan con un detallado mapa de amor. Cualquier cambio drástico (un traslado en el trabajo, una enfermedad, la jubilación, etc.) puede obrar el mismo efecto. De hecho, el simple paso del tiempo puede afectar a la pareja de un modo similar. Cuanto más comprendas y conozcas a tu pareja, más fácil os resultará seguir conectados mientras la vida gira a vuestro alrededor.

Cuestionario del mapa de amor

Si respondes con sinceridad a las siguientes preguntas tendrás un indicativo de vuestros actuales mapas de amor. Para una lectura más apropiada del estado de vuestro matrimonio con respecto a este primer principio, los dos deberíais completar el cuestionario.

Lee cada frase y señala **V** si es verdadera y la **F** si es falsa.

1. Conozco el nombre de los mejores amigos de mi pareja. **V F**
2. Sé cuáles son las tensiones a las que mi pareja se enfrenta actualmente. **V F**
3. Conozco los nombres de algunas de las personas que han estado irritando a mi pareja últimamente. **V F**
4. Conozco algunos de los sueños vitales de mi pareja. **V F**
5. Conozco las creencias e ideas religiosas de mi pareja. **V F**
6. Conozco la filosofía de la vida de mi pareja. **V F**
7. Puedo hacer una lista de los parientes que menos le gustan a mi pareja. **V F**

8. Sé cuál es la música favorita de mi pareja. **V F**
9. Puedo nombrar las tres películas favoritas de mi pareja. **V F**
10. Mi pareja conoce las tensiones que sufro actualmente. **V F**
11. Sé cuáles son los tres momentos más especiales en la vida de mi pareja. **V F**
12. Sé cuál fue el peor momento de la infancia de mi pareja. **V F**
13. Puedo nombrar las mayores aspiraciones y esperanzas de mi pareja. **V F**
14. Conozco las preocupaciones actuales de mi pareja. **V F**
15. Mi pareja sabe quiénes son mis amigos. **V F**
16. Sé lo que haría mi pareja si le tocara la lotería. **V F**
17. Puedo recordar con detalle mis primeras impresiones sobre mi pareja. **V F**
18. De vez en cuando pregunto a mi pareja sobre su mundo actual. **V F**
19. Siento que mi pareja me conoce bastante bien. **V F**
20. Mi pareja conoce mis esperanzas y aspiraciones. **V F**

Puntuación: Anota un punto por cada respuesta «verdadera».

10 o más: Éste es un aspecto fuerte de tu matrimonio. Tienes un mapa de amor detallado de la vida diaria de tu pareja, sus esperanzas, miedos y sueños. Sabes lo que emociona a tu pareja. Según esta puntuación, seguramente encontrarás los ejercicios que siguen sencillos y gratificantes. Te servirán como recordatorio de lo unidos y conectados que estáis. Intenta no dar por sentado este conocimiento y comprensión del uno hacia el otro. Si os mantenéis en contacto de esta forma estaréis bien equipados para enfrentaros a cualquier problema que encontréis en vuestra relación.

Menos de 10: Tu matrimonio puede mejorar en este aspecto. Tal vez no hayáis tenido el tiempo o las herramientas necesarias para conoceros el uno al otro. O tal vez vuestros mapas de amor han quedado desfasados a medida que vuestras vidas fueron cambiando. En cualquier caso, si os tomáis el tiempo de aprender más el uno sobre el otro veréis que vuestra relación se hace más fuerte.

Uno de los regalos más valiosos que pueden hacerse al compañero es la sensación de que es conocido y comprendido. Conocerse el uno al otro no debería ser una tarea. Por eso el primer ejercicio de mapa de amor que viene a continuación es en realidad un juego. A la vez que os divertís jugando, profundizaréis vuestro conocimiento el uno del otro. Para cuando terminéis todos los ejercicios de este capítulo, sabréis que conocerse es amarse.

Ejercicio 1: El mapa de amor
Juego de 20 preguntas

Jugad juntos con buen humor y ánimo de divertiros. Cuanto más juguéis, más aprenderéis sobre el mapa de amor y cómo aplicarlo en vuestra relación.

PRIMER PASO: Coged cada uno lápiz y papel, y decidid al azar veinte números del uno al sesenta. Escribid los números en una columna en el lado izquierdo del folio.

SEGUNDO PASO: A continuación viene una lista de preguntas numeradas. Comenzando al principio de vuestra columna, copiad las preguntas que coincidan con los números que habíais apuntado. Cada uno debe hacer al compañero esta pregunta. Si el compañero responde correctamente, recibe el número de puntos indicado para esa pregunta, y tú recibes un punto. Si tu pareja responde incorrectamente, ninguno recibe puntos. Las mismas reglas se aplican cuando eres tú quien responde. El ganador es quien consiga el mayor número de puntos en las veinte preguntas.

1. Nombra a dos de mis mejores amigos (2)
2. ¿Cuál es mi grupo musical favorito, compositor o instrumento musical? (2)
3. ¿Qué ropa llevaba cuando nos conocimos? (2)
4. Nombra una de mis aficiones (3)
5. ¿Dónde nací? (1)
6. ¿A qué tensiones me enfrento actualmente? (4)
7. Describe con detalle lo que he hecho hoy, o ayer (4)
8. ¿Cuándo es mi cumpleaños? (1)

9. ¿Cuándo es nuestro aniversario? (1)
10. ¿Quién es mi pariente favorito? (2)
11. ¿Cuál es mi mayor sueño no realizado? (5)
12. ¿Cuál es mi flor favorita? (2)
13. Nombra uno de mis mayores miedos (3)
14. ¿Cuál es mi hora del día favorita para hacer el amor? (3)
15. ¿Qué me hace sentir más competente? (4)
16. ¿Qué me excita sexualmente? (3)
17. ¿Cuál es mi plato favorito? (2)
18. ¿Cómo prefiero pasar una tarde? (2)
19. ¿Cuál es mi color favorito? (1)
20. ¿En qué quiero mejorar personalmente? (4)
21. ¿Qué regalos me gustan más? (2)
22. Nombra una de mis experiencias de infancia (2)
23. ¿Dónde prefiero ir de vacaciones? (2)
24. ¿Cómo prefiero que me tranquilicen? (4)
25. ¿Quién es mi mayor fuente de apoyo, aparte de ti? (3)
26. ¿Cuál es mi deporte favorito? (2)
27. ¿Qué es lo que más me gusta hacer en mi tiempo libre? (2)
28. Nombra una de mis actividades favoritas los fines de semana (2)
29. ¿Cuál es mi lugar preferido para una escapada? (3)
30. ¿Cuál es mi película favorita? (2)
31. Nombra algunos de los sucesos importantes que están ocurriendo en mi vida. ¿Cómo me siento con respecto a ellos? (4)
32. Nombra alguna de mis formas favoritas de ejercicio (2)
33. ¿Quién era mi mejor amigo en la infancia? (3)
34. Nombra una de mis revistas favoritas (2)
35. Nombra uno de mis mayores rivales o enemigos (3)
36. ¿Cuál sería para mí el trabajo ideal? (4)
37. ¿Qué me da más miedo? (4)
38. ¿Cuál es el pariente que menos me gusta? (3)
39. ¿Cómo son mis vacaciones favoritas? (2)
40. ¿Qué clase de libros me gusta leer? (3)
41. ¿Cuál es mi programa favorito de televisión? (2)
42. ¿Qué lado de la cama prefiero? (2)
43. ¿Qué me pone triste? (4)
44. Nombra una de mis preocupaciones (4)

45. ¿Qué problemas médicos me preocupan? (2)
46. ¿Cuál fue el momento en que pasé más vergüenza? (3)
47. ¿Cuál fue la peor experiencia de mi infancia? (3)
48. Nombra dos de las personas que más admiro (4)
49. Nombra a mi mayor rival o enemigo (3)
50. De todas las personas que los dos conocemos, ¿quién me cae peor? (3)
51. Nombra uno de mis postres favoritos (2)
52. ¿Cuál es mi número de la seguridad social? (2)
53. Nombra una de mis novelas favoritas (2)
54. ¿Cuál es mi restaurante favorito? (2)
55. Nombra dos de mis aspiraciones, esperanzas o deseos (4)
56. ¿Tengo alguna ambición secreta? ¿Cuál es? (4)
57. ¿Qué platos aborrezco? (2)
58. ¿Cuál es mi animal favorito? (2)
59. ¿Cuál es mi canción favorita? (2)
60. ¿Cuál es mi equipo deportivo favorito? (2)

Jugad a esto con la frecuencia que queráis. Cuanto más juguéis, más comprenderéis el concepto de un mapa de amor y el tipo de información que debéis tener el uno sobre el otro.

Ejercicio 2:
Traza tus propios mapas de amor

Ahora que comprendéis bien el concepto de mapa de amor, es el momento de que os concentréis en los mapas de amor sobre la vida cotidiana de vuestra pareja. Aunque estos mapas están en la mente, sirve de ayuda escribir algunas notas. Dedicad un tiempo extra a este ejercicio si tú o tu pareja creéis que vuestros actuales mapas de amor son poco precisos o, como suele suceder, se han quedado desfasados. Si tu pareja no está disponible, puedes rellenar el cuestionario sin él o ella, pero evidentemente los mayores beneficios se obtienen compartiendo la información.

Haceos el uno al otro las siguientes preguntas y escribid las respuestas.

Es mejor que utilicéis distintos folios, o mejor un cuaderno dedicado a todos los ejercicios de este libro.

No juzguéis lo que os diga vuestra pareja ni intentéis daros consejo. Recordad que el objetivo consiste en obtener información. Se trata de escuchar y aprender sobre vuestra pareja.

Personajes en la vida de mi pareja

Amigos:

Amigos potenciales:

Rivales, competidores, enemigos:

Recientes eventos importantes en la vida de mi pareja

Eventos inminentes

(¿Qué es lo que mi pareja espera con ilusión? ¿Qué espera con temor?)

Actuales tensiones de mi pareja

Actuales preocupaciones de mi pareja

Esperanzas y aspiraciones de mi pareja
(para sí misma y para otros)

Aunque estos ejercicios ofrecen una visión esquemática de la vida de la pareja, pueden ser muy reveladores. Las parejas que han realizado nuestro taller afirman que el ejercicio les proporcionó muchas sorpresas que los ayudaron a comprenderse mejor mutuamente.

Joe, por ejemplo, nunca se había dado cuenta de lo mucho que Donna deseaba ser escritora y lo frustrada que se sentía con su trabajo en el banco, hasta que él le preguntó directamente sobre sus esperanzas y aspiraciones. Y ella nunca se había dado cuenta de que el estado irritable de Joe de los últimos tiempos se debía a su preocupación por su nuevo jefe y su trabajo, y no a la visita de la madre de ella.

Esta fórmula de mapa de amor es útil para crear un perfil amplio de vuestras vidas. Pero los mapas de amor no deberían ser sólo amplios, sino también profundos. El siguiente ejercicio trata de esto.

Ejercicio 3: ¿Quién soy?

Cuanto más sepáis sobre el mundo interior de vuestra pareja, más profunda y gratificante será vuestra relación. El cuestionario está ideado tanto para guiaros a través de la exploración de vosotros mismos como para ayudaros a compartir esta exploración con vuestra pareja. Trabajad con este ejercicio aunque penséis que os conocéis a la perfección. Siempre hay algo más que descubrir de la otra persona. La vida nos cambia, de modo que tal vez ya no seáis las mismas personas que pronunciaron los votos de matrimonio hace cinco, diez o cincuenta años.

Muchas de las preguntas de este ejercicio son muy profundas. Tomaos el tiempo y la intimidad necesaria para responder bien. De hecho, es aconsejable reservar este ejercicio para cuando tengáis tiempo libre y sepáis que no os interrumpirán, que no tenéis presiones de trabajo, llamadas telefónicas o niños que atender. Lo más probable es que no podáis completar el cuestionario de una sola vez. No lo intentéis. Divididlo por secciones y realizadlo poco a poco.

Responded a las preguntas con la mayor sinceridad. No tenéis que contestar cada aspecto de cada pregunta, sino sólo aquellas partes que son relevantes en vuestra vida. Escribid las respuestas en vuestro diario o en un cuaderno. Si os resulta difícil escribir tanto, podéis escribir sólo las líneas generales, pero la escritura es importante para el éxito de este ejercicio.

Cuando hayáis terminado, intercambiad los cuadernos para compartir lo que hayáis escrito. Hablad de las anotaciones de cada uno y de lo que este conocimiento implica en vuestro matrimonio y vuestra amistad.

Mis luchas y triunfos

1. ¿De qué suceso de tu vida estás especialmente orgulloso/a? Escribe sobre tus triunfos psicológicos, las ocasiones en que las cosas fueron mejor de lo que esperabas, los períodos en que las pruebas y los problemas te hicieron mejorar. Anota también los períodos de estrés que llegaste a superar, los pequeños hechos que pueden ser todavía de gran importancia para ti, hecho de tu infancia o tu pasado reciente, desafíos que tú mismo/a te impusiste, períodos en que te sentiste poderoso/a, glorias y victorias, amistades maravillosas, etc.

2. ¿De qué forma han perfilado tu vida estos éxitos? ¿Cómo han afectado tu idea de ti mismo/a y tus capacidades? ¿Cómo han afectado a tus objetivos y las cosas por las que luchas?

3. ¿Qué importancia ha tenido el orgullo en tu vida (es decir, la experiencia de sentirte orgulloso, de ser alabado/a, de expresar alabanzas por los demás)?

4. ¿Te demostraban tus padres que te querían? ¿Cómo? ¿Se expresaba el amor en tu familia? De no ser así, ¿cuáles han sido los efectos e implicaciones de esto en tu matrimonio?

5. ¿Qué papel ha tenido en tu matrimonio el orgullo por tus logros? ¿Qué papel han tenido tus propias luchas? ¿Qué te gustaría que tu pareja supiera y comprendiera sobre estos aspectos de ti mismo/a, tu pasado, tu presente y tus planes para el futuro? ¿Cómo demostráis vuestro orgullo el uno por el otro?

Mis heridas y mis sanaciones

1. ¿Qué dificultades has atravesado? Escribe todas las heridas psicológicas significativas que hayas sufrido, pérdidas, decepciones, pruebas y problemas. Incluye los períodos de estrés y tensión, así como momentos de desesperación, impotencia o soledad.

Anota también cualquier trauma profundo sufrido de niño o de adulto, por ejemplo: relaciones que te hayan hecho daño, eventos humillantes, incluso episodios de abuso sexual, violación o tortura.

2. ¿Cómo has sobrevivido a esos traumas? ¿Cuáles han sido sus efectos en ti?

3. ¿Cómo te fortaleciste y te sanaste de estos eventos? ¿Cómo canalizaste tu dolor? ¿Cómo reviviste y te recuperaste?

4. ¿Cómo te proteges para que esto no suceda otra vez?

5. ¿Cómo han afectado a tu matrimonio estas heridas y el modo en que te proteges y te recuperas? ¿Qué quieres que tu pareja sepa y comprenda sobre estos aspectos de ti mismo/a?

Mi mundo emocional

1. ¿Cómo expresaba tu familia lo siguiente cuando eras niño/a?:

- Enfado
- Tristeza
- Miedo
- Afecto
- Interés del uno por el otro

2. Durante tu infancia, ¿tuvo tu familia algún problema emocional concreto, como agresión entre los padres, depresión de uno de los progenitores, o un progenitor herido emocionalmente? ¿Qué implicaciones tiene esto en tu matrimonio y tus relaciones cercanas (amistades, padres, hermanos, hijos)?

3. ¿Cuál es tu filosofía sobre la expresión de los sentimientos, especialmente tristeza, rabia, orgullo y amor? ¿Te resulta difícil expresar estos sentimientos o ver que tu pareja los expresa? ¿En qué basas tu perspectiva sobre esto?

4. ¿Cuál es la diferencia entre tu pareja y tú a la hora de expresar emociones? ¿Qué se esconde tras estas diferencias? ¿Cuáles son para ti las implicaciones de estas diferencias?

Mi misión y legado

1. Imagina que estás en un cementerio, ante tu propia tumba. Escribe el epitafio que te gustaría ver en ella. Comienza con: «Aquí yace...»

2. Escribe tu propia nota necrológica (no tiene por qué ser breve). ¿Qué quieres que piense la gente de tu vida? ¿Cómo quieres que te recuerden?

3. Ahora estás preparado/a para escribir un objetivo para tu propia vida. ¿Cuál es el propósito de tu vida? ¿Qué significado tiene? ¿Qué intentas conseguir? ¿Cuál es tu mayor batalla?

4. ¿Qué legado te gustaría dejar al morir?

5. ¿Qué objetivos significativos te quedan por cumplir? Puede tratarse de crear algo o de tener alguna experiencia concreta, por ejemplo: aprender a tocar el piano, escalar una montaña, etc.

Quién quiero llegar a ser

Tomaos un momento para reflexionar sobre lo que acabáis de escribir. Todos estamos involucrados en el proceso de convertirnos en la persona que deseamos ser. En esta lucha todos tenemos fantasmas y demonios a los que vencer.

1. Describe la persona que quieres llegar a ser.

2. ¿Cómo puedes contribuir para convertirte en esa persona?

3. ¿Qué batallas has tenido que librar, intentando convertirte en esa persona?

4. ¿Qué demonios llevas en tu interior contra los que tienes que luchar?

5. ¿Qué es lo que más te gustaría cambiar sobre ti mismo/a?

6. ¿Qué sueños te has negado a ti mismo/a, o no has podido cumplir?

7. ¿Cómo quisieras que fuera tu vida dentro de cinco años?

8. ¿Cuál es la historia de la clase de persona que te gustaría ser?

EL SIGUIENTE PASO

Los ejercicios y cuestionarios anteriores te ayudarán a desarrollar un conocimiento más profundo de ti mismo/a y un mapa más detallado sobre la vida y el mundo de tu pareja. Llegar a conocer mejor a tu pareja y compartir con ella tu mundo interior es todo un proceso. De hecho es un proceso que dura toda la vida. De modo que os aconsejo que volváis de vez en cuando a estas páginas para poner al día vuestro conocimiento sobre vosotros mismos y vuestra pareja. Idead preguntas para vuestra pareja, como: «Si pudieras ampliar la casa, ¿cómo lo harías?», o «¿Cómo te sientes en tu trabajo actualmente?». Un terapeuta conocido mío lleva siempre puesto un *pin* de Bugs Bunny y aconseja a las parejas, como clave para mantener un matrimonio feliz, que se pregunten periódicamente: «¿Qué hay de nuevo, viejo?»

Pero los mapas de amor son sólo el primer paso. Las parejas felizmente casadas no se limitan a conocerse, sino que construyen y aumentan este conocimiento de muchas formas. Para empezar no sólo utilizan los mapas de amor para expresar su comprensión, sino también su cariño y su admiración. Ésta es la base del segundo principio.

4

Segundo principio: cultivar el cariño y la admiración

Recordemos al doctor Rory, el hombre cuyo mapa de amor era del tamaño de un sello de correos, el hombre que ni siquiera conocía el nombre del perro de la familia. Durante años Lisa tuvo que aguantar su adicción al trabajo. Pero un año, el día de Navidad, la relación llegó a un punto crítico. Rory estaba trabajando, por supuesto, y Lisa decidió preparar una comida de Navidad para cenar con sus hijos en el hospital.

Mientras cenaban juntos en la sala de espera, Rory se volvió furioso hacia Lisa.

—¿Por qué has hecho esto? Me estás avergonzando. A nadie se le ocurre una cosa así.

De pronto le llamaron por el teléfono de la sala. En cuanto Rory cogió el auricular, su rostro se suavizó y su tono se tornó cálido y amistoso. Cuando colgó, se volvió hacia Lisa, de nuevo furioso. Fue la gota que colmó el vaso. Lisa estaba harta. Era evidente que su marido era capaz de ser amable, pero no con ella. Recogió la cena y se llevó los niños a casa.

Poco después comenzó a salir sin Rory. Al cabo de un tiempo él pidió el divorcio. Pero en un último intento de superar sus diferencias, decidieron intentar una terapia matrimonial. Al principio no obtuvieron ningún resultado. Cuando Lisa intentó mostrarse conciliadora durante la primera sesión con el terapeuta, él fue incapaz de responder a sus intentos de desagravio.

Pero cuando la pareja accedió a ser grabada en mi laboratorio, se descubrió una esperanza secreta en su matrimonio. El entrevistador les preguntó sobre los primeros años de convivencia. Cuando Rory recordó su primera cita, se le iluminó el rostro. Explicó que Lisa, a diferencia de él, procedía de una familia armenia muy tradicional. Estaba muy protegida por sus padres y no tenía ninguna experiencia. Rory sabía que llevaría mucho tiempo lograr que ella y su familia lo aceptaran, pero estaba dispuesto a esperar.

Veamos un extracto de su diálogo:

RORY: Creo que ella estaba muy nerviosa, y yo sabía en cierto modo por qué, conocía algunos rasgos culturales con los que ella tenía que vivir. Y por esto sabía que iba a hacer falta mucho, mucho tiempo. Pero yo no estaba nada nervioso. Imaginé que era la primera etapa de una maratón de cinco años…

LISA: ¿Quieres decir que ya tenías pensado un plan de cinco años en nuestra primera cita?

R.: Tal vez exagero un poco, pero sabía que haría falta mucho más que una cena.

L.: ¡Vaya!

Rory y Lisa se cogieron de la mano al hablar de esto. Ella estaba radiante. Él nunca le había explicado su campaña para ganar su corazón. Esta pequeña anécdota no parece muy espectacular, pero para un observador adiestrado la conversación ponía de manifiesto una gran esperanza para el matrimonio. Los buenos recuerdos de Rory y Lisa eran una prueba de que bajo su mutuo antagonismo todavía había restos de lo que yo llamo un sistema de cariño y admiración. Esto significa que ambos habían conservado la sensación básica de que la otra persona era digna de ser respetada y amada.

Si una pareja cuenta con un sistema de cariño y admiración, el matrimonio no está perdido. No estoy sugiriendo que el proceso de recuperar un matrimonio tan problemático como el de Rory y Lisa sea fácil. Pero puede lograrse. Al utilizar técnicas como las que se describen más adelante, Lois Abrams, el terapeuta de Rory y Lisa, les demostró que podían desenterrar aquellos sentimientos positivos y ponerlos a trabajar para salvar su matrimonio.

Dos años más tarde todo había cambiado para esta pareja. Rory había modificado su horario de trabajo. Había adiestrado a un médico residente para que realizara gran parte del trabajo de hospital que anteriormente había llevado él solo. Ahora cena siempre con Lisa y los niños. También sale con su esposa por las noches, sobre todo a bailar. A pesar de todo lo que se habían hecho sufrir el uno al otro, salvaron su matrimonio.

El cariño y la admiración son dos de los elementos más importantes en una relación duradera y gratificante. Aunque las parejas felizmente casadas puedan distraerse a veces por los fallos del compañero, todavía sienten que la persona con la que se casaron es digna de respeto y cariño. Cuando esta sensación desaparece de un matrimonio, la relación no puede reavivarse.

APRENDER DE LA HISTORIA

Como vimos con el ejemplo de Rory y Lisa, la mejor prueba de que una pareja todavía cuenta con un sistema de cariño y admiración suele ser la forma en que recuerdan el pasado. Si tu matrimonio atraviesa una honda crisis, no es probable que obtengas muchas alabanzas de tu pareja si preguntamos sobre el estado actual de las cosas. Pero al concentraros en el pasado, es posible que se detecten chispas de sentimientos positivos.

Algunos matrimonios, por supuesto, vienen con las manos vacías. En estas relaciones el antagonismo se ha multiplicado como un cáncer, retrocediendo incluso en el tiempo y destruyendo los recuerdos positivos de la pareja. Este triste resultado se puso de manifiesto en el caso de Peter y Cynthia, que discutían sobre el lavado del coche. Su relación estaba arruinada por el desprecio de él y la actitud defensiva de ella. Cuando les hicimos las mismas preguntas referentes a sus primeros años, se puso de manifiesto que su amor había desaparecido. Apenas podían recordar los comienzos de su relación. Cuando les preguntamos qué solían hacer cuando salían juntos, los dos se miraron como esperando que el otro le echara una mano y luego guardaron silencio. Peter no podía recordar ni una sola cosa que le gustara de Cynthia en aquel entonces. El matrimonio no podía salvarse.

En un 94 por ciento de los casos, las parejas que contemplan de una forma positiva la historia de su matrimonio tienen muchas probabilidades de tener un futuro feliz. Cuando los buenos recuerdos quedan distorsionados, es una señal de que el matrimonio necesita ayuda.

Otra de las parejas de mi estudio sobre recién casados, Michael y Justine, resplandecieron cuando les preguntamos sobre su historia. Su boda fue «perfecta», la luna de miel «maravillosa». Lo que resulta esclarecedor no es sólo que sus recuerdos fueran positivos, sino que eran también muy vívidos. Justine recordaba que habían ido juntos al instituto, él unos cursos más adelantado. Era una estrella del baloncesto, y ella estaba tan enamorada que había recortado una foto de Michael del periódico y la tenía pegada en un cuaderno. Ella misma se lo confesó y le enseñó el cuaderno la cuarta vez que se vieron. Se conocieron unos años más tarde, cuando ella acompañó a la hermana adoptiva de él a pasar el fin de semana en la universidad de Michael.

Michael se dio cuenta enseguida de que Justine le gustaba, pero no sabía si era correspondido. Ella recuerda riéndose cómo encontró la carta que él le había metido en el bolso ese fin de semana, en la que le explicaba sus sentimientos. «Yo no era precisamente un ligón —dice Michael—. La verdad es que ella fue la primera mujer a la que intenté conquistar. Por eso supe que era distinta a las demás.»

Recuerdan los largos paseos y las charlas, las cartas que se escribían todos los días mientras él estaba en la universidad. Lo único malo de aquellos días, nos dice Michael, era estar separado de Justine, porque la echaba mucho de menos. Justine confiesa que pensaba: «Dios mío, si no me caso con él lo pescará alguna otra. Más vale que me dé prisa.» En el tono de Justine se advierte su cariño, su orgullo y su admiración por Michael. Él nos dice: «Yo miraba a las otras chicas, pero no quería estar con ninguna. Sólo quería estar con ella. Quería casarme con ella y que todos supieran lo especial que es para mí.» Justine recuerda cómo se enfrentaron juntos a uno de los amigos de Michael, que estaba dolido porque Justine robaba demasiado tiempo a Michael. «No entendía que pasaba mucho tiempo con ella porque yo quería», apunta Michael.

No es sorprendente que Michael y Justine sigan felizmente casados. Una visión fundamentalmente positiva de la pareja y el matrimonio es un arma muy poderosa cuando llegan los malos tiempos. Gracias a esta reserva de sentimientos positivos, Justine y Michael no piensan en la separación o el divorcio cada vez que mantienen una discusión.

El antídoto contra el desdén

Al principio esto puede ser tan obvio que resulte ridículo: los cónyuges felizmente casados se gustan el uno al otro. Si no se gustaran no estarían felizmente casados. Pero el cariño y la admiración pueden ser muy frágiles, a menos que seamos conscientes de lo importantes que son para la amistad que está en la base de cualquier matrimonio feliz. Al recordar las cualidades positivas de tu pareja —incluso mientras lidias con sus defectos—, puedes impedir que se deteriore el matrimonio. La razón es que el cariño y la admiración son antídotos contra el desprecio. Si mantienes una sensación de respeto por tu pareja, es menos probable que muestres disgusto hacia ella cuando discutís. De modo que el cariño y la admiración impiden que la pareja sea invadida por los cuatro jinetes.

Si el mutuo cariño y admiración se han extinguido por completo, el matrimonio tiene serios problemas. Sin la creencia fundamental de que tu pareja es digna de honor y respeto, ¿dónde están las bases para una relación gratificante? Pero existen muchas parejas como Rory y Lisa, cuyo cariño y admiración han disminuido hasta un grado apenas detectable. Aunque parece que el fuego se ha apagado, todavía quedan ascuas encendidas. El primer paso para salvar este matrimonio es avivar las ascuas.

Cuestionario de cariño y admiración

Para medir el actual estado de tu sistema de cariño y admiración, responde el siguiente cuestionario.

Marca **V** si la frase es verdadera, y **F** si es falsa.

1. Puedo nombrar sin esfuerzo las tres cosas que más admiro en mi pareja. **V F**
2. Cuando estamos separados, pienso a menudo con cariño en mi pareja. **V F**
3. A menudo encuentro alguna forma de decir a mi pareja «te quiero». **V F**
4. A menudo toco o beso con cariño a mi pareja. **V F**
5. Mi pareja me respeta. **V F**
6. Me siento querido/a y cuidado/a en esta relación. **V F**
7. Me siento aceptado/a por mi pareja. **V F**
8. Mi pareja me encuentra sexy y atractivo/a. **V F**
9. Mi pareja me excita sexualmente. **V F**
10. Hay fuego y pasión en la relación. **V F**
11. El romance sigue siendo una parte de nuestra relación. **V F**
12. Estoy realmente orgulloso/a de mi pareja. **V F**
13. Mi pareja disfruta de mis logros y triunfos. **V F**
14. Puedo recordar fácilmente por qué me casé con mi pareja. **V F**
15. Si pudiera volver atrás, me casaría con la misma persona. **V F**
16. Rara vez nos vamos a dormir sin mostrar de alguna forma amor o afecto. **V F**
17. Cuando entro en una habitación, mi pareja se alegra de verme. **V F**
18. Mi pareja aprecia las cosas que hago en nuestro matrimonio. **V F**
19. A mi pareja le gusta mi personalidad. **V F**
20. Nuestra vida sexual es en general satisfactoria. **V F**

Puntuación: Anota un punto por cada respuesta «verdadera».

10 o más: Éste es un aspecto sólido de tu matrimonio. Os valoráis el uno al otro, y esto es un escudo que puede proteger la relación e impedir que se vea inundada por cualquier negatividad que pueda existir en vosotros.

Aunque parezca evidente que las personas enamoradas se valoran mutuamente, lo cierto es que con el tiempo a menudo los cónyuges pierden de vista su cariño y su admiración. Recuerda que el cariño y la admiración son un don que vale la pena cultivar. Realiza de vez en cuando los ejercicios de este capítulo para reafirmar los sentimientos positivos con tu pareja.

Menos de 10: Tu matrimonio puede mejorar en este aspecto. No te desanimes ante las puntuaciones bajas. En muchas parejas el sistema de cariño y admiración no ha muerto, sino que está enterrado bajo capas de negatividad, sentimientos heridos y traiciones. Al reavivar los sentimientos positivos, puedes mejorar notablemente tu matrimonio.

Si el cariño y la admiración están desapareciendo, el camino para recuperarlos comienza siempre por darnos cuenta de su valor. Son cruciales para la felicidad a largo plazo de una relación porque impiden que el desprecio —uno de los cuatro jinetes que matan el matrimonio— se convierta en una presencia abrumadora. El desprecio es un corrosivo que con el tiempo acaba con los lazos entre marido y mujer. Cuanto más en contacto estéis con los sentimientos positivos que albergáis el uno sobre el otro, menos probable es que os mostréis desdeñosos cuando tengáis una diferencia de opinión.

AVIVAR LAS LLAMAS

No es nada complicado reavivar o aumentar el cariño y la admiración. Incluso los sentimientos positivos que han permanecido mucho tiempo enterrados pueden ser sacados a la luz simplemente pensando o hablando de ellos. Esto puedes hacerlo meditando un poco sobre tu pareja y sobre lo que te gusta de ella. Si no tienes práctica o sientes demasiada tensión o rabia para hacerlo a solas, los siguientes ejercicios te guiarán.

Aunque parecen sencillos, son ejercicios muy poderosos. En cuanto reconozcas y hables abiertamente de los aspectos positivos de tu pareja y tu matrimonio, los lazos se fortalecerán. Esto hace mucho más fácil afrontar los aspectos problemáticos del matrimonio y realizar cambios positivos.

Realiza estos ejercicios tan a menudo como quieras. No están ideados sólo para matrimonios en crisis. Si tu matrimonio es estable y feliz, estos ejercicios ayudarán a fortalecer el romance entre vosotros.

Ejercicio 1: «Yo aprecio...»

Señala tres elementos de la siguiente lista que creas característicos de tu pareja. Si encuentras más, señala únicamente tres. Puedes marcar otros tres diferentes si haces el ejercicio de nuevo. Si te cuesta trabajo encontrar tres elementos, amplía el significado del adjetivo «característico». Incluso si sólo recuerdas una sola ocasión en la que tu pareja mostró un rasgo concreto, márcalo.

1. Cariñoso/a
2. Sensible
3. Valiente
4. Inteligente
5. Considerado/a
6. Generoso/a
7. Leal
8. Sincero/a
9. Fuerte
10. Emprendedor/a
11. Sexy
12. Decisivo/a
13. Creativo/a
14. Imaginativo/a
15. Gracioso/a
16. Atractivo/a
17. Interesante
18. Ofrece apoyo
19. Divertido/a
20. Considerado/a
21. Afectuoso/a
22. Organizado/a
23. Con muchos recursos
24. Atlético/a
25. Alegre
26. Coordinado/a
27. Con gracia
28. Elegante

29. Chistoso/a
30. Juguetón/a
31. Amable
32. Un gran amigo/a
33. Ahorrador/a
34. Lleno/a de planes
35. Tímido/a
36. Vulnerable
37. Comprometido/a
38. Entregado/a
39. Expresivo/a
40. Activo/a
41. Cuidadoso/a
42. Reservado/a
43. Aventurero/a
44. Receptivo/a
45. Digno/a de confianza
46. Responsable
47. Formal
48. Cumplidor/a
49. Cálido/a
50. Viril
51. Dulce
52. Tranquilo/a
53. Práctico/a
54. Sano/a
55. Ingenioso/a
56. Relajado/a
57. Guapo/a
58. Hermoso/a
59. Rico/a
60. Sereno/a
61. Vivaz
62. Un/a gran compañero/a
63. Un/a gran padre/madre
64. Asertivo/a
65. Protector/a
66. Tierno/a
67. Poderoso/a
68. Flexible
69. Comprensivo/a

Piensa en una anécdota real que ilustre cada una de las tres características de tu pareja. Escribe las características y la anécdota en tu cuaderno de la siguiente manera:

1. Característica ______________________________

Anécdota ______________________________

2. Característica ______________________________

Anécdota ______________________________

3. Característica ______________________________

Anécdota ______________________________

Ahora muestra la lista a tu pareja y dile por qué valoras tanto esas características.

En mis talleres se observan inmediatos beneficios de estos ejercicios. La sala se llena de risas y gestos de cariño. Las parejas que comenzaron la sesión tensas y tímidas, de pronto se sienten relajadas. Con sólo mirarlas se nota que han recuperado algo perdido. La esperanza de que su matrimonio puede salvarse casi se palpa en el aire.

Ejercicio 2: La historia y filosofía de tu matrimonio

La mayoría de las parejas recibe grandes beneficios al hablar de los sucesos felices de su pasado. A continuación incluyo una versión del cuestionario que ayudó a Rory y Lisa a conectar de nuevo con su cariño y admiración. Si completáis juntos el cuestionario os acercaréis una vez más a los primeros años de vuestra relación y recordaréis cómo y por qué llegasteis a ser una pareja.

Necesitaréis unas horas para terminar el ejercicio. Podéis pedir a un amigo cercano o pariente que haga de entrevistador, o bien leer las preguntas y comentarlas juntos. No existen respuestas correctas o incorrectas: las preguntas son sólo una guía para recordar el amor que os impulsó a unir vuestras vidas.

Primera parte: La historia de vuestra relación

1. Comentad cómo os conocisteis y empezasteis a salir juntos. ¿Tenía vuestro compañero/a algo que lo hiciera destacar entre los demás? ¿Cuáles fueron vuestras primeras impresiones mutuas?

2. ¿Qué es lo que mejor recordáis sobre esa primera época? ¿Cuánto duró el noviazgo? ¿Qué recordáis de este período? ¿Cuáles fueron algunos de los mejores momentos? ¿Y algunas de las tensiones? ¿Qué clase de actividades realizabais juntos?

3. Comentad cómo decidisteis casaros. ¿Qué os llevó a decidir que ésa era la persona con la que os queríais casar? ¿Fue una decisión difícil? ¿Estabais enamorados? Comentad este período.

4. ¿Recordáis vuestra boda? Hablad el uno con el otro de vuestros recuerdos. ¿Tuvisteis luna de miel? ¿Qué recordáis de ella?

5. ¿Qué recordáis del primer año de casados? ¿Os costó adaptaros?

6. ¿Y de la transición a la paternidad? Hablad el uno con el otro de este período de vuestro matrimonio. ¿Cómo fue para cada uno de vosotros?

7. Mirando atrás, ¿qué momentos resaltaríais como los más felices del matrimonio? ¿Qué es un buen rato para vosotros como pareja? ¿Ha cambiado esto a lo largo de los años?

8. Muchas relaciones atraviesan altibajos. ¿Diríais que esto sucede en vuestro matrimonio? ¿Podéis describir alguno de estos altibajos?

9. Mirando atrás, ¿qué momentos resaltaríais como las épocas realmente difíciles de vuestro matrimonio? ¿Por qué creéis que seguisteis juntos? ¿Cómo superasteis estas dificultades?

10. ¿Habéis dejado de hacer juntos cosas que antes os proporcionaban placer? Comentad esto el uno con el otro.

Segunda parte: La filosofía del matrimonio

11. Comentad entre vosotros por qué pensáis que algunos matrimonios funcionan y otros no. Entre las parejas que conocéis, decidid cuáles son matrimonios particularmente buenos o particularmente malos. ¿Cuál es la diferencia entre estas dos clases de matrimonio? ¿Cómo podríais comparar el vuestro con esas otras parejas?

12. Hablad acerca del matrimonio de vuestros respectivos padres. ¿Son similares o muy diferentes del vuestro?

13. Haced un mapa de la historia de vuestro matrimonio: los momentos decisivos, los altibajos... ¿Cuáles fueron los tiempos más felices para cada uno de vosotros? ¿Cómo ha cambiado vuestro matrimonio a lo largo de los años?

La mayoría de las parejas, al recordar juntos su pasado, siente que su actual relación se renueva. Al responder estas preguntas las parejas suelen recordar el amor y las expectativas que inspiraron su decisión de casarse. Y esto a su vez, para una pareja que piensa que su matrimonio está acabado, puede ser un destello de esperanza que la lleve a luchar para salvar su relación.

El hecho de repetir estos ejercicios de vez en cuando puede ser suficiente para fortalecer vuestro cariño y admiración mutua. Pero si la negatividad está profundamente asentada, el matrimonio tal vez necesite un método más estructurado y a largo plazo como el propuesto en el siguiente ejercicio.

Ejercicio 3: Un curso de siete semanas sobre cariño y admiración

Este ejercicio está ideado para recuperar el hábito de pensar positivamente sobre vuestra pareja cuando estáis separados. Si nos sentimos enfadados, tensos o distantes de nuestra pareja, es fácil que nos concentremos en sus características más negativas. Esto a su vez provoca pensamientos que mantienen la tensión, y por tanto nos hará sentir cada vez más distantes de nuestro matrimonio. El ejercicio contrarresta esta tendencia enseñando a centrar los pensamientos en las características positivas de pareja, aunque estéis atravesando un mal momento.

Para cada día del curso hay una frase o pensamiento positivo, seguido de una tarea. Piensa cada frase y repítela muchas veces durante el día cuando estés separado/a de tu pareja. En algunos casos puede parecer que la frase no se aplica a tu cónyuge o tu matrimonio, sobre todo si tu cariño y admiración han disminuido. Ten en cuenta que la frase no tiene que describir el momento presente de la pareja. Si puedes recordar un sólo instante o episodio en el que la frase podía aplicarse, concéntrate en ese recuerdo. Por ejemplo, si últimamente no te sientes muy atraído hacia tu pareja, concéntrate en alguna parte de su anatomía que te guste.

Recuerda también que debes completar la tarea que sigue a cada frase positiva. Realiza el ejercicio todos los días, sin tener en cuenta lo que actualmente sientas hacia tu relación o tu cónyuge. No lo dejes porque habéis tenido una pelea o porque os sentís distanciados.

Aunque el ejercicio puede parecer una tontería, está basado en una rigurosa investigación sobre el poder de los pensamientos positivos. Este método es uno de los principios de la terapia cognitiva, que ha demostrado una gran efectividad para vencer la depresión. Cuando una persona sufre una depresión, sus pensamientos se distorsionan, todo lo ve bajo una luz en extremo negativa que no hace más que aumentar su desesperación. Pero si con el tiempo acostumbra su mente a pensar de una forma positiva la desesperación puede desaparecer.

Este ejercicio busca ofrecer esas mismas esperanzas al matrimonio. Se trata de ensayar una forma de pensar más positiva sobre vuestra pareja y vuestra relación. Si lo repetís con la suficiente frecuencia, las palabras (y, aún más importante, los pensamientos) ejercerán un efecto positivo.

Nota: Puesto que la mayoría de las parejas pasan bastante tiempo separadas de lunes a viernes, éstos son los días que se especifican en la agenda del ejercicio. Pero podéis adecuarlo a vuestros horarios (si, por ejemplo, trabajáis los fines de semana), siempre que realicéis el ejercicio cinco días a la semana.

Primera semana

Lunes

Pensamiento: Me gusta de verdad mi pareja.

Tarea: Nombra una característica que te parezca atractiva.

Martes

Pensamiento: Puedo hablar fácilmente de los buenos tiempos de nuestro matrimonio.

Tarea: Recuerda un buen momento y escribe una frase sobre él.

Miércoles

Pensamiento: Puedo recordar fácilmente momentos especiales y románticos en nuestro matrimonio.

Tarea: Escoge uno de estos momentos y reflexiona sobre él.

Jueves

Pensamiento: Mi pareja me atrae físicamente.

Tarea: Piensa en un atributo físico que te guste.

Viernes

Pensamiento: Mi compañero/a tiene cualidades específicas de las que me siento orgulloso/a.

Tarea: Escribe una de las características que te enorgullecen.

Segunda semana

Lunes

Pensamiento: En este matrimonio tengo una fuerte sensación de «nosotros», en vez de «yo».

Tarea: Piensa en algo que tengáis en común.

Martes

Pensamiento: Tenemos en general las mismas creencias y valores.

Tarea: Describe una de las creencias que compartís.

Miércoles

Pensamiento: Tenemos objetivos comunes.

Tarea: Escribe uno de estos objetivos.

Jueves

Pensamiento: Mi pareja es mi mejor amigo/a.

Tarea: ¿Qué secretos sobre ti conoce tu pareja?

Viernes

Pensamiento: Obtengo mucho apoyo en este matrimonio.

Tarea: Piensa en algún momento en que tu pareja te ofreció un gran apoyo.

Tercera semana

Lunes

Pensamiento: Mi hogar es un lugar donde obtengo apoyo y puedo aliviar mis tensiones.

Tarea: Escribe la última vez que tu pareja te ayudó a aliviar tus tensiones.

Martes

Pensamiento: Recuerdo fácilmente cómo nos conocimos.

Tarea: Describe por escrito ese primer encuentro.

Miércoles

Pensamiento: Recuerdo muchos detalles sobre nuestra decisión de casarnos.

Tarea: Escribe una frase que describa lo que recuerdas.

Jueves

Pensamiento: Recuerdo nuestra boda y nuestra luna de miel.

Tarea: Describe un detalle que te gustara en particular.

Viernes

Pensamiento: Nos repartimos las tareas del hogar de forma equitativa.

Tarea: Describe un modo de hacer esto con regularidad. Si no cumples con tu parte, decide alguna tarea de la que te encargarás (como hacer la colada).

Cuarta semana

Lunes

Pensamiento: Sabemos planificar y tenemos sensación de control sobre nuestras vidas.

Tarea: Describe algo que planificarais juntos.

Martes

Pensamiento: Estoy orgulloso/a de este matrimonio.

Tarea: Escribe dos detalles del matrimonio de los que te sientas orgulloso/a.

Miércoles

Pensamiento: Estoy orgulloso/a de mi familia.

Tarea: Recuerda un momento concreto en el que sentiste este orgullo.

Jueves

Pensamiento: Hay cosas que no me gustan de mi pareja, pero puedo vivir con ellas.

Tarea: Nombra uno de estos pequeños defectos a los que te has adaptado.

Viernes

Pensamiento: Este matrimonio es mejor que la mayoría de los que conozco.

Tarea: Piensa en un matrimonio que conozcas y que sea horrible.

Quinta semana

Lunes

Pensamiento: Fue una auténtica suerte conocer a mi pareja.

Tarea: Nombra uno de los beneficios de haberte casado con tu pareja.

Martes

Pensamiento: El matrimonio es a veces difícil, pero vale la pena.

Tarea: Piensa en un momento difícil que lograsteis superar juntos.

Miércoles

Pensamiento: Hay mucho cariño entre nosotros.

Tarea: Prepara una sorpresa para tu pareja esta noche.

Jueves

Pensamiento: Estamos de verdad interesados el uno en el otro.

Tarea: Piensa en algo interesante que hacer o sobre lo que charlar.

Viernes

Pensamiento: Somos buena compañía el uno para el otro.

Tarea: Planifica una salida juntos.

Sexta semana

Lunes

Pensamiento: Hay mucho amor en mi matrimonio.

Tarea: Piensa en algún viaje especial que hicierais juntos.

Martes

Pensamiento: Mi pareja es una persona interesante.

Tarea: Piensa en hablar con tu pareja sobre algo que os interese a los dos.

Miércoles

Pensamiento: Respondemos bien el uno al otro.

Tarea: Escribe una carta de amor a tu pareja y envíala por correo.

Jueves

Pensamiento: Si pudiera volver atrás, me casaría con la misma persona.

Tarea: Planifica un viaje de aniversario (o con cualquier otro motivo).

Viernes

Pensamiento: Existe un gran respeto mutuo en mi matrimonio.

Tarea: Considera realizar juntos algún cursillo (vela, bailes de salón, etc.). O habla con tu pareja sobre un momento reciente en el que admiraste algo que él o ella hizo.

Séptima semana

Lunes

Pensamiento: El sexo es en general satisfactorio en este matrimonio.

Tarea: Planifica una noche erótica.

Martes

Pensamiento: Hemos recorrido juntos un largo camino.

Tarea: Piensa en lo que habéis logrado en equipo.

Miércoles

Pensamiento: Creo que podemos capear juntos cualquier temporal.

Tarea: Recuerda cómo habéis superado algún momento difícil.

Jueves

Pensamiento: Disfrutamos del sentido del humor mutuo.

Tarea: Alquila alguna comedia para verla juntos.

Viernes

Pensamiento: Mi pareja puede ser encantadora.

Tarea: Vestíos de etiqueta para pasar una velada juntos. Si esto no os gusta, planea alguna otra salida de la que disfrutéis.

Al final de las siete semanas, verás que tus perspectivas sobre la pareja y el matrimonio son mucho más optimistas. Cantar las alabanzas el uno del otro no puede sino beneficiar al matrimonio. Pero para asegurar que los beneficios sean duraderos, tenéis que poner en marcha vuestro respeto y cariño. A esto está dedicado el siguiente capítulo. Emplearemos el cariño y el respeto como los cimientos para reavivar el aspecto romántico del matrimonio.

5

Tercer principio: acercarse al otro

Ninguna de las cintas grabadas en nuestro laboratorio del amor ganaría un Oscar. Nuestros archivos están llenos de escenas en las que el esposo mira por la ventana y exclama: «¡Mira qué barco!», y la esposa alza la vista de la revista que está leyendo y responde: «Sí, se parece a la goleta que vimos el verano pasado, ¿te acuerdas?» Y el esposo gruñe.

Podría pensarse que cuando contemplo estas escenas me invade un aburrimiento letal. Nada más lejos de la verdad: cuando las parejas se enzarzan en este tipo de charla trivial, seguirán felizmente casadas. Lo que sucede en estos breves intercambios es que marido y mujer conectan, se acercan. En las parejas que se divorcian o viven juntas sin ser felices, estos breves momentos de conexión son muy escasos. Lo más común es que la esposa ni siquiera levante la vista de la revista, y si lo hace, el esposo ignore su respuesta.

Hollywood ha distorsionado de forma drástica nuestra idea de romance y pasión. Tal vez nos conmueva ver a Humphrey Bogart tomar entre sus brazos a una Ingrid Bergman de ojos llorosos, pero la pasión en la vida real se aviva mediante el proceso, mucho más prosaico, de estar conectados. Se mantiene viva cada vez que hacemos saber a nuestra pareja que es valorada en la vida cotidiana. Por cómico que parezca, la pasión crece cuando una pareja está en el supermercado y ella dice: «¿Necesitamos lejía?», y el esposo contesta: «No lo sé, pero voy a coger una botella, por si acaso», en lugar de encogerse de hombros. La pasión crece si sabes que tu pareja está pasando un mal día en el trabajo y dedicas un minuto para dejarle un mensaje de ánimo en el contestador. Crece cuando tu pareja te dice una mañana: «He tenido una pesadilla espantosa», y tú respondes: «Ahora tengo prisa, pero cuéntamela para que podamos hablar de ella esta tarde», en lugar de: «No tengo tiempo.» En estas situaciones, marido y mujer deciden acercarse el uno al otro, en lugar de apartarse. Las personas casadas hacen de vez en cuando lo que yo llamo «peticiones» a su pareja, reclamando su atención, afecto, sentido del humor o apoyo. Una persona puede acercarse a su pareja cuando recibe esta petición, o dar media vuelta. Acercarse es la base de la conexión emocional, la pasión y una satisfactoria vida sexual.

De modo que en el laboratorio del amor mis escenas favoritas son aquellas que cualquier director de Hollywood rechazaría de plano. Sé que son momentos muy poco dramáticos: ¿Leerán el periódico dominical juntos, o por separado? ¿Charlarán mientras comen? Es emocionante observarlo porque sé que los cónyuges que se acercan permanecen emocionalmente conectados y conservan su matrimonio. En caso contrario, la pareja termina por distanciarse.

La razón de esta diferencia de actitud es lo que he llamado «cuenta bancaria emocional» de la pareja. Los compañeros que se acercan están ingresando dinero en la cuenta. Están creando ahorros emocionales que les servirán de ayuda en tiempos difíciles, cuando se enfrenten a grandes conflictos o crisis. Puesto que han almacenado esa cantidad de buena voluntad, pueden ser tolerantes cuando surgen los conflictos. Pueden mantener un punto de vista positivo sobre su pareja y su matrimonio incluso en momentos difíciles.

Pero el mayor beneficio de esta cuenta bancaria emocional no es la ayuda que supone cuando se atraviesa una crisis. Como ya he dicho, una actitud de acercamiento cotidiano es también la clave de una pasión duradera. Muchas personas piensan que el secreto para volver a conectar con la pareja es una cena con velas o unas vacaciones en el mar. Pero el auténtico secreto es acercarse el uno al otro en las pequeñas cosas de cada día. Una noche romántica sólo aviva la pasión cuando una pareja ha mantenido el fuego encendido estando en contacto cotidianamente. Es fácil imaginar a Justine y

Michael (la pareja que recordaba con tanta alegría su boda y su noviazgo) en un restaurante a la luz de las velas. Pero si ponemos en el mismo lugar a Peter y Cynthia (la pareja que discutía por el lavado de los coches y no podían ponerse de acuerdo prácticamente en nada), la velada será un fracaso, llena de acusaciones, recriminaciones o tensos silencios.

¿Está tu matrimonio preparado para la pasión?

Para conocer el grado de pasión de tu matrimonio (el actual o el que puede llegar a alcanzar en un futuro), rellena el siguiente cuestionario. Califica cada frase con una **V** o una **F**.

1. Disfrutamos haciendo juntos pequeñas cosas, como doblar la colada o ver la televisión. **V F**
2. Tengo ganas de pasar mi tiempo libre con mi pareja. **V F**
3. Al final de la jornada mi pareja se alegra de verme. **V F**
4. Mi pareja suele interesarse por mis puntos de vista. **V F**
5. Disfruto charlando con mi pareja. **V F**
6. Mi pareja es uno de mis mejores amigos. **V F**
7. Creo que mi pareja me considera un amigo íntimo. **V F**
8. Nos encanta charlar. **V F**
9. Cuando salimos juntos el tiempo pasa volando. **V F**
10. Siempre tenemos mucho que decirnos. **V F**
11. Nos divertimos mucho juntos. **V F**
12. Somos compatibles espiritualmente. **V F**
13. Tendemos a compartir los mismos valores básicos. **V F**
14. Nos gusta pasar tiempo juntos. **V F**
15. Tenemos muchos intereses en común. **V F**
16. Compartimos muchos sueños y objetivos. **V F**
17. Nos gusta hacer las mismas cosas. **V F**
18. Aunque nuestros intereses difieran en ciertos aspectos, disfruto de los intereses de mi pareja. **V F**

19. Cuando hacemos algo juntos por lo general lo pasamos muy bien. **V F**

20. Cuando mi pareja tiene un mal día, me lo cuenta. **V F**

Puntuación: Anota un punto por cada respuesta «verdadera».

10 o más: ¡Enhorabuena! Éste es un aspecto sólido en tu matrimonio. Puesto que os acercáis el uno al otro en los hechos triviales de la vida, habéis consolidado una abultada cuenta bancaria emocional que os ayudará en cualquier momento difícil de vuestro matrimonio y evitará muchos problemas. Son esos momentos sin importancia, en los que apenas piensas (de compras en el supermercado, doblando la colada o durante una conversación telefónica mientras los dos estáis en el trabajo), los que forman el alma de un matrimonio. Una buena cuenta bancaria emocional es lo que hace la pasión duradera y ayuda a superar los malos momentos y los grandes cambios en la vida.

Menos de 10: Tu matrimonio puede mejorar en este aspecto. Al aprender a acercarnos al otro en los momentos triviales de la vida cotidiana, lograremos no sólo que el matrimonio sea más estable, sino también más romántico. Cada vez que hagáis el esfuerzo de escuchar y responder a lo que dice vuestra pareja, o de echarle una mano, mejoraréis vuestro matrimonio.

Solemos ignorar las necesidades emocionales de nuestra pareja por descuido, no por malicia.

El primer paso para acercarnos al otro consiste sencillamente en ser consciente de lo importantes que son esos momentos cotidianos, no sólo para la estabilidad del matrimonio sino para conservar la pasión. Muchas relaciones cambian enormemente, con sólo darse cuenta del significado de las pequeñas interacciones diarias. Recordad que si estáis dispuestos a ayudaros el uno al otro, la estabilidad y la pasión del matrimonio se beneficiarán más que con un viaje de dos semanas a las Bahamas.

Los siguientes ejercicios os ayudarán a acercaros de forma sencilla y natural.

Ejercicio 1: La cuenta bancaria emocional

Saber en todo momento hasta qué punto estamos conectados con nuestra pareja puede ser muy beneficioso. Algunos matrimonios encuentran esto más fácil si llevan una cuenta bancaria emocional. Esto se puede hacer dibujando una sencilla hoja de contabilidad y anotando un punto cada vez que te hayas acercado a tu compañero/a a lo largo del día. Es probable que no te apetezca apuntar cada vez que asentiste con la cabeza mientras tu pareja hablaba, pero sí puedes anotar hechos como: «Llamé a su trabajo para ver cómo iba la reunión», o: «Llevé su coche a lavar.»

Debes tener cuidado en no convertir esto en una competición o un «toma y daca» en el que cada uno revise el «balance» del otro y lleve la cuenta de quién ha hecho más. Eso contradice el propósito del ejercicio. El objetivo es concentrarse en lo que uno puede hacer para mejorar su matrimonio, no en lo que la pareja debería estar haciendo y no hace. Esto significa, por ejemplo, que te acerques a tu pareja incluso cuando ésta se comporta de forma difícil u hostil.

Puedes cuadrar el balance diario o semanal sumando tus entradas y restando los fallos («Se me olvidó comprar el carrete de fotos para M.», «Llegué tarde a casa»). Para que el ejercicio dé resultado es muy importante que seas muy sincero/a y reconozcas tus negligencias o los momentos en que das la espalda a tu pareja. Cuanto más positiva sea la cuenta, más probable es que mejore tu matrimonio. No esperes sin embargo cambios positivos de la noche a la mañana. Si habéis perdido la costumbre de apoyaros el uno al otro, hará falta cierto tiempo para que veáis los beneficios de este ejercicio. Uno de los retos es advertir cuándo tu pareja se acerca a ti, y viceversa. En un estudio en el que varias parejas eran observadas en sus propios hogares, los matrimonios felices advertían casi todas las cosas positivas que los investigadores observaban. Sin embargo, los matrimonios infelices infravaloraban las intenciones de cariño de su pareja en un 50 por ciento.

Aunque estas hojas de contabilidad no deben ser objeto de competición, es aconsejable leer las del compañero para ver qué aspectos de vuestras vidas podrían beneficiarse con una mayor conexión emocional. De esta forma podrás concentrar tus esfuerzos allí donde puedan ejercer el mayor impacto.

A continuación ofrezco una lista de actividades que algunas parejas realizan unidas (desde lavar los platos hasta jugar a los bolos). Elige las tres que más te gustaría realizar con tu pareja. También puedes señalar alguna actividad que ya realizas con tu compañero/a, pero que te gustaría realizar con más frecuencia, o en las que quisieras que tu compañero/a estuviera más implicado emocionalmente. Supongamos, por ejemplo, que leéis juntos el periódico todas las mañanas, pero te gustaría que tu pareja comentara contigo las noticias, en lugar de leer en silencio. En este caso, puedes señalar esta actividad.

1. Reunirse al final del día para comentar cómo ha ido.
2. Hacer la compra. Hacer la lista de la compra.
3. Cocinar.
4. Limpiar la casa. Hacer la colada.
5. Comprar regalos o ropa (para vosotros, los niños o los amigos).
6. Salir a cenar o a tomar una copa.
7. Leer el periódico.
8. Ayudarse mutuamente con un plan para la mejora personal (por ejemplo una nueva clase, una dieta, ejercicio, una nueva carrera).
9. Ofrecer una cena a los amigos.
10. Llamar por teléfono o pensar el uno en el otro durante la jornada.
11. Pasar la noche en algún lugar romántico.
12. Desayunar juntos los días laborables.
13. Ir a la iglesia, mezquita o sinagoga.
14. Trabajar en el patio o el jardín, hacer reparaciones caseras, cuidar del coche…
15. Realizar trabajos voluntarios para la comunidad.
16. Hacer ejercicio.
17. Salir los fines de semana.
18. Pasar todos los días cierto tiempo con los niños (a la hora de acostarse, durante el baño, con los deberes…).
19. Sacar a los niños (al zoo, museos, al cine…).
20. Atender a las funciones del colegio (conferencias, reuniones de profesores…).

21. Estar en contacto o pasar tiempo con la familia (padres, hermanos, parientes políticos).
22. Recibir como invitados a amigos de fuera de la ciudad.
23. Viajar.
24. Ver la televisión o películas de vídeo.
25. Pedir que os traigan cenas a casa.
26. Salir con parejas amigas.
27. Asistir a eventos deportivos.
28. Realizar tu actividad favorita (bolos, parque de atracciones, bicicleta, correr, montar a caballo, ir de campamento, remo, vela, ski acuático, nadar, etc.).
29. Hablar o leer junto al fuego.
30. Escuchar música.
31. Ir a bailar o a un concierto, club de jazz o teatro.
32. Celebrar el cumpleaños de los niños.
33. Llevar a los niños a clases particulares.
34. Asistir a los eventos deportivos o de otra clase de tus hijos (recitales, obras de teatro, etc.).
35. Pagar las facturas.
36. Escribir cartas.
37. Encargarse de la salud familiar (llevar a los niños al médico, al dentista o al hospital).
38. Trabajar en casa, pero juntos de alguna forma.
39. Asistir a actividades de la comunidad.
40. Ir a fiestas.
41. Ir juntos al trabajo.
42. Celebrar acontecimientos importantes en la vida de los niños (confirmación, graduación, etc.).
43. Celebrar hechos importantes en vuestras vidas (ascenso en el trabajo, jubilación, etc.).
44. Jugar con el ordenador. Navegar en Internet.
45. Supervisar a los amigos de tus hijos.
46. Planificar las vacaciones.
47. Planear vuestro futuro juntos. Soñar.
48. Pasear al perro.
49. Leer juntos en voz alta.
50. Jugar juegos de mesa o de cartas.

51. Preparar obras de teatro.
52. Hacer recados los fines de semana.
53. Realizar algún hobby, como pintura, escultura, música, etc.
54. Charlar tomando una copa o un café.
55. Encontrar tiempo para hablar.
56. Filosofar.
57. Cotillear.
58. Asistir a un funeral.
59. Ayudar a otras personas.
60. Otras ______________________

Ahora mostraos las tres opciones que habéis elegido cada uno para saber cómo acercaros al otro. Cuando hemos realizado este ejercicio en nuestros talleres, a veces genera conflictos. Por ejemplo, Dick puede decir que quiere que Renee participe más en planificar los fines de semana, pero Renee sostiene que es ella en realidad la que hace casi todos los planes para el fin de semana. Para evitar esto, recordad que el objetivo del ejercicio es halagaros el uno al otro. Lo que en realidad estáis diciendo a vuestra pareja es: «Te quiero tanto que espero más de ti.» No perdáis de vista este espíritu. En lugar de ser críticos con lo que vuestra pareja no ha hecho en el pasado, concentraos en lo que queréis que suceda ahora. O sea, decid: «Me gustaría que te quedaras conmigo más tiempo en las fiestas», en lugar de: «Siempre me dejas solo/a.»

El ejercicio reportará sus beneficios cuando cada uno vea las tres actividades que ha señalado el otro y se comprometa a realizar una de ellas. Debe ser un compromiso firme. Algunas parejas prefieren poner estos compromisos por escrito, algo como: «Yo, Wendy, accedo a acompañar a Bill a pasear al perro todos los lunes y jueves.» Tal vez esto parezca demasiado formal, pero lo cierto es que por lo general produce el efecto opuesto: puesto que expresa respeto por tu petición, sentirás un gran alivio sabiendo que tu pareja está dispuesta a ofrecértelo. ¡No es sorprendente que este ejercicio intensifique la pasión!

Ejercicio 2: Conversación para reducir la tensión

Aunque se pueden ganar puntos en la cuenta bancaria emocional durante cualquiera de las actividades cotidianas de la lista anterior, la más efectiva es la primera: «Reunirse al final de la jornada para comentar cómo ha ido.» Lo que esta conversación debería lograr es ayudaros a soportar las tensiones que no son provocadas por el matrimonio. Aprender esto es de importancia crucial para la salud de un matrimonio, según la investigación de mi colega el doctor Neil Jacobson, de la Universidad de Washington. Jacobson ha descubierto que una de las variables clave de las recaídas de las parejas después de someterse a su terapia matrimonial es que las tensiones de los demás aspectos de la vida se viertan sobre la relación. Las parejas que se ven inundadas por estas tensiones experimentan una recaída, mientras que aquellas que saben ayudarse mutuamente con estas tensiones pueden mantener estable su matrimonio.

Muchas parejas sostienen de forma natural esta clase de conversaciones relajantes, tal vez durante la cena o cuando los niños se han acostado. Pero a menudo la conversación no ejerce el efecto deseado, sino más bien al contrario: aumenta el grado de tensión porque uno de los cónyuges se frustra al ver que el otro no le escucha. Si éste es tu caso, necesitas modificar el enfoque de estas conversaciones para asegurarte de que resultan calmantes.

Para empezar, piensa cuál es el momento más adecuado para la conversación. Hay personas que necesitan soltarlo todo apenas entran por la puerta, pero otras prefieren relajarse un poco antes de iniciar una conversación. De modo que sugiero esperar hasta que los dos estéis listos para hablar.

La conversación debería durar unos veinte o treinta minutos. La regla de oro es hablar de lo que quieras, siempre que sea algo externo al matrimonio. Éste no es momento para discutir los conflictos entre vosotros, sino una oportunidad para ofreceros mutuo apoyo emocional en otros aspectos de vuestras vidas.

Este ejercicio requiere la escucha activa que la terapia matrimonial tradicional tanto recomienda. El objetivo de la escucha activa consiste en comprender el punto de vista de tu pareja sin emitir juicios. Lo cierto es que este método suele fallar porque se pide a las parejas que lo utilicen cuando están discutiendo sobre sus propios conflictos. En este caso, el método es muy difícil y doloroso. De hecho es casi imposible no sentirse asustado, herido o furioso cuando nuestro cónyuge nos bombardea con reproches.

Pero esta misma técnica de escucha activa puede resultar muy beneficiosa si la empleamos en conversaciones en las que el blanco de nuestras quejas no es nuestra pareja. En este contexto nos sentimos más libres para ofrecer y recibir apoyo y comprensión, y esto no hace sino aumentar el amor y la confianza en la pareja.

He aquí las instrucciones necesarias para sostener esta clase de conversación:

1. **Hablad por turnos.** Cada cónyuge puede quejarse durante quince minutos.

2. **No des consejo si no te lo piden.** Si te apresuras a sugerir una solución para el dilema de tu compañero/a, lo más probable es que él o ella sienta que estás quitando importancia al problema. Es como si en realidad estuvieras diciendo: «No es para tanto. Simplemente podrías...» La regla de oro es que cuando estés ayudando a tu pareja a serenarse, la comprensión debe preceder al consejo. Tu compañero/a debe saber que comprendes el problema, antes de que sugieras una solución. Muchas veces tu pareja no estará pidiendo en absoluto una solución, sino sólo que escuches o que ofrezcas un hombro sobre el que llorar.

En lo tocante a esta regla hay una diferencia fundamental entre hombres y mujeres. Éstas son más sensibles a los consejos que los hombres. Es decir, cuando una esposa le cuenta a su marido sus problemas, por lo general reacciona de forma muy negativa si él intenta darle un consejo de inmediato. Lo que ella quiere es sentir su comprensión y su compasión. Los hombres, por el contrario, son más tolerantes con los intentos inmediatos de resolver el problema, y la esposa puede dar consejo sin obtener una reacción negativa. Aun así, si un hombre habla de sus problemas en el trabajo, probablemente preferirá que su esposa le ofrezca comprensión más que una solución.

Cuando explico a las parejas que el objetivo no es solucionar los problemas del otro sino ofrecer apoyo, el alivio es casi palpable. Los hombres suelen dar por hecho que cuando su esposa está preocupada, su deber es hacerse cargo del problema. Pero cuando se dan cuenta de que ésta no es su responsabilidad (y que por lo general es lo contrario de lo que las mujeres desean), es como si les quitaran un peso de encima. Es maravilloso saber que pueden ganar puntos no intentando resolver los problemas de la esposa.

3. Muestra un sincero interés. No te distraigas, no dejes vagar la mirada. Concéntrate en tu pareja. Haz preguntas, mírale a los ojos, asiente con la cabeza, etc.

4. Comunica tu comprensión. Que tu pareja sepa que la comprendes. «¡Menuda faena! Yo también estaría furioso/a. Te entiendo perfectamente.»

5. Ponte de su lado. Esto significa ofrecer tu apoyo incluso si piensas que su punto de vista no es razonable. No te unas a la oposición, porque tu pareja se sentirá resentida o rechazada. Si el jefe de tu esposa, por ejemplo, le ha echado una bronca por llegar cinco minutos tarde, no digas: «Bueno, quizá tenía un mal día», o mucho menos: «No tenías que haber llegado tarde», sino: «¡Ha sido muy injusto contigo!» No se trata de no ser sinceros, sino de ser oportunos. Cuando tu pareja acude a ti buscando apoyo emocional (más que consejo), tu deber no es emitir juicios morales o decirle lo que debe hacer. Tu deber es decir: «Pobrecillo/a.»

6. Expresa una actitud de «nosotros contra el mundo». Si tu pareja se siente sola ante una dificultad, expresa tu solidaridad. Que sepa que los dos estáis juntos en eso.

7. Expresa afecto. Abraza a tu pareja, di «te quiero».

8. Valida sus emociones. Que tu pareja sepa que comprendes sus emociones. Puedes decir: «Sí, es una auténtica pena. A mí también me preocuparía. Entiendo que te sientas así.»

He aquí dos breves ejemplos de conversaciones para reducir la tensión. Dan una idea de lo que debes hacer y lo que no.

No:

HANK: He tenido una reunión espantosa con Ethel. No hace más que poner en entredicho mis conocimientos, e incluso ha ido a decirle al jefe que duda de mi competencia. La odio.

WANDA: Ya estás exagerando otra vez (*crítica*). Ethel es muy positiva y razonable. Tal vez no comprendes sus preocupaciones (*poniéndose de parte del enemigo*).
H.: Esa mujer la ha tomado conmigo.
W.: Ya estamos con tus paranoias. Deberías controlarlas (*crítica*).
H.: Mira, olvídalo.

Sí:

H.: He tenido una reunión espantosa con Ethel. No hace más que poner en entredicho mis conocimientos, e incluso ha ido a decirle al jefe que duda de mi competencia. La odio.
W.: ¡Vaya por Dios! Esa mujer tiene malas intenciones. Y además es una cotilla (*los dos contra el mundo*). ¿Y tú qué has dicho? (*muestra interés*).
H.: Pues que quiere echarme del trabajo, y que no lo va a conseguir.
W.: Cualquiera se sentiría paranoico con alguien así. Siento que te esté haciendo pasar un mal rato (*expresa afecto*). Ya me gustaría cantarle las cuarenta (*nosotros contra el mundo*).
H.: Y a mí. Pero creo que más vale no hacerle caso.
W.: Tú jefe sabe cómo es. Todo el mundo lo sabe.
H.: Es cierto. No comparte sus opiniones sobre mí. Y además, Ethel siempre anda diciendo que todo el mundo es incompetente menos ella.
W.: Al final le saldrá el tiro por la culata.
H.: Eso espero, porque si no me va a salir una úlcera.
W.: ¡Sí que estás estresado! Y lo entiendo perfectamente (*validación de emociones*). A su marido le ha pasado lo mismo.
H.: ¿Tiene una úlcera?
W.: Me he enterado hace poco.
H.: ¡Vaya!

A continuación ofrezco ejemplos para practicar el ofrecer apoyo cuando tu pareja acuda a ti.

1. La hermana de tu esposa le estuvo gritando por no haberle devuelto el dinero que le prestó hace dos meses. Tu esposa se siente indignada y herida por la actitud de su hermana (aunque es cierto que le debe dinero).
   Tú dices:

2. Han multado a tu esposo por exceso de velocidad. «¡Menuda injusticia! —exclama él—. Todo el mundo iba a ciento veinte. ¿Por qué han tenido que pararme precisamente a mí?»
   Tú dices:

3. Tu esposa ha llegado tarde a una entrevista de trabajo. Ahora está preocupada pensando que tal vez no consiga el puesto. «Mira que he sido tonta», se queja.
   Tú dices:

4. Tu esposo ha pedido un aumento de sueldo y su jefe lo ha rechazado. Él ha salido furioso de la oficina, y ahora le preocupa que su jefe se lo tenga en cuenta.
   Tú dices:

Respuestas

1. «Siento que te haya enfadado de esa manera.»
2. «¡Es indignante! Qué injusticia.»
3. «No has sido una tonta. Le puede pasar a cualquiera.»
4. «Entiendo cómo te sientes.»

Una última advertencia: nadie te conoce mejor que tu pareja. A veces puede estar buscando precisamente consejo. La mejor estrategia es hablar de lo que ambos preferís cuando os sentís tensos. Si tu pareja se está quejando porque no consiguió un ascenso en el trabajo, puedes decir: «Estás muy enfadado. ¿Cómo puedo ayudarte? ¿Quieres que te escuche o prefieres que te ayude a pensar qué debes hacer?»

Si mantenéis esta clase de conversaciones todos los días, vuestro matrimonio se beneficiará. Ambos sabéis que el otro está de vuestro lado, y éste es uno de los fundamentos de una amistad duradera.

Una vez que el matrimonio ha logrado una posición más positiva, será más difícil que entre en crisis.

Ofreceros apoyo mutuo es muy beneficioso. Por el contrario, si tu pareja te da la espalda puedes sentirte herido/a o rechazado/a. Muy a menudo la pareja nos da la espalda no por malicia sino por descuido. En muchos casos el problema se resuelve cuando nos damos cuenta de la importancia de los pequeños momentos y aprendemos a prestarles atención. Pero a veces hay razones más profundas para este descuido. Por ejemplo, si un cónyuge rechaza al otro, puede ser signo de hostilidad por algún conflicto latente. Pero cuando una persona siente que su cónyuge no está bastante conectado, la causa suele ser una disparidad entre sus respectivas necesidades de intimidad e independencia.

El matrimonio es como una danza. A veces nos sentimos atraídos hacia la persona amada, y a veces necesitamos apartarnos y sentir nuestra autonomía. En este aspecto existe un amplio espectro de necesidades «normales»: algunas personas necesitan la conexión con más frecuencia, otras necesitan más independencia. Un matrimonio puede funcionar incluso cuando los cónyuges se encuentran en ambos extremos de este espectro, siempre que sean capaces de comprender la razón de sus sentimientos y de respetar sus diferencias. De no ser así, lo más probable es que hieran mutuamente sus sentimientos.

Si consideras que tu pareja te vuelve la espalda en los pequeños hechos diarios, o si por el contrario su necesidad de conexión te asfixia, lo mejor que puedes hacer es hablarlo. Enfrentándoos juntos a esos momentos aprenderéis mucho el uno del otro y aprenderéis cómo daros el uno al otro lo que necesitáis.

Ejercicio 3: Qué hacer si tu pareja te da la espalda

Si uno de los dos se siente rechazado por el otro, o asfixiado por la necesidad de conexión del otro, ambos deberíais rellenar el siguiente cuestionario y compartir las respuestas. No existe una respuesta clave a las preguntas, que no son más que un punto de partida para una conversación entre vosotros. Lo cierto es que cuando una pareja se vuelve la espalda en las cosas cotidianas, es porque cada uno tiene una perspectiva diferente, igualmente válida. Una vez reconozcáis esto, descubriréis que volvéis a conectar de forma natural.

Durante esta semana me he sentido:

1.	A la defensiva	Mucho	Bastante	Poco	Nada
2.	Herido/a	Mucho	Bastante	Poco	Nada
3.	Enfadado/a	Mucho	Bastante	Poco	Nada
4.	Triste	Mucho	Bastante	Poco	Nada
5.	Incomprendido/a	Mucho	Bastante	Poco	Nada
6.	Criticado/a	Mucho	Bastante	Poco	Nada
7.	Preocupado/a	Mucho	Bastante	Poco	Nada
8.	Indignado/a	Mucho	Bastante	Poco	Nada
9.	Poco apreciado/a	Mucho	Bastante	Poco	Nada
10.	Poco atractivo/a	Mucho	Bastante	Poco	Nada
11.	Disgustado/a	Mucho	Bastante	Poco	Nada
12.	Intolerante	Mucho	Bastante	Poco	Nada
13.	Con ganas de irme	Mucho	Bastante	Poco	Nada
14.	Como si mis opiniones no importasen	Mucho	Bastante	Poco	Nada
15.	No sé cómo me he sentido	Mucho	Bastante	Poco	Nada
16.	Solo/a	Mucho	Bastante	Poco	Nada

¿Qué ha provocado estos sentimientos?

1.	Me sentía excluido/a	Mucho	Bastante	Poco	Nada
2.	No me sentía importante para mi pareja	Mucho	Bastante	Poco	Nada
3.	Me sentía frío/a hacia mi pareja	Mucho	Bastante	Poco	Nada
4.	Me sentía muy rechazado/a	Mucho	Bastante	Poco	Nada
5.	He sido criticado/a	Mucho	Bastante	Poco	Nada
6.	No sentía afecto hacia mi pareja	Mucho	Bastante	Poco	Nada
7.	No me sentía atraído/a hacia mi pareja	Mucho	Bastante	Poco	Nada
8.	Me sentía herido/a en mi dignidad	Mucho	Bastante	Poco	Nada
9.	Mi pareja se mostraba muy dominante	Mucho	Bastante	Poco	Nada
10.	No podía convencer de nada a mi pareja	Mucho	Bastante	Poco	Nada

Ahora que sabéis lo que ha provocado vuestros sentimientos, es momento de ver si vuestra reacción emocional está enraizada en el pasado. Revisad vuestras respuestas del ejercicio «¿Quién soy yo?» de la página 56, para ver si hay alguna relación entre posibles traumas anteriores y la situación actual. La siguiente lista ayudará a buscar estas conexiones entre el pasado y el presente.

Estos sentimientos recientes sobre mi matrimonio provienen de marcar lo que corresponda:

Cómo fui tratado en mi infancia por mi familia

— Una relación anterior
— Heridas pasadas, tiempos difíciles o traumas sufridos

— Mis miedos e inseguridades básicas
— Cosas y sucesos que todavía no he resuelto o he dejado de lado
— Expectativas no realizadas
— Cómo otras personas me trataron en el pasado
— Cosas que siempre he pensado de mí mismo/a
— Viejas «pesadillas» o «catástrofes» que me han preocupado

Después de leer cada uno las respuestas del otro, comprobaréis que muchas de vuestras diferencias no son «hechos». Todos somos seres complicados cuyas acciones y reacciones están gobernadas por una amplia gama de percepciones, pensamientos, sentimientos y recuerdos. En otras palabras, la realidad es subjetiva, y por eso la perspectiva del pasado que sostenga tu pareja puede ser distinta de la tuya, y esto no significa que uno de los dos tenga razón y el otro esté equivocado. Escribe en tu cuaderno un breve resumen de tu punto de vista, y luego del de tu pareja.

Es natural cometer el error de pensar que la distancia y la soledad son culpa exclusiva de tu pareja. En realidad no es culpa de nadie. Para salir de este error, necesitáis admitir que los dos tomáis parte en la creación del problema. Para ello leed la siguiente lista y marcad todo aquello que se aplica a vosotros y que puede haber contribuido a los recientes sentimientos de soledad o ahogo. No intentéis esto hasta que estéis serenos. Para ello, seguid paso por paso el ejercicio de relajación de la página 176 y dejad que se desvanezcan los pensamientos que mantienen la tensión, la sensación de incomprensión, indignación o victimismo.

1.	He estado muy tenso/a e irritable	Sí	Bastante	Un poco
2.	No he expresado mucho aprecio hacia mi pareja	Sí	Bastante	Un poco
3.	He estado demasiado sensible	Sí	Bastante	Un poco
4.	He sido demasiado crítico/a	Sí	Bastante	Un poco
5.	No he compartido mi mundo interior	Sí	Bastante	Un poco
6.	He estado deprimido/a	Sí	Bastante	Un poco
7.	Me sentía resentido/a	Sí	Bastante	Un poco
8.	No he sido muy cariñoso/a	Sí	Bastante	Un poco
9.	No he sabido escuchar	Sí	Bastante	Un poco
10.	Me sentía un poco mártir	Sí	Bastante	Un poco

En general mi contribución a este problema ha sido:

¿Cómo puedo mejorar esto en el futuro?

¿Qué podría hacer mi pareja la próxima vez para evitar este problema?

Al trabajar en estos ejercicios aprenderéis a daros apoyo de forma regular, y el lazo de camaradería se hará más profundo entre vosotros. Esta amistad más profunda será un poderoso escudo contra los conflictos. Tal vez no impida todas las discusiones, pero sí evitará que vuestras diferencias de opinión inunden vuestro matrimonio. La amistad equilibra el poder entre marido y mujer. Si os respetáis y honráis mutuamente, seréis capaces de entender vuestros distintos puntos de vista, aunque no estéis de acuerdo. Cuando existe un desequilibrio de poder, la crisis matrimonial es casi inevitable.

A continuación nos centraremos en lo que puede suceder si uno de los cónyuges no está dispuesto a compartir el poder con el otro. El siguiente principio ofrece una solución a este problema. Aunque el monopolio de poder es más común en los hombres, también existen mujeres que no saben acceder a los deseos de su esposo, de modo que el cuarto principio se aplica a todo el mundo.

6

Cuarto principio: deja que tu pareja te influya

Jack estaba pensando en comprarse un Honda azul de segunda mano, que era una ganga. A Jack le gustaba mucho el coche y estaba dispuesto a comprarlo, pero primero le dijo a Phil que quería que un mecánico le echara un vistazo.

—¿Por qué? —preguntó Phil—. El coche está nuevo. Sólo tiene quinientos kilómetros, y tienes la garantía del fabricante.

—Es verdad —contestó Jack—, pero le he prometido a mi mujer que no compraría ningún coche sin examinarlo primero.

Phil se lo quedó mirando.

—¿Permites que tu mujer te diga lo que tienes que hacer para comprar un coche?

—Claro. ¿Tú no?

—Pues no. Además, estoy divorciado.

Jack se echó a reír.

—Bueno, quizá fue precisamente por eso.

El mecánico examinó el coche, y resultó que había que poner un parachoques nuevo, de modo que Jack no lo compró. Pero, aún más importante, Jack no asumió la actitud de Phil hacia las mujeres. Jack considera a su mujer una compañera a la hora de tomar decisiones. Respeta sus opiniones y sentimientos. Comprende que para que el matrimonio prospere tiene que compartir el volante.

En otros tiempos, la actitud machista de Phil no tenía por qué ser un obstáculo en un hombre, pero nuestros datos sugieren que éste ya no es el caso. En nuestro estudio a largo plazo (actualmente se encuentra en su octavo año) de 130 parejas de recién casados hemos comprobado que incluso en los primeros meses de casados, los hombres que permiten que sus esposas influyan en ellos mantienen matrimonios más felices y tienen menos posibilidades de divorcio que los hombres que se resisten a la influencia de su esposa. Según las estadísticas, cuando un hombre no está dispuesto a compartir el poder con su compañera, tiene un 81 por ciento de posibilidades de que su matrimonio fracase.

Es evidente que hacen falta dos personas para romper un matrimonio, de modo que no estamos hablando sólo de hombres. El objetivo de este capítulo no es recriminar o insultar a los hombres. Es también importante que las mujeres traten a sus maridos con honor y respeto. Pero mis datos indican que la inmensa mayoría de las mujeres —incluso en matrimonios inestables— ya se comportan de esta manera. Esto no significa que no se enfaden o se muestren incluso despectivas con sus maridos, pero permiten que los esposos influyan en sus decisiones, porque tienen en cuenta sus opiniones y sentimientos. A menudo los hombres no les devuelven el favor.

«LO QUE TÚ DIGAS, CARIÑO»

Ésta fue la frase que utilizaron erróneamente los medios de comunicación para resumir mi estudio sobre la influencia mutua en los matrimonios. Este estudio fue parodiado en varios programas de televisión y otros medios. Lo que más me hizo reír fue una historieta en un periódico en la que aparecía la esposa de Saddam Hussein pidiéndole que sacara la basura y él negándose, hasta que ella le apuntó a la cabeza con una metralleta.

Nuestro estudio no sugería que los hombres debieran ceder todo su poder personal y dejar que sus esposas dirigieran sus vidas. Lo que comprobamos fue que los matrimonios más felices y estables a largo plazo eran aquellos en los que el marido trataba a la esposa con respeto y estaba dispuesto a compartir el poder y la toma de decisiones con ella. Cuando la pareja disentía, estos maridos buscaban un terreno común, en lugar de insistir en que se hicieran las cosas a su manera.

Para llegar a estos resultados, observamos lo que sucedía cuando estos recién casados discutían un asunto conflictivo, y también cuando hablaban de la historia de su relación. Al analizar los datos nos sorprendió encontrar una significativa diferencia entre hombres y mujeres. Aunque las mujeres expresaban a veces enfado u otras emociones negativas hacia sus maridos, rara vez respondían ante ellos aumentando la negatividad. La mayoría de ellas intentaba mitigarla o igualarla. De modo que si un marido decía «¡No me estás escuchando!», la mujer solía responder: «Lo siento. Ahora te escucho» (un intento de desagravio que reduce la negatividad). O bien: «¡Porque me cuesta trabajo escucharte!», frase que igualaba la negatividad del marido, pero no la aumentaba.

Pero el 65 por ciento de los hombres reaccionaba de forma diferente. Su respuesta aumentaba la negatividad de sus esposas. Y esto lo hacían de un modo muy específico: cabalgando en uno de los cuatro jinetes (crítica, desdén, actitud defensiva o actitud evasiva). Si la mujer decía «¡No me estás escuchando!», el esposo la ignoraba (evasión), se ponía a la defensiva («¡Sí que te escucho!»), la criticaba («¡No te escucho porque nunca dices más que tonterías!») o se mostraba desdeñoso («¿Por qué voy a perder mi tiempo?»). Utilizar uno de los cuatro jinetes para escalar el conflicto es un signo de que el hombre se está resistiendo a la influencia de su esposa.

En lugar de reconocer los sentimientos de la mujer, el marido utiliza los cuatro jinetes para eclipsarla, para hacer desaparecer su punto de vista. Es decir, lo contrario de admitir su influencia. De una forma u otra, esto provoca inestabilidad en el matrimonio. Aunque el esposo no reaccione de esta forma muy a menudo, existe un 81 por ciento de posibilidades de que el matrimonio resulte dañado.

Aunque siempre es importante que marido y mujer intenten mantener a raya a los cuatro jinetes durante un conflicto, es de especial importancia que los hombres sean conscientes del peligro de su matrimonio cuando emplean uno de los cuatro jinetes para aumentar la negatividad. Por alguna razón, cuando una mujer utiliza los cuatro jinetes el matrimonio no se torna más inestable. De momento los datos no ofrecen explicación para esta disparidad.

Pero sabemos que, como regla general, las mujeres aceptan la influencia de sus esposos, lo cual podría explicar en cierto grado las diferencias de sexo.

Así pues, aunque ambos cónyuges deberían evitar aumentar los conflictos de esta manera, son los hombres los que ponen en peligro el matrimonio al hacerlo.

SEÑALES DE RESISTENCIA

Algunos hombres muestran abiertamente su negativa a compartir el poder con sus esposas. Incluso en nuestra época de igualdad entre sexos, todavía hay hombres que se niegan a considerar ninguna opinión de su esposa, y que nunca tienen en cuenta sus ideas o sentimientos a la hora de tomar decisiones.

Algunos hombres sostienen que sus convicciones religiosas les exigen que dominen sus matrimonios y, por extensión, a sus esposas. Pero ninguna religión establece que el hombre deba ser un matón. No estoy abogando por un sistema espiritual de creencias sobre las funciones del hombre y la mujer. En nuestra investigación hemos incluido parejas que creían que el hombre debía ser el cabeza de familia, así como otras que sostenían un punto de vista igualitario. En ambas clases de matrimonio, los esposos emocionalmente inteligentes habían descubierto algo muy importante: cómo mostrar respeto. Todas las filosofías espirituales de la vida comparten el hecho de amar y honrar a la esposa. Y en esto consiste aceptar su influencia. Al fin y al cabo, ¿de verdad queremos tomar decisiones que hagan sentir a nuestra esposa que no la respetamos? ¿Es eso compatible con nuestras creencias religiosas? No, no lo es.

Esto me lo puso de manifiesto mi colega Dana Kehr, obispo mormón. La doctrina mormona tradicional exalta el patriarcado. Sostiene que el esposo debería tomar todas las decisiones concernientes a la familia. Pero Kehr y su esposa disfrutan de un matrimonio emocionalmente inteligente. Kehr afirma que no encuentra conflicto alguno entre sus creencias y el hecho de aceptar la influencia de su mujer. «No se me ocurriría tomar una decisión con la que ella no estuviera de acuerdo —me dijo—. Eso sería una falta de respeto. Siempre hablamos del tema hasta que llegamos a un acuerdo, y entonces tomo la decisión.» Kehr se ha dado cuenta intuitivamente de que un matrimonio no puede funcionar a menos que ambos cónyuges se honren y respeten mutuamente. Y esto es cierto sea cual sea nuestro sistema de creencias.

En muchos casos los hombres que se resisten a dejar que sus esposas les influyan no son siquiera conscientes de ello. Existen hombres que se consideran feministas, pero su relación con sus esposas lo desmiente. Veamos un ejemplo: un ingeniero de software llamado Chad. Si le preguntamos sobre su punto de vista sobre el papel del hombre y la mujer, defenderá a brazo partido un matrimonio igualitario. Pero su actitud era muy diferente en la casa nueva a la que se acababa de mudar con su esposa Martha. Una noche anunció que ese jueves se quedaría a trabajar hasta tarde. Martha le recordó que su madre llegaría de visita el viernes, y que ella contaba con él para que la ayudara a limpiar la casa y preparar la habitación de invitados.

—Estoy muy enfadada contigo —le espetó Martha—. ¿No te acuerdas de que mi madre viene el viernes? ¿Por qué no has cambiado la agenda de trabajo?

—¿Y no te acuerdas tú de que tengo un proyecto importante en marcha? No puedo modificar mis horas de trabajo. Tal vez tenga que quedarme a trabajar todo el fin de semana.

La respuesta de Chad aumentó el conflicto. En primer lugar se puso a la defensiva, porque en lugar de responder a la queja de Martha lanzó una queja propia: ¿Por qué no recordaba ella su proyecto? Luego la amenazó sugiriendo que tal vez tendría que trabajar más de lo que había dicho inicialmente. Esto es una actitud agresiva.

Martha se crispó. Le llamó de todo y salió hecha una furia de la sala. Chad se sintió entonces como una víctima. Al fin y al cabo, él tenía que trabajar. Como siempre, la furia de su esposa parecía haber salido de la nada. El corazón se le aceleró. Se sentía abrumado, con lo cual le resultaba muy difícil pensar en el problema con la mente clara o encontrar una solución. Lo único que Chad deseaba era escapar de la actitud injusta e irracional de su esposa. Desde luego no estaba de humor para dar el brazo a torcer, de modo que, sintiéndose una víctima, se sirvió una cerveza y se puso a ver la televisión. Cuando Martha volvió a la sala, con intenciones de hablar con él, Chad se limitó a ignorarla. Entonces ella empezó a gritar y él se marchó de la sala anunciando que se iba a acostar temprano.

Es evidente que ambos contribuyeron a crear esta escena. El planteamiento violento de Martha provocó que Chad no estuviera de humor para llegar a un acuerdo. Pero la reacción de Martha tiene una explicación. Su madre vive en Canadá, y apenas se ven. Martha llevaba un mes planeando esta visita, y había hablado con Chad en muchas ocasiones, explicándole lo emocionada que estaba, las ganas que tenía de enseñar a su madre la casa nueva y de que por fin la mujer pudiera pasar algún tiempo con sus dos nietos.

Cuando Chad anunció que se quedaría a trabajar hasta tarde, sin siquiera reconocer el impacto que esto tendría sobre la visita de su suegra, Martha tuvo claro que Chad ni siquiera recordaba que su madre estaba a punto de llegar. O si lo recordaba, le daba tan poca importancia que no consideraba que su ausencia por cuestiones de trabajo pudiera provocar ninguna crisis. Había tomado su decisión sin discutir el problema con ella. Puesto que Chad vivía casi siempre «en su propio mundo», como Martha lo define, ella se puso furiosa en cuanto él le dio la noticia.

Cuando una pareja tiene una discusión como ésta, se hacen tantos reproches y acusaciones que a veces es difícil determinar cuál es la auténtica causa subyacente. En el caso de Martha y Chad, se adivina sin embargo que el problema fundamental es que él no está dispuesto a admitir la influencia de ella: cuando ella se torna negativa («Estoy muy enfadada contigo», una queja directa), él responde agudizando el conflicto. A continuación aparece la agresividad y el tercer jinete, la actitud defensiva. Martha se enfurece y Chad se siente abrumado, lo cual le lleva al cuarto jinete, la actitud evasiva. Su matrimonio se precipita por la pendiente hacia el divorcio.

Pero Martha y Chad sentirían de un modo muy distinto si, en lugar de ponerse a la defensiva, él hubiera pedido perdón y reconocido que se sentía tan agobiado con el trabajo que había olvidado la inminente visita de su suegra. O bien si después de la pelea Chad hubiera ofrecido algún intento de desagravio. Ella tal vez seguiría enfadada, pero no se habría sentido menospreciada. Si él la hubiera escuchado mientras ella desahogaba su enfado, sin ponerse a la defensiva ni mostrarse agresivo, tal vez ella se habría calmado. Y luego habrían podido encontrar una solución al problema.

Aceptar la influencia del cónyuge no significa que nunca expresemos sentimientos negativos. Los matrimonios pueden sobrevivir a muchos estallidos de rabia, quejas o incluso críticas. Intentar suprimir los sentimientos negativos delante de la pareja no beneficiará al matrimonio ni a nuestra presión arterial. El problema surge cuando el esposo recibe con una barricada incluso la mínima insatisfacción por parte de la esposa, aumentando así la negatividad en lugar de intentar mitigarla.

Las esposas de hombres que aceptan su influencia tienen menos probabilidades de ser bruscas con sus esposos en una discusión. Esto aumenta las posibilidades de que el matrimonio sobreviva.

Cualquier hombre que no crea en la necesidad de tomar en cuenta la influencia de su esposa debería considerar los muchos beneficios de esta actitud. Algunos estudios han demostrado que los matrimonios en que el esposo se resiste a compartir el poder, tienen cuatro veces más probabilidades de destruirse o ser infelices que aquellos en los que el esposo comparte el poder. Vemos una y otra vez que cuando el hombre comparte el poder los cuatro jinetes no prevalecen tanto. Esto es así en parte porque la esposa tiende menos a iniciar con violencia las conversaciones cuando está molesta. Puesto que no se siente enfadada, frustrada o humillada por su esposo, está dispuesta a comenzar las discusiones difíciles sin mostrarse crítica o desdeñosa.

Otra razón para que estos matrimonios funcionen es que los cónyuges cuentan con una sólida base para llegar a un compromiso. Al fin y al cabo, cuanto mejor sepamos escuchar a nuestra esposa y considerar su punto de vista con respeto, más probable es que encontremos una solución al problema que nos satisfaga a los dos. Si haces oídos sordos a las necesidades, opiniones y valores de tu esposa, no hay posibilidad de llegar a un acuerdo.

Lo que los hombres pueden aprender de las mujeres

Tal vez lo más importante es que cuando un hombre acepta la influencia de su mujer, su actitud mejora la relación al fortalecer su amistad. Con esto le resultará más fácil seguir los primeros tres principios: profundizar su mapa de amor, fomentar el cariño y la admiración y acercarse a su esposa.

Esto sucede no sólo porque la ausencia de luchas de poder hace el matrimonio más agradable, sino porque el esposo está abierto a aprender de su esposa. Y no hay duda de que las mujeres tienen mucho que enseñar a los hombres sobre la amistad. En su libro *The Complete Book of Guys*, Dave Barry escribe sobre el enorme abismo que existe entre hombres y mujeres en lo tocante a este tema. Explica que todos los años su esposa y él se reúnen con viejos amigos. Las esposas se enzarzan de inmediato en una conversación sobre sus sentimientos, mientras que los hombres se dedican a jugar un rato al fútbol. Los hombres se ponen sensibles a veces... generalmente cuando tienen que decidir qué pizza pedir. Más adelante, cuando los amigos se separan, la esposa de Barry suele decir, por ejemplo: «¿No te parece increíble lo bien que se ha adaptado George después de que le amputaran la pierna?» Y Barry fingirá que por supuesto se ha dado cuenta de que a George le faltaba una pierna.

Barry exagera, pero la historia tiene gracia porque pone de manifiesto una verdad básica: las mujeres suelen comentar y comprender los sentimientos más que los hombres.

No estoy sugiriendo que todas las mujeres comprendan mejor los sentimientos y sepan relacionarse mejor que todos los hombres. Hay muchas mujeres insensibles a los demás. Pero por lo general las mujeres son emocionalmente más inteligentes que los hombres por una sencilla razón: comienzan con ventaja a aprender estas habilidades. Si observamos a cualquier grupo de niños veremos un ejemplo de ello. Cuando los chicos juegan (generalmente a perseguirse unos a otros), la prioridad es el juego en sí, no sus relaciones mutuas o sus sentimientos. Pero para las niñas, los sentimientos son primordiales. El grito de «ya no soy tu amiga» frena un juego en seco. El juego sólo se reanudará si las niñas hacen las paces.

Cuando un niño y una niña juegan con el mismo juguete, las diferencias de sexo son evidentes. Cuando Naomi y Eric, dos amigos de cuatro años, jugaban con la muñeca de Naomi, ella quería jugar a que la muñeca era su hija y ambos iban a enseñársela orgullosos a sus amigos (juego basado en las relaciones). Eric accedió a esto durante unos diez minutos, pero de pronto llevó el juego a su territorio: «¡Eh, Naomi, esta niña está muerta —anunció—. Tenemos que llevarla al hospital ahora mismo.» Eric se metió de un brinco en una ambulancia imaginaria y salió disparado. Naomi le pidió que no condujera tan deprisa. De pronto los dos se convirtieron en cirujanos y salvaron la vida del bebé. (Eric quería que Naomi fuera la enfermera, pero ella protestó diciendo que las chicas también pueden ser cirujanas. ¡De modo que algunas cosas sí han cambiado!) Una vez salvada la vida de la muñeca, los niños siguieron jugando a la manera de Naomi: enseñando el bebé a los amigos.

Los estilos de juego de Naomi y Eric son igualmente divertidos, pero la verdad es que los juegos «de niñas» ofrecen una mejor preparación para el matrimonio y la vida familiar, porque se centran en las relaciones. Como regla general, los niños no incluyen las relaciones y los temas domésticos en su repertorio de juegos. De hecho, en cualquier guardería veremos algún disfraz de novia, pero jamás un traje de novio para niño.

¿Dónde se origina esta diferencia en los juegos de niños y niñas? Puesto que se da en casi todas las culturas, creo que la causa es biológica, más que social. Pero ya sea la naturaleza o la cultura la causa de estas diferencias, lo cierto es que su efecto es innegable. Puesto que sus juegos enfatizan la interacción social y los sentimientos, al final de la infancia las niñas han recibido una extensa educación sobre las emociones. Para un niño, su experiencia en juegos de cooperación y resolución rápida de problemas será de gran utilidad en una sala de juntas, pero constituirá un obstáculo en el matrimonio si ha adquirido esa experiencia a expensas de la comprensión de las emociones de su esposa.

Esta diferencia en la educación queda resaltada por el hecho de que, al hacerse mayores, los niños rara vez juegan con niñas, de modo que pierden la oportunidad de aprender de ellas. Aunque un 35 por ciento de las mejores amistades preescolares se desarrollan entre niños y niñas (como Naomi y Eric), a la edad de siete años ese porcentaje cae hasta prácticamente un 0 por ciento. Desde entonces y hasta la pubertad los sexos tienen muy poco o nada que ver el uno con el otro. Éste es un fenómeno que se da en todo el mundo. Se han ofrecido muchas explicaciones para esta segregación voluntaria. Una intrigante teoría, formulada por la psicóloga Eleanor Maccoby, de la Universidad de Stanford, coincide con mis descubrimientos sobre la aceptación de la influencia del cónyuge. Maccoby descubrió que incluso a muy temprana edad (un año y medio), los niños cuando juegan sólo aceptan la influencia de otros niños, mientras que las niñas aceptan la influencia tanto de niñas como de niños. En torno a las edades de cinco a siete años, las niñas se hartan de esta situación y ya no desean jugar con niños. Desde entonces hasta la pubertad, nuestra cultura (y prácticamente todas las demás) no ofrece ninguna estructura formal para asegurar que niños y niñas se sigan relacionando.

Para cuando Naomi y Eric crezcan, las diferencias en su conocimiento de la vida del hogar serán notables. En cuanto una pareja se compromete o comienza a vivir bajo el mismo techo, el futuro esposo se ve de pronto inmerso en lo que probablemente es un mundo desconocido. En la obra teatral *In Defense of the Cave Man*, un hombre dice que la primera vez que vio a su esposa limpiar el cuarto de baño le preguntó: «¿Nos mudamos de casa?» En sus días de soltero, ni él ni sus compañeros de piso se molestaban en limpiar el baño a menos que fueran a mudarse. Muchos jóvenes esposos descubren que tienen mucho que aprender de sus mujeres sobre el mantenimiento de la casa.

Es notable la cara de perplejidad de un novio típico en una tienda de objetos para el hogar. Ni sabe ni le interesa la diferencia entre el tafetán y el calicó. Todas las decoraciones de las vajillas le parecen iguales. Seguramente cree que están tardando muchísimo en todo aquello, y si se vuelve bruscamente provocará roturas por un valor astronómico, puesto que todos los estantes son de cristal y colocados muy juntos. Pero si de pronto se sorprende diciendo: «Sí, esa vajilla es preciosa», ha nacido otro marido emocionalmente inteligente.

ESPOSOS EMOCIONALMENTE INTELIGENTES

Mis datos sobre parejas de recién casados indican que cada vez hay más esposos que sufren esta transformación. Un 35 por ciento de los hombres que hemos estudiado encajan en esta categoría. Las investigaciones de décadas anteriores muestran que el porcentaje era entonces mucho más bajo. Puesto que esta clase de esposo respeta y honra a su mujer, estará más abierto a aprender de ella sobre las emociones. Llegará a comprender el mundo de ella y el de sus hijos y amigos. Tal vez no se muestre tan emotivo como ella, pero aprenderá a relacionarse mejor emocionalmente con ella, y por tanto sabrá mostrarle que la respeta y la honra. Si está viendo un partido de fútbol y su mujer necesita hablar, él apagará la televisión para estar con ella. Está eligiendo el «nosotros» por encima del «yo».

El esposo emocionalmente inteligente es el siguiente paso en la evolución social. Esto no significa que este esposo sea superior a otros hombres en lo referente a personalidad, educación o valor moral. Simplemente ha aprendido algo muy importante sobre el matrimonio, algo que los demás ignoran todavía: cómo honrar a la esposa y mostrar su respeto por ella. Así de elemental.

El nuevo esposo probablemente haga de su carrera algo menos prioritario que su familia, porque ha revisado su noción de «éxito». A diferencia de otros esposos, incorpora de forma natural los primeros tres principios en su vida cotidiana. Tiene un mapa de amor detallado del mundo de su esposa, se mantiene en contacto con su admiración y cariño por ella, y se comunica volviéndose hacia ella en sus acciones diarias.

Esto no sólo beneficia su matrimonio, sino también a sus hijos. Las investigaciones muestran que un esposo que sabe aceptar la influencia de su mujer, tiende también a ser un padre notable. Conoce bien el mundo de sus hijos, sus amigos y sus problemas. Puesto que no tiene miedo de las emociones, enseña a sus hijos a respetar sus propios sentimientos y a respetarse a sí mismos. También por ellos apaga la televisión, porque quiere que recuerden que su padre tuvo tiempo para ellos.

Esta nueva clase de esposo y padre vive una vida plena y llena de significado. Al tener una familia feliz, le resulta posible crear y trabajar con eficacia. Al estar conectado con su esposa, ella acude a él no sólo cuando tiene problemas, sino también cuando está contenta. Cuando cae una nevada en la ciudad, sus hijos irán corriendo a buscarle para que la vea. Las personas que más le importan lo querrán mientras viva y lo llorarán cuando muera.

La otra clase de esposo y padre es un caso muy triste. Ante la pérdida de poder masculino se siente indignado o bien víctima inocente. Puede tornarse más autoritario o retirarse a su solitaria concha para proteger lo que le queda. No muestra mucho respeto hacia los demás, porque está obsesionado con el respeto que cree que los demás le deben. No aceptará la influencia de su esposa porque tiene miedo de perder más poder. Y puesto que no acepta la influencia de su esposa, él mismo no tendrá mucha influencia. La consecuencia es que nadie lo querrá demasiado mientras viva ni lo llorará demasiado cuando muera.

El cambio ha llegado

Aunque existen hombres en matrimonios tradicionales que saben aceptar la influencia de su esposa, lo cierto es que el concepto de compartir el poder matrimonial es relativamente nuevo y ha surgido a la estela de los grandes cambios sociales acontecidos durante las últimas décadas. En otra época era el esposo quien «llevaba los pantalones», pero los tiempos han cambiado.

Tal vez esto suene a propaganda feminista, pero es la realidad.

Ahora que más del 60 por ciento de las mujeres casadas trabajan, el hombre ya no es el único encargado de ganar el sustento de la familia. El trabajo de la mujer ofrece no sólo una fuente de ingresos y poder económico, sino también de autoestima. Un buen número de los conflictos existentes hoy en día en las parejas se refiere a este cambio en los papeles femenino y masculino. Las mujeres se quejan a menudo de que los hombres no colaboran en las tareas domésticas o con los niños. Esto no sólo ocurre en las parejas jóvenes. Hemos visto el mismo caso en matrimonios de cuarenta años, o incluso de sesenta. Los hombres que están dispuestos a aceptar la influencia de su esposa están felizmente casados. Los que no muestran esta actitud, ven cómo su matrimonio se torna inestable.

Es comprensible que a algunos hombres les resulte difícil aceptar el cambio del papel masculino. Durante siglos los hombres han tenido que estar a cargo de las familias. Este sentido de responsabilidad y poder pasaba de padres a hijos de formas tan sutiles que ahora no es fácil redefinir la función del esposo en el matrimonio.

Algunos hombres pueden resistirse a aceptar la influencia de sus esposas porque todavía creen que estos cambios en los papeles masculino y femenino son una moda pasajera, o que el péndulo ha oscilado hacia un extremo y pronto las cosas cambiarán de nuevo. Pero existen pruebas científicas que demuestran que estamos viviendo una transformación cultural que no tiene vuelta atrás. La antropóloga Pewggy Sanday, de la Universidad de Pennsylvania, ha dedicado su carrera a estudiar y comparar las culturas cazadoras-recolectoras de todo el mundo. A primera vista nuestras vidas parecen muy diferentes de esas personas. Pero la naturaleza humana es fundamentalmente la misma. Sanday ha identificado ciertos factores que determinan si una cultura será igualitaria o por el contrario dominada por el macho. (Curiosamente, no ha encontrado culturas dominadas por la hembra.) Ha estudiado también los signos que indican si una cultura se mueve en una dirección o en otra.

Según sus investigaciones, las sociedades dominadas por los hombres se caracterizan por lo siguiente:

1. La comida escasea y la vida diaria es dura. El entorno está lleno de peligros.
2. La carne de grandes animales es casi siempre más valorada que otros alimentos. La caza de grandes animales es casi siempre una actividad enteramente masculina.
3. Los hombres no participan en el cuidado y educación de los niños pequeños.
4. La representación femenina en los símbolos sagrados de la cultura es limitada, sobre todo en la creación de mitos.

Sanday descubrió que las culturas en que estos factores se daban de forma más extrema eran las más dominadas por el género masculino. Cuando estos factores, por el contrario, se movían en dirección opuesta, la cultura se desplazaba hacia el igualitarismo, donde hombres y mujeres compartían el poder.

Yo creo que éste es el cambio que está operando en nuestra cultura hoy en día:

1. La comida no escasea y las condiciones del medio no son muy duras. Las leyes proporcionan en general una sensación de relativa seguridad.
2. Los hombres ya no son los únicos proveedores de alimento o «cazadores».
3. Muchos hombres desean participar en el cuidado y educación de los niños. Ha habido una explosión del número de hombres que asisten con sus mujeres a las clases de parto, están presentes en el nacimiento de los hijos y ayudan a cambiar los pañales, alimentar y bañar a los bebés. Muchas mujeres consideran que los hombres todavía no colaboran lo suficiente en esto, pero es evidente que se ha dado un cambio de actitud.
4. Existe una creciente representación femenina en los símbolos sagrados de nuestra cultura. El catolicismo ha experimentado una creciente adoración de María, la madre de Jesús. Por otro lado la función de María ha cambiado drásticamente, de ser el recipiente pasivo del Espíritu Santo a ser una mujer que acepta con valentía el papel de madre

en su encuentro con el arcángel Gabriel (Lucas 1:26-38). María intercede por sus fieles con amor, compasión y comprensión.

En el judaísmo, los movimientos conservador y reformista han reescrito los libros de oración para enfatizar el papel de la mujer en lo sagrado. Se reconoce la importancia del matriarcado, así como la *Shechinah*, las cualidades femeninas de Dios: perdón, compasión, comprensión y amor.

Es cierto que no todos los matrimonios se han tornado igualitarios. Muchos hombres siguen distanciados de la vida familiar. Pero lo cierto es que cada vez más hombres buscan ayuda para asimilar el cambio cultural.

La labor de cada hombre es aprender a asimilar esta gran transformación. Nuestras investigaciones indican claramente que el único método efectivo es abrazar el cambio en lugar de reaccionar con rabia y hostilidad. Insisto en que podemos distinguir los matrimonios felices de los inestables basándonos en si el esposo está dispuesto a admitir la influencia de su esposa.

APRENDER A CEDER

Tal vez la diferencia fundamental entre estas dos clases de hombre es que el «nuevo» esposo ha aprendido que para vencer muchas veces hace falta ceder. Si vamos conduciendo por cualquier ciudad moderna, encontraremos atascos de tráfico e inesperados obstáculos que nos impiden el paso. Ante estas situaciones podemos actuar de dos maneras: la primera es detenernos, indignarnos e insistir en que quiten el obstáculo; la segunda es dar un rodeo. La primera actitud acabará por provocarnos un infarto. La segunda —ceder para vencer— nos llevará hasta nuestro destino.

Podemos ver un ejemplo clásico de un marido que cede con respecto al clásico tema de la tapa del retrete. La típica mujer se irrita cuando el esposo deja la tapa abierta, aunque ella sólo tarde un segundo en bajarla. Para muchas mujeres, la tapa abierta del retrete es un símbolo del poder masculino. De modo que un hombre puede ganar muchos puntos ante su esposa simplemente bajando la tapa del retrete. El hombre sabio sonríe pensando en su propia sabiduría mientras baja la tapa.

Aceptar la influencia de la mujer es una actitud, pero también una habilidad que puedes cultivar si sabes cómo relacionarte con tu esposa. En la vida cotidiana esto significa trabajar sobre los primeros tres principios, siguiendo el consejo y los ejercicios de los capítulos 3, 4 y 5. Y cuando tengas un conflicto, la clave es estar dispuesto a llegar a un compromiso. Esto se logra analizando las exigencias de tu pareja, en busca de algo en lo que puedas ceder. Veamos el ejemplo de Chad, que había enfurecido a Martha diciéndole que tenía que trabajar hasta tarde cuando la madre de ella estaba a punto de llegar de visita. Tal vez Chad no podía trabajar menos horas, pero quizá le fuera posible modificar su agenda de trabajo. Podría, por ejemplo, posponer el trabajo extra hasta el viernes, y así ayudar a Martha a preparar la casa para la visita. A cambio, tal vez ella y la abuela pudieran llevar al hijo a su entrenamiento de fútbol el domingo (tarea que normalmente realiza Chad), para que así Chad pudiera trabajar.

Si a pesar de sus esfuerzos un hombre se ve incapaz de aceptar la influencia de su esposa en algún tema particular, es señal de que existe un problema oculto e irresoluble. En estos casos, la clave es aprender a enfrentarse al problema insoluble, siguiendo los consejos del capítulo 10. Una de las parejas que estudiamos, Tim y Kara, se vieron en esta situación. Constantemente discutían por Buddy, un amigo de Tim al que Kara consideraba cualquier cosa menos un amigo. Buddy estaba en el paro, solía pelearse con su pareja y terminaba emborrachándose y durmiéndose en el sofá del salón. Kara temía que Buddy fuera una mala influencia para Tim, y consideraba su frecuente presencia en casa como una invasión y una amenaza. Pero cada vez que intentaba hablar del tema con Tim, él insistía en que aquella era su casa y que podía invitar a quien quisiera. Si ella no estaba de acuerdo, Tim se evadía y la ignoraba, lo cual la enfurecía de tal forma que comenzaba a gritar. Entonces él la acusaba diciendo que era ella la que tenía un problema, y no Buddy. Kara estaba furiosa con la actitud de Tim. Consideraba que su esposo se negaba a admitir que la casa era de los dos y que ella tenía también derecho a decidir sobre sus invitados.

En más del 80 por ciento de los casos, es la mujer la que saca a colación los temas conflictivos en el matrimonio, mientras que el hombre intenta evitar hablar de ellos. Esto no es un síntoma de matrimonio en crisis: sucede también en la mayoría de los matrimonios felices.

Cuando entrevisté a Tim y Kara, el problema básico parecía ser que él no estaba dispuesto a admitir la influencia de ella. Entonces le pregunté qué significaba para él la amistad de Buddy, y resultó que la historia era más profunda de lo que parecía. Tim explicó que ambos habían sido amigos desde la infancia. Cuando estaban en el instituto, los padres de Tim se divorciaron y Tim sintió que el mundo se desmoronaba. Entonces pasó muchas noches en el sofá de Buddy. Ahora pensaba que tenía que ayudar al amigo que tanto le había ayudado a él, y sentía que Kara estaba intentando que abandonara a Buddy. Esto atentaría contra su sentido del honor. A Tim no le preocupaba que Buddy pudiera ser una mala influencia. Él se consideraba un hombre estable y se enorgullecía de su capacidad para ayudar a su amigo.

Cuanto más hablaba Tim de Buddy, más se puso de manifiesto que Tim y Kara se estaban enfrentando a un problema irresoluble en su relación, concerniente a sus distintos conceptos de amistad y lealtad. Al reconocer esto y trabajar juntos en el problema, el conflicto se transformó. Él dejó de pensar que tenía derecho a hacer lo que quisiera en su propia casa, y ella reconoció que lo que la enfurecía era la actitud de Tim, y no sólo la presencia de Buddy. Kara le dijo que admiraba su lealtad, que era una de las cosas que le gustaban de él. Sólo le preocupaba que Buddy estuviera aprovechándose de él. Tim reconoció que Buddy abusaba a veces de la gente. Al identificar el problema auténtico y acceder a trabajar sobre él con Kara, Tim había aceptado su influencia. Los dos pudieron ver la perspectiva del otro, y al final acordaron que Buddy podía seguir durmiendo en el sofá, pero con menos frecuencia.

Hizo falta llegar a la raíz del problema irresoluble para que Tim pudiera aceptar la influencia de su esposa. Pero en la mayoría de los casos la clave es que el esposo esté dispuesto a compartir el poder con su mujer. Para esto, puede comenzar rellenando el siguiente cuestionario. Esto le dará una idea de su actitud en este tema. Las mujeres pueden realizar también el test, puesto que cuanto más abiertos estén ambos cónyuges a aceptar la influencia del otro, más estable será el matrimonio.

Realizad luego los ejercicios siguientes, que aumentarán vuestra capacidad de compartir el poder.

Aceptación de influencia

Califica cada frase con una **V** o una **F**.

1. Me interesan realmente las opiniones de mi pareja en nuestros temas cotidianos. **V F**
2. Por lo general aprendo mucho de mi pareja cuando disentimos. **V F**
3. Quiero que mi pareja sienta que de verdad cuenta conmigo. **V F**
4. Por lo general quiero que mi pareja sienta que tiene poder de decisión en este matrimonio. **V F**
5. Puedo escuchar a mi pareja, pero sólo hasta cierto punto. **V F**
6. Mi pareja tiene mucho sentido común. **V F**
7. Intento comunicar respeto, incluso en nuestras discusiones. **V F**
8. Si insisto en convencer a mi pareja, por lo general acabo ganando. **V F**
9. No rechazo de plano las opiniones de mi pareja. **V F**
10. Mi pareja no es bastante racional para tomarla en serio cuando discutimos algún tema. **V F**
11. Creo que en nuestras discusiones los dos damos y recibimos. **V F**
12. Soy muy persuasivo/a y puedo ganar cualquier discusión con mi pareja. **V F**

13. Siento que tengo voz y voto cuando tomamos alguna decisión. **V F**
14. Mi pareja suele tener buenas ideas. **V F**
15. Mi pareja es una gran ayuda a la hora de resolver problemas. **V F**
16. Intento escuchar con respeto, incluso cuando no estoy de acuerdo con lo que oigo. **V F**
17. Mis soluciones son por lo general mejores que las de mi pareja. **V F**
18. Casi siempre puedo encontrar algo con lo que estar de acuerdo en el punto de vista de mi pareja. **V F**
19. Mi pareja suele dejarse llevar por las emociones. **V F**
20. Yo soy quien debe tomar las decisiones importantes en este matrimonio. **V F**

Puntuación: Anota un punto por cada respuesta «verdadera», excepto en las preguntas 5, 8, 10, 12, 17, 19, 20, en las cuales restarás un punto por cada respuesta «verdadera».

6 o más: Éste es un aspecto sólido en tu matrimonio. Estás dispuesto/a a ceder poder a tu pareja, señal que indica que el matrimonio es emocionalmente inteligente.

Menos de 6: Tu matrimonio podría mejorar en este aspecto. Tienes dificultades para aceptar la influencia de tu pareja, lo cual puede desestabilizar peligrosamente el matrimonio. El primer paso para solucionarlo es comprender lo que significa aceptar la influencia del otro. Relee este capítulo si todavía no entiendes por qué es tan importante compartir el poder con tu pareja. Los siguientes ejercicios te enseñarán a compartir el poder.

Ejercicio 1: Ceder para ganar

A continuación describo una serie de situaciones comunes a las que se enfrentaron las parejas que estudiamos. Intenta visualizar las escenas como si fuerais tú y tu esposa quienes se enfrentasen al conflicto (las mujeres que realicen el ejercicio deberán interpretar los sexos al contrario de como aparecen). Cuanto más real imagines la situación, más efectivo será el ejercicio. Por muy negativa que imagines a tu pareja en estos escenarios, intenta pensar que la negatividad es su forma de enfatizar la importancia del tema que se trate, y no una forma de atacarte. En otras palabras, intenta responder al mensaje, no al tono de voz de tu pareja. Supón que en ese mensaje hay una petición razonable a la que podrías acceder fácilmente. Anota en tu cuaderno esa petición razonable, resumiéndola en una frase. Ten en cuenta que en algunas de estas situaciones la petición está implícita, no directamente expresada. Escribe luego lo que dirías para expresar tu cooperación. No existe una sola respuesta correcta, pero encontrarás ejemplos de respuestas efectivas a cada una de estas situaciones en las páginas 138-139.

EJEMPLO: Llegas a casa cansado del trabajo y te apetece cenar y ver la televisión, pero tu esposa, que trabaja en casa todo el día, quiere salir. Una noche se enfada y te acusa de ser desconsiderado y no tener en cuenta su necesidad de salir de casa. Tú explicas que estás demasiado cansado para salir por la noche y ella grita: «¿Y yo qué? ¡Me voy a volver loca si no salgo y me relaciono con gente!»

Petición razonable de la mujer: Salir de casa.

Tú dices: «Siento que estés tan agobiada. ¿Qué te parece si cenamos tranquilamente en casa y luego salimos a tomar el postre?»

Ejercicios:

1. Tú mujer y tú no os lleváis muy bien últimamente. Parte del problema es que tú piensas que ella gasta demasiado dinero. Ahora ella insiste en que os sometáis a una costosa terapia matrimonial. Tú señalas que no podréis pagarla a menos que recortéis gastos en otros aspectos. Tu esposa dice: «No estoy de acuerdo. Lo que no podemos permitirnos es prescindir de la terapia. Es como pedir prestado para irte de vacaciones cuando las necesitas. ¡Tenemos que hacerlo!»

Petición razonable de la esposa:

Tú dices:

2. Puesto que tu esposa no trabaja, le pides que se encargue de la casa y tenga lista la cena cuando tú vuelvas del trabajo. Esta noche encuentras que la colada no está hecha ni la cena preparada. Te quejas y ella dice: «Tú nunca te das cuenta de todo lo que hago en el día. No aprecias lo mucho que cuesta llevar la casa.»

Petición razonable de la esposa:

Tú dices:

3. Has ido al bar a tomar una copa con unos amigos. Tu esposa y tú discutís con frecuencia porque ella sostiene que sales a beber demasiado. Esta noche te llama varias veces al bar diciendo que si no vuelves a casa de inmediato bajará a buscarte. Cuando por fin entras en casa ella grita: «En lugar de pasar todo tu tiempo libre con tus amigos en el bar, ¿por qué nunca me llevas a bailar?»

Petición razonable de la esposa:

Tú dices:

4. Es sábado por la tarde y tu mujer ha estado haciendo limpieza y diciéndote que la casa necesita ciertas reparaciones. Sabes que ella no está dispuesta a hacer ningún sacrificio económico en otros aspectos para poder pagar esas reparaciones. Ella dice: «A ti nunca te parece que lo que yo quiero es importante. Si tú quisieras algo, ya encontrarías el dinero.»

Petición razonable de la esposa:

Tú dices:

5. Tu esposa se ha estado quejando de que no eres muy cariñoso ni considerado cuando haces el amor con ella. Esta noche, después de hacer el amor, ella dice que no está satisfecha y que quiere que la toques más. Tú le dices que no estás acostumbrado a hacer las cosas de esa forma. Ella dice: «Te entiendo, pero tenemos que aprender a excitarnos más mutuamente. Intentaré ayudarte.»

Petición razonable de la esposa:

Tú dices:

6. Cuando llegas a casa del trabajo, lo primero que te apetece hacer es ponerte cómodo, tomar una copa, leer el periódico y quitarte los zapatos. A veces dejas un poco desordenado el salón, pero generalmente lo recoges todo después de cenar, cuando tienes más energía. Una noche que no has recogido las cosas tu esposa dice: «Me pone negra que vayas dejando todas tus cosas por ahí. Yo también estoy cansada y no me gusta tener que ir recogiendo detrás de ti. ¿Por qué no puedes recoger antes de la cena?»

Petición razonable de la esposa:

Tú dices:

7. Últimamente andáis muy mal de dinero, de modo que se te ha ocurrido que cada vez que haya que comprar algo, debéis discutirlo primero. Esta noche, cuando llegas a casa, tu mujer anuncia que ha comprado bombillas porque las viejas se han fundido. Explica que las ha comprado sin consultarte porque eran absolutamente necesarias. Tú contestas que tal vez sean necesarias, pero no las puedes costear. Ella dice: «Pues las necesitamos, aunque no podamos pagarlas.»

Petición razonable de la esposa:

Tú dices:

8. Decides sorprender a tu mujer comprando un coche nuevo. En cuanto ella lo ve se enfada y dice: «Es horroroso. No pienso montar en él. ¡Devuélvelo!»

Petición razonable de la esposa:

Tú dices:

9. Acabas de llegar a casa del trabajo, estás cansado y todavía tienes que ir a la ferretería. Tu mujer, que se queda en casa con los niños, comenta que ha tenido un día horrible con ellos y te pide que los lleves a la tienda para poder estar un rato a solas.

Petición razonable de la esposa:

Tú dices:

10. Te gusta quedarte levantado hasta tarde, trabajando o viendo la televisión. A tu mujer le gusta irse a la cama a las once. Una noche, entra a las diez y media en el salón, donde tú estás viendo la tele, y te pide que te vayas con ella a la cama. Dice que le molesta que te acuestes cuando ella ya está dormida, porque le gustaría hacer el amor más a menudo.

Petición razonable de la esposa:

Tú dices:

Ejemplos de respuesta

1. Petición razonable de la esposa: el matrimonio necesita ayuda.

Tú dices: «Estoy de acuerdo en que es muy importante mejorar nuestro matrimonio. Tal vez lo más adecuado sea, en efecto, una terapia. Pensemos, a ver si podemos reducir algún otro gasto, para poder pagarla. De esa manera no estaría preocupado por el dinero.»

2. Petición razonable de la esposa: sentir que aprecias el trabajo que realiza en la casa.

Tú dices: «Lo siento. Tienes razón, no me había dado cuenta. Vamos a empezar de nuevo. Ayúdame a apreciar lo que has hecho. A lo mejor puedo ayudarte con la colada. Es verdad que has estado trabajando mucho últimamente. ¿Te apetece que salgamos esta noche a cenar?»

3. Petición razonable de la esposa: que pases más tiempo libre con ella.

Tú dices: «Buena idea. Vamos a McSorley's a bailar hasta que amanezca, como en los viejos tiempos.»

4. Petición razonable de la esposa: tu casa necesita ciertas reparaciones.

Tú dices: «Sí, tal vez tengas razón. ¿Qué crees que debemos arreglar en la casa?»

5. Petición razonable de la esposa: que te concentres en lo que a ella le excita.

Tú dices: «Es un tema del que me cuesta trabajo hablar, pero intentaré escucharte. Dime cómo quieres que te toque.»

6. Petición razonable de la esposa: que recojas tus cosas antes de la cena.

Tú dices: «Lo siento. Está bien, voy a recoger.» Y lo haces.

7. Petición razonable de la esposa: comprar las bombillas era necesario.

Tú dices: «Tienes razón, necesitamos las bombillas. Gracias por comprarlas. Pero la próxima vez, ¿te importaría que lo comentáramos antes, como solemos hacer?»

8. Petición razonable de la esposa: que no la sorprendas con un coche nuevo.

Tú dices: «Tenemos que hablar del coche. Dime por qué te has enfadado.»

9. Petición razonable de la esposa: descansar un poco de los niños.

Tú dices: «¡Vamos chicos, a pasear! ¡Y de vuelta compraremos un helado!»

10. Petición razonable de la esposa: hacer el amor más a menudo.

Tú dices: «Buena idea. ¿Por qué no te pones el camisón de seda? Me encanta hacer el amor contigo.»

Después de ver estos ejemplos deberías comprender mejor lo que significa «dar» en una relación. El siguiente paso es acostumbrarte a dar y a compartir el poder en tu matrimonio.

El siguiente ejercicio os ayudará a tomar decisiones juntos. Recordad que el objetivo es que ambos sepáis aceptar la influencia del otro.

Ejercicio 2: Juego de supervivencia de la Isla Gottman

Imaginad que acabáis de naufragar en el Caribe y os despertáis en una isla desierta. Sois los únicos supervivientes. Uno de vosotros está herido. No tenéis ni idea de dónde estáis. Hay alguna posibilidad de que alguien sepa del naufragio, pero no estáis seguros. Parece que se acerca una tormenta. Tenéis que prepararos para sobrevivir en la isla durante algún tiempo, y aseguraros de que, si acude una partida de rescate, os verán. En la playa hay varios restos del naufragio que os pueden ser útiles, pero sólo podéis coger diez cosas.

Vuestra misión

PASO 1: Cada uno escribe en un papel las diez cosas más importantes del siguiente inventario, basándoos en vuestro plan de supervivencia. Anotadlas en orden de importancia, de modo que el elemento más crucial será el primero, el siguiente en importancia será el segundo, etc. No existen respuestas correctas o incorrectas.

Inventario

1. Dos mudas de ropa
2. Receptor de radio de onda corta AM-FM
3. Cincuenta litros de agua
4. Cazos y sartenes
5. Cerillas
6. Una pala
7. Una mochila
8. Papel higiénico
9. Dos tiendas de campaña
10. Dos sacos de dormir
11. Un cuchillo
12. Una pequeña balsa salvavidas con una vela
13. Crema de protección solar
14. Hornillo y linterna
15. Dos walkie-talkie
16. Comida liofilizada para una semana
17. Una muda de ropa
18. Una botella de whisky
19. Bengalas
20. Brújula
21. Mapas aéreos de la zona
22. Arma con seis balas
23. Cincuenta paquetes de preservativos
24. Botiquín de urgencia con penicilina
25. Bombonas de oxígeno

PASO 2: Mostraos vuestras respectivas listas y acordad juntos una lista de diez elementos. Para esto tendréis que trabajar en equipo para resolver el problema. Los dos tenéis que defender vuestro punto de vista y tomar juntos las decisiones finales.

Cuando terminéis podéis evaluar el juego. Los dos debéis contestar las siguientes preguntas:

1. ¿Hasta qué punto has logrado influir en tu pareja?
a) Nada en absoluto
b) Ni mucho ni poco
c) Poco
d) Mucho

2. ¿Hasta qué punto te ha influido tu pareja?
a) Nada en absoluto
b) Ni mucho ni poco
c) Poco
d) Mucho

3. ¿Intentó alguno de los dos dominar al otro o fuisteis muy competitivos?
a) Mucho
b) Bastante
c) Poco
d) Nada

4. ¿Te enfadaste o te retiraste?
a) Mucho
b) Bastante
c) Poco
d) Nada

5. ¿Se enfadó o se retiró tu pareja?
a) Mucho
b) Bastante
c) Poco
d) Nada

6. ¿Te has divertido?
a) Nada en absoluto
b) Poco
c) Bastante
4) Mucho

7. ¿Funcionasteis bien como equipo?
a) Nada en absoluto
b) Poco
c) Bastante
d) Mucho

8. ¿Te sentiste irritado o furioso?

a) Mucho
b) Bastante
c) Poco
d) Nada

9. ¿Se irritó o se enfureció tu pareja?
a) Mucho
b) Bastante
c) Poco
d) Nada

10. ¿Os sentisteis los dos incluidos?
a) Nada
b) Poco
c) Bastante
d) Mucho

Puntuación: Anotad un punto por cada respuesta *a*, dos por cada *b*, tres por cada *c* y cuatro por cada *d*, y sumad la puntuación.

Si la puntuación final es más de 24, los dos sabéis aceptar la influencia del otro y formáis un buen equipo. Si la puntuación es menos de 24, tenéis que trabajar más este aspecto.

Si te resulta difícil aceptar la influencia de tu pareja, lo mejor que puedes hacer por tu matrimonio es reconocer el problema y hablarlo con tu cónyuge. No se pueden cambiar las viejas costumbres de la noche a la mañana, pero si eres capaz de reconocer qué problemas matrimoniales están causados por tu dificultad para compartir el poder, habrás dado un gran paso adelante. Tu pareja se sentirá aliviada y optimista sobre las posibilidades de mejorar el matrimonio.

El siguiente paso es convertir a tu pareja en un aliado en tu campaña para superar este problema. Pídele que te señale con suavidad los momentos en que intentes dominar, estés a la defensiva o te muestres irrespetuoso/a.

Puesto que los siete principios están interrelacionados, cuanto más trabajes en los demás más fácil te resultará compartir el poder. Y por supuesto, cuanto mejor sepas compartir el poder, más fácil te resultarán los demás principios. Estar dispuesto a compartir el poder y a respetar el punto de vista de la otra persona es una condición indispensable para llegar a acuerdos. Por esta razón, compartir el poder te ayudará a enfrentarte mejor a los conflictos matrimoniales.

Éste es el tema central de los principios 5 y 6. Como ya veremos, existen dos grandes categorías de conflictos que todas las parejas experimentan. En ambas categorías es igualmente importante saber compartir el poder.

7

Las dos clases de conflicto matrimonial

Todo matrimonio es la unión de dos individuos con sus propias opiniones, personalidad y valores. Por esto no es de extrañar que incluso en los matrimonios felices, marido y mujer tengan que resolver diversos conflictos. Algunos de estos conflictos son minucias sin importancia, pero otros pueden ser muy complejos e intensos. A menudo las parejas se sienten abrumadas por los conflictos, o se han distanciado el uno del otro para protegerse.

Aunque te parezca que tu situación es única, todos los conflictos matrimoniales, desde la discusión más rutinaria hasta las guerras abiertas, se clasifican en dos categorías: los que pueden ser resueltos y los perpetuos, es decir, los que formarán parte de nuestra vida siempre de una forma u otra. Una vez sepáis identificar y definir vuestras disensiones, podréis elaborar estrategias para enfrentaros a ellas.

Problemas insolubles

Por desgracia la mayoría de los conflictos matrimoniales (un 69 por ciento) se inscribe en esta categoría. En nuestros seguimientos de parejas durante cuatro años, comprobamos que todavía siguen discutiendo por los mismos temas. Es como si hubieran pasado cuatro minutos, en vez de cuatro años, desde la última vez que las vimos. Las personas llevan otra ropa, otros peinados y tal vez tengan más arrugas o hayan ganado peso, pero siguen discutiendo de lo mismo.

Aquí tenemos algunos problemas insolubles típicos con los que conviven las parejas felices:

1. Meg quiere tener un hijo, pero Donald dice que no está preparado todavía, y no sabe si algún día lo estará.
2. Walter quiere hacer el amor con más frecuencia que Dana.
3. Chris se toma con mucha tranquilidad el trabajo de la casa y rara vez realiza sus tareas hasta que Susan le insiste, lo cual le enfada.
4. Tony quiere educar a sus hijos en el catolicismo. Jessica es judía y quiere educarlos en el judaísmo.
5. Angie cree que Ron es demasiado crítico con su hijo, pero él cree que es la forma adecuada de educarlo: el niño tiene que aprender a hacer las cosas como Dios manda.

A pesar de sus diferencias, estas parejas siguieron felizmente casadas porque encontraron una forma de tratar con su problema insoluble, de modo que no los asfixiara. Han aprendido a mantener el problema en su lugar, y a contemplarlo con sentido del humor.

Por ejemplo, una de las parejas que estudiamos, Melinda y Andy, sostiene un conflicto perpetuo porque a él no le gusta salir con la familia de ella. Pero cuando comentan el problema conmigo, no se enfadan, sino que explican de buen humor la situación. Andy me dice lo que siempre acaba diciendo. Melinda, que se lo sabe de memoria, interrumpe para decir las mismas palabras imitando su tono de víctima: «Está bien, iré.» Andy añade que también suele decir: «Está bien, cariño, lo que tú quieras.»

«Todavía seguimos igual», explica Melinda. Andy se echa a reír y añade: «Ni siquiera sabemos estar en desacuerdo, ¿no es verdad?»

Melinda y Andy no han resuelto su problema, pero han aprendido a convivir con él y a enfocarlo con buen humor.

A pesar de lo que puedan decir muchos terapeutas, para que tu matrimonio prospere no es necesario que resuelvas tus grandes conflictos.

Otra pareja feliz, Carmen y Bill, tienen un problema perpetuo a causa de sus distintos conceptos de orden. Carmen tiene la disciplina de un sargento, mientras que él es un profesor distraído. Bill, por su mujer, intenta recordar dónde pone las cosas. Ella, por él, intenta no pincharle cuando las cosas se pierden. Si, por ejemplo, Carmen encuentra la factura de teléfono del mes pasado debajo de una pila de periódicos en la basura, le llamará la atención burlándose de él cariñosamente. A menos que esté demasiado estresada ese día, en cuyo caso probablemente se enfadará y él le hará una taza de chocolate como acto de contrición, y luego seguirán tranquilamente adelante. En otras palabras, están siempre tratando con el problema, pero por lo general de buen humor. A veces la situación mejora y otras empeora. Pero gracias a que ambos conocen el problema y hablan de él, su mutuo amor no se ve ahogado por sus diferencias.

Estas parejas entienden intuitivamente qué problemas forman parte inevitable de la relación, de la misma forma que las enfermedades crónicas son inevitables cuando uno envejece. Son como un dolor de espalda o un codo de tenista. Tal vez el problema no nos guste, pero somos capaces de vivir con él, de evitar situaciones que lo empeoran, de desarrollar estrategias y métodos que nos ayudan a tratar con él. El psicólogo Dan Wile lo expresaba mejor en su libro *Después de la luna de miel*: «Cuando elegimos un compañero a largo plazo estamos eligiendo inevitablemente una serie de problemas insolubles con los que tendremos que convivir durante diez, veinte o cincuenta años.»

Los matrimonios prosperan si sabemos tratar con los problemas que hemos elegido. Wile escribe: «Paul se casó con Alice, que es un poco escandalosa en las fiestas, cosa que Paul odia. Pero si él se hubiera casado con Susan, ambos se habrían peleado antes de llegar a ninguna fiesta, ya que Paul siempre llega tarde y Susan aborrece esperar. Susan se quejaría y Paul interpretaría esto como un intento de dominarle, cosa que odia. Si Paul se hubiera casado con Gail, ni siquiera se habrían planteado ir a una fiesta, porque seguirían enfadados por la discusión que sostuvieron el día anterior a causa de que Paul no ayuda en las tareas de la casa. Cuando Paul no ayuda, Gail se siente abandonada y se queja, y él interpreta esto como un intento de dominación, cosa que odia.» Etc., etc.

En los matrimonios inestables, los problemas perpetuos acaban por matar la relación. En lugar de tratarlos de forma efectiva, la pareja se queda estancada en ellos. Sostienen las mismas conversaciones al respecto una y otra vez, moviéndose en círculos sin resolver nada. Al ver que no avanzan se van sintiendo cada vez más heridos, frustrados y rechazados por el otro. Los cuatro jinetes se hacen presentes cuando discuten, mientras que el buen humor y el afecto van desapareciendo. Cada uno se enquista cada vez más en su posición, hasta que se sienten abrumados. Entonces comienzan el lento proceso de intentar aislar el problema. Pero lo cierto es que han empezado a distanciarse el uno del otro. Están en camino de llevar vidas paralelas y vivir una inevitable soledad: el toque de difuntos de cualquier matrimonio.

Los signos de estancamiento

Si no sabéis si estáis estancados en un problema perpetuo, esta lista os ayudará. Las características de un problema estancado son:

- El conflicto te hace sentir rechazado/a por tu pareja.
- Habláis de él una y otra vez pero no avanzáis.
- Os atrincheráis en vuestras posiciones y no estáis dispuestos a ceder.
- Cuando discutís el tema acabáis frustrados y heridos.
- Las conversaciones sobre el tema carecen de buen humor o afecto.
- Con el tiempo sois cada vez más inamovibles, lo cual os lleva a insultaros el uno al otro durante las discusiones.
- Estos insultos a su vez os hacen atrincherar más y extremar

vuestro punto de vista, con lo cual cada vez estáis menos dispuestos a llegar a un acuerdo.
- Finalmente os distanciáis.

Si esto te resulta familiar, te consolará saber que hay una forma de salir de esta parálisis. Como verás cuando lleguemos al sexto principio, lo único que se necesita es motivación y estar dispuesto/a a explorar las causas ocultas que provocan el estancamiento. La clave será descubrir y compartir los sueños personales que tengáis en la vida. Los sueños no realizados están en la base de todo conflicto paralizado. En otras palabras, las discusiones sin fin simbolizan una profunda diferencia entre vosotros que requiere ser definida para poner el problema en su sitio.

PROBLEMAS SOLUBLES

Estos problemas parecen sencillos comparados con los insolubles, pero pueden causar mucho sufrimiento. El que un problema tenga solución no significa que se solucione. Cuando un problema provoca una tensión excesiva, es porque la pareja no ha aprendido técnicas efectivas para solucionarlo. La culpa no es de ellos, puesto que muchas de las soluciones sugeridas por manuales o terapeutas matrimoniales no son sencillas de aplicar. La mayoría de estas estrategias consisten en validar la perspectiva del compañero y aprender a escuchar. Esto no está nada mal, pero el problema es que esto no resulta fácil para mucha gente, y mucho menos cuando uno está enfadado o tenso.

El quinto principio para que un matrimonio funcione se centra en los problemas solubles, y ofrece un enfoque alternativo a la resolución de conflictos, basado en mi investigación sobre los desacuerdos entre parejas emocionalmente inteligentes. En este apartado aprenderás:

1. A plantear las discusiones con suavidad y no con violencia.
2. El uso efectivo de los intentos de desagravio.

3. A monitorizar tu fisiología durante las discusiones tensas, en busca de señales que indiquen que te sientes abrumado/a.
4. A llegar a un compromiso.
5. A ser más tolerante con las imperfecciones del otro.

Si sigues estos consejos es probable que descubras que los problemas solubles ya no interfieren en tu felicidad matrimonial.

¿CUÁL ES LA DIFERENCIA?

Si estáis atascados en un conflicto, tal vez no sepáis si vuestro desacuerdo pertenece a la categoría de irresolubles o a los otros. Una forma de identificar los problemas solubles es que parecen menos dolorosos, menos intensos. Esto es así porque al discutir sobre un problema soluble nos concentramos sólo en un dilema o situación particular. No existe un conflicto subyacente que intensifique la disputa.

Por ejemplo, tanto Rachel como Eleanor se quejan de que sus maridos conducen demasiado deprisa. Eleanor lleva años discutiendo de esto con su esposo Dan. Él siempre dice lo mismo: que ella exagera, que nunca ha tenido un accidente y que no es un conductor agresivo. Eleanor replica que no comprende por qué no puede cambiar sus hábitos de conducción para que ella se sienta más segura en el coche, y acaba gritando a Dan que es un egoísta, que no le importa que los dos se maten en un accidente, etc. Dan dice que el verdadero problema es que ella no confía en él. Cada vez que sostienen esta discusión se sienten más frustrados, más heridos y más atrincherados en sus respectivas posiciones. Los dos se insultan: Dan la acusa de ser desconfiada, Eleanor de ser irresponsable.

Para ambos la velocidad en el coche constituye un problema que probablemente nunca llegue a resolverse del todo. Esto se debe a que su desacuerdo simboliza conflictos más profundos. En realidad están discutiendo sobre temas como la confianza, la seguridad, el egoísmo. Si quieren evitar que sus discusiones sobre la velocidad en el coche arruinen su matrimonio, tendrán que comprender el significado profundo que esta disputa tiene para cada uno de ellos. Sólo entonces podrán enfrentarse al problema de forma efectiva.

Pero para Rachel y Jason, el desacuerdo sobre la velocidad constituye un problema soluble. Todos los días van juntos desde su casa, en las afueras de Pittsburgh, al centro de la ciudad. Ella piensa que él conduce demasiado deprisa. Él dice que tienen que correr porque ella tarda mucho en salir de casa, y si no fuera por él llegarían tarde al trabajo. Rachel replica que tarda tanto porque él siempre se ducha el primero y se pasa en el baño una eternidad. Además, Jason siempre deja los platos del desayuno en la mesa, y ella tiene que fregarlos mientras él hace sonar la bocina del coche para que se dé prisa. Todos los días laborables comienzan con una discusión sobre la ducha y las tareas del hogar. Cuando Jason la deja en la oficina, él se ha encerrado en sí mismo y ella intenta contener las lágrimas.

El conflicto de este matrimonio es soluble porque, en primer lugar, es situacional: sólo sucede cuando van al trabajo y no afecta otras áreas de sus vidas. Rachel y Jason no se insultan. Sus discusiones no son sobre la desconfianza del uno o el egoísmo del otro, sino sencillamente sobre la conducción y sus rutinas matutinas. Al aprender a tratar el problema de una forma más efectiva, pudieron llegar a un compromiso. Dejaron de culparse mutuamente y organizaron un horario para poder llegar a tiempo al trabajo sin tener que rebasar el límite de velocidad. Tal vez se acostumbraron a levantarse quince minutos antes, o tal vez ella empezó a ducharse primero o él a lavar los platos del desayuno.

El caso es que si no hubieran llegado a un acuerdo sobre este problema, probablemente se hubieran sentido cada vez más frustrados y atrincherados en sus respectivas posiciones. El conflicto se habría hecho cada vez más profundo, asumiendo un significado cada vez más simbólico. En otras palabras, podría haberse convertido en un problema irresoluble.

A continuación describo varias situaciones de conflicto matrimonial. Escribe en cada una de ellas si crees que es irresoluble o soluble.

1. Cliff y Lynn acuerdan que él es el responsable de sacar la basura todas las noches después de cenar. Pero últimamente Cliff está tan agobiado de trabajo que se le olvida la tarea. Si Lynn no se hace cargo, la basura se queda en casa. Por la mañana el apartamento huele como un vertedero y ella se pone furiosa.

Soluble _______ **Irresoluble** _______

2. Elise quiere pasar menos tiempo con Joel y más con sus amigas. Él dice que se siente abandonado, y Elise replica que ella necesita contar con más tiempo para sí misma. Joel parece muy necesitado de ella, y Elise se siente algo agobiada.

Soluble _______ **Irresoluble** _______

3. Ingrid desea que Gary comente las cosas que le molestan, en lugar de quedarse callado y de mal humor. Pero cuando él intenta decir que está molesto por algo que ha hecho ella, Ingrid critica su modo de expresar los problemas y le dice que no comente tantos a la vez. Gary dice que puesto que le resulta tan difícil comentar estas cosas, quiere una recompensa: a saber, que Amy pida perdón, en lugar de criticar su estilo de comunicación.

Soluble _______ **Irresoluble** _______

4. Helena se reúne con una amiga todos los lunes por la noche. Jonathan quiere que lo acompañe a clases de bailes de salón, pero el lunes es el único día de clase. Ella no quiere renunciar a las noches con su amiga.

Soluble _______ **Irresoluble** _______

5. Penny se queja de que Roger espera que ella realice todo el trabajo de cuidar de su hijo recién nacido. Roger dice que a él le gustaría colaborar más, pero puesto que trabaja durante el día no tiene tanta experiencia como su esposa en el cuidado del niño: cambiar pañales, bañarlo, etc. Cada vez que intenta hacer algo, como coger al niño cuando llora, ella le dice que lo está haciendo mal. Él entonces se enfada y acaba diciéndole que lo haga ella.

Soluble ______ Irresoluble _______

6. Jim trabaja toda la jornada mientras que Thea se encarga de los niños en casa. Él quiere que la casa se lleve de forma más organizada (que esté más limpia, planificar mejor las mañanas para que los niños lleguen a tiempo al colegio…). Se da aires de suficiencia y superioridad ante su esposa, y quiere dar la impresión de que la desorganización de la casa se debe a sus defectos. Ella se siente atacada y se pone a la defensiva cuando él saca el tema. Dice que la casa debería ser un hogar, y no un barracón militar, y que Jim tiene que tomarse el asunto de forma más relajada porque sus exigencias no son razonables. Los dos llevan cuatro años discutiendo este tema.

Soluble ______ Irresoluble _______

7. Cada vez que Brian y Allyssa no están de acuerdo en algo, él inmediatamente levanta la voz. Ella se tensa cuando él grita, y le dice que no lo haga. Brian dice que no ve nada malo en gritar cuando se enfada. Allyssa se echa a llorar y dice que no puede soportarlo. De modo que al final acaban discutiendo sobre los gritos de él, en lugar de tratar el problema inicial.

Soluble ______ Irresoluble _______

8. Desde que nació su hijo, Kurt siente que Irene lo está apartando de su vida. Irene insiste en cuidar del niño ella sola, y no parece tener tiempo para su esposo. Ella ha estado pensando mucho en su propia infancia (sus padres se divorciaron cuando ella tenía dos años, y durante mucho tiempo vivió con un pariente u otro). Le dice a Kurt que no quiere que su hijo Brendan se sienta abandonado, como se sintió ella de pequeña. Pero él se siente traicionado porque una de las cosas que siempre le han gustado de

Irene es su carácter cariñoso y maternal con él. Ahora todo ese cariño se dirige sólo hacia al niño.

Soluble ______ **Irresoluble** _______

9. Oscar acaba de heredar cinco mil dólares de una tía abuela y quiere invertirlos en comprar aparatos de gimnasia. Pero Mary cree que deberían ahorrarlos para pagar una entrada para una casa. Oscar dice que cinco mil dólares es muy poca cantidad, de modo que ¿por qué no emplearlos en algo que puedan disfrutar de forma inmediata? Pero ella cree que deberían ahorrar poco a poco en todo momento.

Soluble ______ **Irresoluble** _______

10. Anita cree que Bert es un poco tacaño a la hora de dar propina a los camareros, taxistas, etc. Esto la molesta porque tiene la idea de que un hombre fuerte y atractivo tiene que ser también generoso. Cuando Bert la decepciona, se muestra desdeñosa con él. Él, por su parte, piensa que Anita es demasiado manirrota, lo cual le pone nervioso. Para él, el dinero representa seguridad y control sobre su vida, de modo que no le resulta fácil desprenderse de él.

Soluble ______ **Irresoluble** _______

Respuestas:

1. Soluble. Cliff ha dejado de sacar la basura sólo recientemente y por una razón específica que en principio no tiene que ver con su relación con Lynn: porque está agobiado de trabajo. El problema puede solucionarse de varias formas: poner una nota en la puerta de la nevera para recordarle que saque la basura, o modificar la asignación de las tareas domésticas, de modo que Lynn saque la basura durante unos días hasta que Cliff esté menos ocupado.

2. Irresoluble. El problema sugiere una diferencia profunda entre Elise y Joel, y en lo que necesitan el uno del otro para sentirse unidos. Es muy difícil que esta diferencia desaparezca, de modo que tendrán que aprender a ajustarse a ella.

3. Irresoluble. Ingrid y Gary están enzarzados en una guerra de metacomunicación. Esto significa que no tienen dificultades para comunicarse sobre un episodio concreto, sino para comunicarse sobre cómo deben comunicarse. Esto no está relacionado con una situación específica, sino que el problema está presente cada vez que no están de acuerdo en algo.

4. Soluble. Helena y Jonathan pueden resolver el problema de varias formas: dedicar dos lunes al mes a las clases de baile y los otros dos Helena puede salir con su amiga. O tal vez su amiga esté dispuesta a cambiar el día de salida. O Jonathan puede buscar otras clases de baile otro día de la semana. O cualquiera de ellos puede sencillamente ceder.

5. Soluble. Roger sólo necesita pasar más tiempo con su hijo para adquirir experiencia en sus cuidados. Y Penny necesita dejarle un poco de espacio, permitirle que cuide del niño a su manera. Puesto que el problema no está relacionado con las necesidades profundas de ninguno de los dos, puede ser resuelto mediante un compromiso.

6. Irresoluble. El problema probablemente comenzó siendo situacional, acerca de la organización y las tareas de casa. Tal vez Jim y Thea toleren de forma distinta el desorden y la suciedad, y no vean de la misma forma cómo debería ser la planificación de la casa. Pero al no encontrar un acuerdo con respecto a la organización casera, han seguido discutiendo sobre ello. Thea ha llegado a sentir que su esposo no valora o respeta su papel, mientras que él piensa que ella no cumple con su parte, que consiste en tener la casa bien organizada. La discusión ya no es sobre las tareas de la casa, sino sobre su mutuo resentimiento.

7. **Irresoluble.** Brian y Allyssa son emocionalmente diferentes. Él tiende a ser volátil, lo cual significa que es muy apasionado y da primacía a las emociones. Allyssa prefiere discutir tranquila y racionalmente. Cuando Brian le grita, ella se tensa y se siente abrumada. Puesto que las emociones son una parte de la personalidad, no es probable que ninguno de ellos cambie. Pero si conocen y respetan la personalidad emocional de cada uno, pueden encontrar alguna técnica de resolución de conflictos con la que se sientan cómodos.

8. **Irresoluble.** En el fondo Irene y Kurt tienen distintas necesidades emocionales. El enorme cambio en su matrimonio que supuso el nacimiento de su hijo ha trastornado el equilibrio de estas necesidades.

9. **Soluble.** Oscar y Mary tienen distintas opiniones con respecto al dinero. Pero este conflicto no parece ser simbólico, sino una mera diferencia de opinión sobre lo que deberían hacer con la herencia de Oscar. Por esta razón, lo más probable es que lleguen a un acuerdo. Por ejemplo, podrían gastar la mitad de la cantidad en aparatos de gimnasia y ahorrar el resto.

10. **Irresoluble.** El dinero tiene un significado muy distinto para Bert y Anita. Puesto que el significado simbólico del dinero suele estar anclado en experiencias de la infancia, es poco probable que Bert empiece de pronto a dejar grandes propinas o que Anita aprenda a ser ahorrativa. Pero si trabajan juntos sobre este problema perpetuo (sobre todo ella, en su desprecio hacia su esposo en lo referente a este tema), dejará de ser un gran conflicto.

Cuestionario para valorar tus conflictos matrimoniales

Ahora que comprendes mejor las diferencias entre los problemas irresolubles y los que tienen solución, es el momento de que valores tus propios conflictos matrimoniales. De esta forma sabrás qué estrategias utilizar para enfrentarte a ellos. A continuación ofrezco una lista de diecisiete causas comunes de conflicto en una pareja. En cada una de ellas, anota cuáles son problemas irresolubles en tu matrimonio, cuáles solubles y cuáles no te afectan de momento.

1. Nos estamos distanciando emocionalmente.

Irresoluble_____ **Soluble** ______ **No es un problema**______

¿Cuáles de estos apartados específicos son conflictivos, dentro de este aspecto general?

- Tenemos dificultades para hablar el uno con el otro.
- Estamos menos en contacto emocionalmente.
- Siento que no se me valora.
- Siento que mi pareja no me conoce en estos momentos.
- Pasamos menos tiempo juntos.

Comentarios:

____

____

____

2. Los problemas externos a la relación (como la tensión en el trabajo) afectan a nuestro matrimonio.

Irresoluble_____ **Soluble** ______ **No es un problema**______

¿Cuáles de estos apartados específicos son conflictivos, dentro de este aspecto general?

- No siempre nos ayudamos mutuamente a mitigar la tensión de la jornada.
- No hablamos sobre estas tensiones.
- No hablamos del estrés de forma efectiva.
- Mi pareja no escucha con comprensión cuando comento mis tensiones y preocupaciones.
- Mi pareja descarga sobre mí sus tensiones del trabajo u otras tensiones.

• Mi pareja descarga sobre los hijos u otras personas sus tensiones.
Comentarios:
___
___
___

3. Nuestro matrimonio ha perdido la pasión.

Irresoluble_____ **Soluble** ______ **No es un problema**______

¿Cuáles de estos apartados específicos son conflictivos, dentro de este aspecto general?

- Mi pareja ha dejado de ser cariñoso/a.
- Mi pareja expresa su amor o su admiración con menos frecuencia.
- Rara vez nos tocamos.
- Mi pareja (o yo) ha dejado de sentir pasión.
- Rara vez nos besamos y abrazamos.
- Cada vez tenemos menos momentos de ternura o pasión.

Comentarios:
___
___
___

4. Tenemos problemas en nuestra vida sexual.

Irresoluble_____ **Soluble** ______ **No es un problema**______

¿Cuáles de estos apartados específicos son conflictivos, dentro de este aspecto general?

- El sexo es menos frecuente.
- Mi pareja (o yo) obtiene menos satisfacción del sexo.
- Nos cuesta hablar de problemas sexuales.
- Queremos cosas distintas en el aspecto sexual.
- El deseo ha disminuido.
- Somos menos cariñosos al hacer el amor.

Comentarios:
___

____

____

5. Tenemos problemas para asimilar un cambio importante (como el nacimiento de un niño, despido laboral, enfermedad o muerte de un ser querido).

Irresoluble_____ **Soluble** ______ **No es un problema**_____

¿Cuáles de estos apartados específicos son conflictivos, dentro de este aspecto general?

- Tenemos puntos de vista muy distintos sobre cómo enfrentarnos a las cosas.
- Esto ha hecho que mi pareja se distancie mucho.
- Esto nos ha tornado irritables a los dos.
- Esto ha conllevado muchas peleas.
- Me preocupa el resultado de todo esto.
- Estamos asumiendo posiciones muy distintas.

Comentarios:

____

____

____

6. No estamos manejando bien un asunto importante relacionado con los hijos. (Aquí se incluye el debate sobre tener hijos o no.)

Irresoluble_____ **Soluble** ______ **No es un problema**_____

¿Cuáles de estos apartados específicos son conflictivos, dentro de este aspecto general?

- Tenemos distintos objetivos para nuestros hijos.
- No nos ponemos de acuerdo sobre qué actos o comportamientos merecen castigo.
- No estamos de acuerdo sobre cómo castigar a los niños.
- Discutimos sobre cómo estar cerca de nuestros hijos.
- No hablamos de forma efectiva de estos problemas.
- Estas diferencias provocan mucha ira y tensión.

Comentarios:

____

____

____

7. No estamos manejando bien un asunto importante referente a nuestras familias.

Irresoluble_____ **Soluble** ______ **No es un problema**______

¿Cuáles de estos apartados específicos son conflictivos, dentro de este aspecto general?

- No me siento aceptado/a por la familia de mi pareja.
- A veces no sé si mi pareja considera a su familia más importante que la que ha formado conmigo.
- No me siento aceptado/a por mi propia familia.
- Existe tensión entre nosotros sobre lo que podría pasar.
- Este asunto ha generado mucha irritabilidad.
- Me preocupa lo que pueda pasar.

Comentarios:

____

____

____

8. Uno de nosotros coquetea fuera del matrimonio, o ha tenido una aventura reciente, o está celoso/a.

Irresoluble_____ **Soluble** ______ **No es un problema**______

¿Cuáles de estos apartados específicos son conflictivos, dentro de este aspecto general?

- Este tema es fuente de mucho sufrimiento.
- Es un tema que crea inseguridad.
- No puedo soportar las mentiras.
- Es difícil volver a confiar.
- Existe un sentimiento de traición.
- Es difícil saber cómo recuperarse de esto.

Comentarios:

____

____

____

9. Hemos tenido peleas muy desagradables.

Irresoluble _____ **Soluble** _______ **No es un problema** ______

¿Cuáles de estos apartados específicos son conflictivos, dentro de este aspecto general?

- Nos peleamos más que antes.
- Las peleas parecen surgir de la nada.
- La rabia y la irritabilidad han invadido la relación.
- Nos quedamos estancados y nos hacemos daño mutuo.
- No me siento muy respetado/a últimamente.
- Me siento criticado/a.

Comentarios:

____

____

____

10. Diferimos en nuestros objetivos y valores básicos, o en nuestro estilo de vida.

Irresoluble _____ **Soluble** _______ **No es un problema** ______

¿Cuáles de estos apartados específicos son conflictivos, dentro de este aspecto general?

- Han surgido diferencias en nuestros objetivos vitales.
- Han surgido diferencias en cuanto a creencias importantes.
- Han surgido diferencias en nuestros intereses durante el tiempo libre.
- Queremos cosas distintas de la vida.
- Estamos creciendo en direcciones distintas.
- No me gusta mucho la persona que soy con mi pareja.

Comentarios:

____

____

____

11. Dentro de nuestro matrimonio han ocurrido hechos muy perturbadores (por ejemplo: violencia, drogas, aventuras extramatrimoniales).

Irresoluble_____ **Soluble** ______ **No es un problema** ______

¿Cuáles de estos apartados específicos son conflictivos, dentro de este aspecto general?

- Ha habido violencia física entre los dos.
- Existe un problema de drogas o alcohol.
- Éste no es el matrimonio que yo esperaba.
- Nuestro acuerdo matrimonial está cambiando.
- Encuentro algunos de los deseos de mi pareja perturbadores o repulsivos.
- Me siento decepcionado/a con este matrimonio.

Comentarios:

____

____

____

12. No trabajamos bien como equipo.

Irresoluble_____ **Soluble** ______ **No es un problema** ______

¿Cuáles de estos apartados específicos son conflictivos, dentro de este aspecto general?

- Antes compartíamos más el trabajo familiar.
- Es como si camináramos en direcciones opuestas.
- Mi pareja no cumple con su parte en el cuidado de la casa o los niños.
- Mi pareja no es independiente económicamente.
- Me siento solo/a llevando a la familia adelante.
- Mi pareja no es muy considerado/a.

Comentarios:

____

____

____

13. Tenemos problemas para compartir el poder y la influencia.

Irresoluble _____ **Soluble** ______ **No es un problema** ______

¿Cuáles de estos apartados específicos son conflictivos, dentro de este aspecto general?

- No siento que tenga influencia en las decisiones que tomamos.
- Mi pareja se ha tornado más dominante.
- Yo me he tornado más exigente.
- Mi pareja se ha tornado pasiva.
- Mi pareja no es un pilar fuerte en nuestro matrimonio.
- Ahora me importa mucho más quién dirige las cosas.

Comentarios:

____

____

____

14. Tenemos problemas en el aspecto económico.

Irresoluble _____ **Soluble** ______ **No es un problema** ______

¿Cuáles de estos apartados específicos son conflictivos, dentro de este aspecto general?

- Uno de nosotros no gana bastante dinero.
- No estamos de acuerdo acerca de cómo gastar el dinero.
- Estamos estresados en el aspecto económico.
- Mi pareja está más interesada económicamente que personalmente en mí.
- No estamos unidos a la hora de gestionar nuestras finanzas.
- Nos falta planificación financiera.

Comentarios:

____

____

____

15. Últimamente no nos divertimos mucho juntos.

Irresoluble_____ **Soluble** _______ **No es un problema** ______

¿Cuáles de estos apartados específicos son conflictivos, dentro de este aspecto general?

- No tenemos mucho tiempo para diversiones.
- Lo intentamos, pero ya no lo pasamos tan bien juntos.
- Estamos demasiado estresados para divertirnos.
- El trabajo consume todo nuestro tiempo.
- Nuestros intereses son tan distintos que no hay nada que nos guste hacer juntos.
- Planeamos diversiones, pero nunca las llevamos a cabo.

Comentarios:

____

____

____

16. No nos sentimos unidos en cuanto al aspecto espiritual.

Irresoluble_____ **Soluble** _______ **No es un problema** ______

¿Cuáles de estos apartados específicos son conflictivos, dentro de este aspecto general?

- No compartimos las mismas creencias.
- No estamos de acuerdo en cuanto a ideas y valores religiosos.
- Diferimos sobre la iglesia, mezquita o sinagoga.
- No nos comunicamos bien en el aspecto espiritual.
- Hemos tenido problemas en cuanto al crecimiento y cambio espiritual.
- Tenemos problemas en el aspecto espiritual que hacen referencia a la familia o los hijos.

Comentarios:

____

____

____

17. Tenemos conflictos sobre el tema de formar parte de nuestra comunidad.

Irresoluble_____ **Soluble** ______ **No es un problema**_____

¿Cuáles de estos apartados específicos son conflictivos, dentro de este aspecto general?

- Sentimos de forma diferente en cuanto a la posibilidad de relacionarnos e involucrarnos con amigos o grupos de gente.
- No nos interesan de la misma forma las instituciones de la comunidad.
- No estamos de acuerdo en cuanto a la conveniencia de dedicar tiempo a las instituciones de la comunidad (partido político, colegio, hospital, centro religioso, agencias, etc.).
- No estamos de acuerdo en realizar proyectos o trabajar para la beneficencia.
- No estamos de acuerdo en realizar buenas acciones por los demás.
- No estamos de acuerdo en si debemos asumir un papel dirigente en el servicio a nuestra comunidad.

Puntuación: Por cada uno de los diecisiete aspectos generales que te sea conflictivo, cuenta el número de problemas específicos que has marcado. Si son más de dos, entonces ésta es un área de conflicto significativo en tu matrimonio. Para los problemas solubles, encontrarás consejo en el capítulo 8. Pero si algunos de tus problemas son irresolubles, sigue también los consejos del capítulo 10. Sin duda encontrarás que tu matrimonio, como la mayoría, debe enfrentarse a ambas clases de problemas.

LA CLAVE DE LA RESOLUCIÓN DE TODOS LOS CONFLICTOS

En los siguientes capítulos encontrarás técnicas específicas para enfrentarte a tus problemas matrimoniales, ya sean irresolubles o solubles. Pero en primer lugar, ofreceré algunos consejos generales. La base para enfrentarse de forma efectiva a cualquier clase de problema es la misma: comunicar tu aceptación básica de la personalidad de tu compañero. Por nuestra naturaleza humana, es prácticamente imposible que aceptemos consejo de nadie a menos que sintamos que esa persona nos comprende. De modo que la regla básica es: antes de pedir a tu pareja que modifique su modo de conducir, comer o hacer el amor, debes hacerle sentir que la comprendes. Si alguno de los dos se siente juzgado, incomprendido o rechazado por el otro, no podréis enfrentaros a los problemas del matrimonio. Y esto se aplica tanto a los grandes problemas como a los nimios.

Tal vez descubras que, en una discusión, tu pareja es más conciliatoria de lo que imaginabas... una vez sepas escucharlo.

Resultará más fácil reconocer esta verdad si la piensas desde tu propia perspectiva. Digamos que quieres el consejo de tu pareja sobre un desacuerdo surgido con tu jefe. Si tu pareja comienza a criticarte e insiste en que tu jefe tiene razón y que estás haciendo mal en enfrentarte a él, probablemente te arrepentirás de haber sacado a relucir el tema. Te pondrás a la defensiva, te sentirás enfadado/a, ofendido/a, herido/a. A pesar de todo, tu pareja puede decir con toda honestidad: «Pero yo sólo intentaba ayudarte.» Existe una gran diferencia entre decir: «Mira que conduces mal. ¿Quieres reducir la velocidad antes de que nos matemos?», o: «Ya sé que te gusta conducir deprisa, pero me pone muy nervioso/a que rebases el límite de velocidad. ¿Podrías aminorar un poco, por favor?»

Tal vez la segunda opción requiera un poco más de tiempo,

pero vale la pena puesto que *es la única opción que funciona.* Las personas sólo pueden cambiar si se sienten aceptadas tal como son. Si nos sentimos criticados o poco apreciados, no podemos cambiar. Al contrario, nos sentiremos asediados y nos atrincheraremos para protegernos.

En este aspecto, los adultos podríamos aprender mucho de las investigaciones realizadas con niños. Para inspirar en un niño una imagen positiva de sí mismo y habilidades sociales básicas, la clave es comunicarle que comprendemos sus sentimientos. Los niños crecen y cambian de forma óptima cuando reconocemos sus emociones («Ese perro te ha asustado», «Estás llorando porque te sientes triste», «Pareces muy enfadado. Vamos a hablar de ello»), en lugar de menospreciarlos o castigarlos por sus sentimientos («Es una tontería tener miedo de ese perro», «Los niños mayores no lloran», «En esta casa están prohibidas las rabietas. Vete a tu cuarto hasta que te tranquilices»). Cuando hacemos saber a un niño que sus sentimientos son legítimos, le estamos comunicando que es aceptado incluso cuando está asustado, triste o enfadado. Esto le ayuda a sentirse bien consigo mismo, lo cual hace posible el crecimiento y el cambio positivo. Lo mismo ocurre con respecto a los adultos. Para mejorar un matrimonio, tenemos que sentirnos aceptados por nuestra pareja.

Otra lección importante es que en todas las discusiones, las que tienen solución y las que no, ninguno lleva toda la razón. No existe una verdad absoluta en el conflicto matrimonial, sino dos verdades subjetivas. El siguiente ejercicio te ayudará a comprender esto al realizar un análisis de la última discusión que sostuviste.

Ejercicio: Tu última discusión

Responde las siguientes preguntas referentes a la última discusión que sostuviste. El ejercicio es muy parecido al de la página 111 («¿Qué hacer si tu pareja te da la espalda?»), ya que ambas situaciones se basan en lo que llamo «realidad subjetiva». En otras palabras, cuando tu pareja y tú no estáis en sintonía, ya sea de forma sutil (cuando no os habláis), o de forma más evidente (peleándoos), lo más probable es que vuestras perspectivas de lo que sucede y por qué sucede sean muy diferentes. Ya sea vuestro conflicto soluble o no, os podéis enfrentar a él de forma más fácil siendo capaces de respetar el punto de vista del otro, aunque sea muy distinto del propio.

No existe una respuesta clave para estas preguntas. Empléalas como un método para conoceros mejor el uno al otro.

Durante la discusión me sentí:

1.	A la defensiva	Mucho	Bastante	Poco	Nada
2.	Herido/a	Mucho	Bastante	Poco	Nada
3.	Enfadado/a	Mucho	Bastante	Poco	Nada
4.	Triste	Mucho	Bastante	Poco	Nada
5.	Incomprendido/a	Mucho	Bastante	Poco	Nada
6.	Criticado/a	Mucho	Bastante	Poco	Nada
7.	Preocupado/a	Mucho	Bastante	Poco	Nada
8.	Indignado/a	Mucho	Bastante	Poco	Nada
9.	No apreciado/a	Mucho	Bastante	Poco	Nada
10.	Poco atractivo/a	Mucho	Bastante	Poco	Nada
11.	Disgustado/a	Mucho	Bastante	Poco	Nada
12.	Sentí desaprobación	Mucho	Bastante	Poco	Nada
13.	Ganas de marcharme	Mucho	Bastante	Poco	Nada
14.	Mis opiniones no importaban	Mucho	Bastante	Poco	Nada
15.	No sé lo que sentía	Mucho	Bastante	Poco	Nada
16.	Solo/a	Mucho	Bastante	Poco	Nada

¿Qué provocó estos sentimientos?

1.	Me sentí excluido/a	Mucho	Bastante	Poco	Nada
2.	Yo no era importante para mi pareja	Mucho	Bastante	Poco	Nada
3.	Me sentí frío/a hacia mi pareja	Mucho	Bastante	Poco	Nada
4.	Me sentí rechazado/a	Mucho	Bastante	Poco	Nada
5.	Fui criticado/a	Mucho	Bastante	Poco	Nada

6.	No sentí afecto hacia mi pareja	Mucho	Bastante	Poco	Nada
7.	No me sentí atraído/a hacia mi pareja	Mucho	Bastante	Poco	Nada
8.	Me sentí atacado/a en mi dignidad	Mucho	Bastante	Poco	Nada
9.	Mi pareja estaba siendo dominante	Mucho	Bastante	Poco	Nada
10.	No conseguí persuadir a mi pareja en absoluto	Mucho	Bastante	Poco	Nada

Ahora que sabes la causa de este episodio, es momento de ver si tu reacción emocional está anclada en el pasado. Repasa tus respuestas en el ejercicio «¿Quién soy?» de la página 74. Intenta encontrar alguna relación entre tus traumas o comportamientos pasados y la situación actual. La siguiente lista te ayudará.

Esta reciente discusión está enraizada en:
(Marca lo que convenga)

— Cómo me trató mi familia cuando era pequeño/a.
— Una relación previa.
— Heridas pasadas, tiempos difíciles o traumas.
— Mis miedos e inseguridades básicas.
— Cosas que todavía no he resuelto o he dejado de lado.
— Cómo me trataron otras personas en el pasado.
— Cosas que siempre he pensado de mí mismo/a.
— Viejas «pesadillas» o «catástrofes» que siempre me han preocupado.

Una vez hayáis leído vuestras mutuas respuestas, comprenderéis que todos somos seres complejos cuyas acciones y reacciones están gobernadas por una amplia gama de percepciones, pensamientos, sentimientos y recuerdos. En otras palabras, la realidad es subjetiva. Por eso la perspectiva de tu pareja puede ser muy distinta de la tuya, sin que eso signifique que uno tenga razón y el otro esté equivocado.

Es natural cometer el error de creer que las peleas son siempre culpa del otro. Para salir de este error ambos tenéis que admitir vuestra parte en la creación del conflicto. Para ello leed la siguiente lista y marcad todo lo que se aplique a vosotros y que pueda haber contribuido a la discusión. No realicéis el ejercicio hasta que estéis calmados. Seguid los pasos de la página 193 para tranquilizaros, y luego apartad los pensamientos que mantienen la tensión: la sensación de ser incomprendido, la indignación o el victimismo.

1.	Últimamente he estado muy tenso/a e irritable	Sí	Un poco, tal vez
2.	Últimamente no he expresado mucho aprecio hacia mi pareja	Sí	Un poco, tal vez
3.	Últimamente he estado demasiado sensible	Sí	Un poco, tal vez
4.	Últimamente he sido demasiado crítico/a	Sí	Un poco, tal vez
5.	No he compartido mucho mi mundo interior	Sí	Un poco, tal vez
6.	Últimamente he estado deprimido/a	Sí	Un poco, tal vez
7.	Últimamente me siento resentido/a	Sí	Un poco, tal vez
8.	Últimamente no he sido muy cariñoso/a	Sí	Un poco, tal vez
9.	Últimamente no he sabido escuchar	Sí	Un poco, tal vez
10.	Últimamente me he sentido un poco mártir	Sí	Un poco, tal vez

En general, mi contribución a este problema ha sido:

¿Cómo puedo mejorar la situación en el futuro?

¿Qué podría hacer mi pareja la próxima vez para evitar esta pelea?

Si después de realizar el ejercicio todavía os cuesta aceptar el punto de vista del otro, puede resultar útil trabajar juntos en los ejercicios del capítulo 4 (para fortalecer vuestro sistema de cariño y admiración). Las parejas que han permanecido felizmente casadas durante muchos años son capaces de disfrutar el uno del otro (con sus debilidades incluidas) gracias a la fuerza de su cariño y admiración mutuos. Muchas de las parejas más veteranas que estudié con mis colegas Bob Levenson y Laura Carstensen en San Francisco eran expertas en este aspecto. Habían estado casadas durante mucho tiempo, algunas más de cuarenta años. Durante su matrimonio habían aprendido a contemplar las debilidades y extrañezas de su cónyuge como partes divertidas del paquete completo de la personalidad y el carácter de esa persona.

Una esposa, por ejemplo, aceptaba con una risita que su esposo jamás dejaría de ser un desastre, siempre corriendo y llegando tarde a todas partes. Ella había encontrado la forma de convivir con esto. Si se iban de viaje, ella decía que el avión salía media hora antes del horario real. Él sabía que ella lo engañaba, pero los dos se reían del asunto. El esposo, por su parte, se divertía y se horrorizaba a un tiempo con las exorbitantes compras de su mujer, aunque luego ella misma tendía a devolver más o menos la mitad de lo que había adquirido.

Las parejas como ésta han aprendido a aceptar los defectos del compañero, de modo que aunque se expresan mutuamente todas las emociones del espectro, incluida la rabia, la irritabilidad, la decepción o el sufrimiento, también se expresan su respeto y cariño. Sea cual sea el tema sobre el que discuten, ambos reciben el mensaje de que son amados y aceptados, con defectos incluidos.

Cuando una pareja no es capaz de hacer esto, a veces el problema es que los cónyuges son incapaces de perdonarse el uno al otro diferencias pasadas. Es muy fácil guardar rencor. Para que un matrimonio prospere tenéis que perdonaros el uno al otro y olvidar resentimientos pasados. Es difícil de lograr, pero vale la pena. Si perdonas a tu pareja, los dos os beneficiaréis. La amargura es una carga muy pesada. Como escribió Shakespeare en *El mercader de Venecia*, la piedad es «doble bendición. Bendice al que la da y al que la recibe».

8

Quinto principio: resuelve los problemas solubles

Es lógico que si marido y mujer se respetan y están abiertos al punto de vista del otro, cuentan con una buena base para resolver cualquier diferencia que surja. Pero a menudo muchas parejas se desvían del buen camino cuando intentan persuadirse mutuamente o resolver desacuerdos. Una conversación que podría haber resultado productiva termina en una pelea a gritos o en un silencio furioso. Si crees que estás en esta situación y estás seguro/a de que el problema que quieres resolver tiene solución, entonces la clave es aprender una nueva técnica de resolución de conflictos. Los consejos ofrecidos aquí resultarán también útiles si te enfrentas a problemas irresolubles o estancados. Pero para estos problemas necesitas algo más. En el capítulo 10 analizamos cómo salir del estancamiento de un problema irresoluble.

La técnica popular de la resolución de conflictos, abogada por muchos terapeutas matrimoniales, consiste en intentar ponerte en el lugar de tu pareja mientras escuchas con atención lo que te dice, y luego comunicar de forma empática que has comprendido el dilema desde su perspectiva. No es un mal método, si eres capaz de llevarlo a cabo. Pero, como ya he dicho, para muchas parejas es imposible, incluyendo matrimonios felizmente casados. Muchas de las personas que hemos estudiado y que contaban con envidiables y maravillosas relaciones, no seguían las reglas de comunicación dictadas por los expertos, y sin embargo eran capaces de resolver sus conflictos.

Al estudiar el comportamiento de estas parejas, he descubierto un nuevo modelo para resolver los conflictos en una relación. Mi quinto principio consta de los siguientes pasos:

1. Suavizar el planteamiento de la discusión.
2. Aprender a ofrecer y recibir intentos de desagravio.
3. Tranquilizarte tú mismo/a y a tu pareja.
4. Llegar a un compromiso.
5. Ser tolerante con los defectos del otro.

Estos pasos requieren muy poca «práctica», porque todos contamos en cierto modo con estas habilidades. Simplemente nos acostumbramos a dejar de emplearlas en nuestras relaciones íntimas. El quinto principio se refiere, en cierta manera, a los buenos modales. Implica tratar a nuestra pareja con el mismo respeto que ofrecemos a otra persona. Si un invitado, por ejemplo, se olvida del paraguas, le diremos: «Te dejas el paraguas.» Jamás se nos ocurriría gritarle: «¿Pero a ti qué te pasa? ¡Siempre se te olvida todo! ¡A ver si tienes un poco más de cuidado, por Dios!» Somos sensibles a los sentimientos del invitado. Si derrama el vino en la mesa le ofreceremos otra copa y le diremos que no pasa nada, en lugar de exclamar: «¡Acabas de destrozar mi mejor mantel! No volveré a invitarte a mi casa.»

Recordemos al doctor Rory, que fue tan desagradable con su esposa durante la comida de Navidad en el hospital. Cuando un residente le llamó por teléfono, el doctor fue de lo más amable con él. Éste es un fenómeno común. En medio de la más amarga pelea, el esposo o la esposa contesta el teléfono y de pronto es todo sonrisas: «Ah, hola. Sí, estupendo. Quedamos para comer. Claro, claro. El martes me va perfecto. Vaya, siento que no te hayan dado el trabajo. Es una pena», etc, etc. De pronto el cónyuge furioso y tenso se convierte en una persona flexible, racional, comprensiva... hasta que cuelga el teléfono. Entonces vuelve a tornarse rígido y furioso ante su pareja. Esto no tiene por qué ser así. No olvides, mientras trabajas en estos consejos, que lo que te pedimos no es más que lo que te pediríamos si estuvieras tratando con cualquier conocido, y con más razón con la persona con la que compartes tu vida.

PASO 1: SUAVIZA EL PLANTEAMIENTO DE LAS CONVERSACIONES

Existe un punto en común entre los matrimonios felices e infelices, y es que en ambos casos lo más probable es que sea la mujer la que saque a relucir los temas peliagudos y la que insista en resolverlos. Pero la diferencia es *cómo* saca a relucir la mujer estos temas. Recordemos a Dara, que se mostraba agresiva con su marido tan pronto empezaban a discutir sobre las tareas de casa. Al cabo de un instante ella rechazaba con sarcasmo todas las sugerencias de él: «¿De verdad crees que las listas van a funcionar?», o «A ti lo que se te da bien es estar tumbado y desaparecer en el baño».

Comparemos el tono de Dara con el de Justine, que está felizmente casada con Michael pero tiene el mismo problema. Él no colabora con las tareas de la casa. Lo que más molesta a Justine es que siempre es ella la que acaba doblando la ropa de la colada, cosa que aborrece. Éste es el diálogo que mantuvieron en nuestro laboratorio del amor:

JUSTINE: Muy bien (*suspira*). Hablemos de las tareas de casa.

MICHAEL: Bueno, está claro que siempre limpio el mostrador de la cocina y la mesa. (*a la defensiva*)

J.: Sí, es verdad. (*intento de desagravio*)

M.: Bien. (*está relajado; el intento de desagravio de Justine ha dado resultado*)

J.: Pero es que... Bueno, a veces cuando se dejan las cosas un poco de mano, o se amontona la ropa limpia... (*planteamiento suave*)

M.: Ya. La verdad es que ni siquiera había pensado en la ropa. (*ríe*). Ni siquiera se me había pasado por la cabeza, oye. (*no está a la defensiva*)

J.: (*se echa a reír*): Ah, me parece estupendo. ¿Y quién crees que se encarga de la ropa? Tú siempre te la encuentras en el armario.

M.: Sí, es verdad.

J.: No es que sea grave. Pero a veces me pone un poco nerviosa.

M.: Mira que ni siquiera se me había pasado por la cabeza que había que hacer la colada. (*ríe de nuevo*)

J.: La verdad es que Tim ha estado doblando la ropa. (*es un vecino; la lavadora y secadora están en una lavandería de la comunidad*). Dejé una carga a lavar y cuando fui a recogerla las sábanas estaban dobladas.

M.: Oye, deberíamos pasarle la cesta de la ropa todas las semanas.

J.: (*ríe; el sentido del humor aminora la tensión y hace descender el ritmo cardíaco*)

M.: Está bien. Tal vez pueda hacerlo yo cada dos días o algo así, cuando llego yo antes a casa del trabajo…

J.: Sí, podrías doblar algunas cosas, sobre todo las toallas, la ropa interior y las sábanas.

M.: Vale. (*acepta la influencia de su esposa*)

J.: Muy bien.

Tal vez lo más importante de esta conversación es la ausencia de los Cuatro Jinetes del Apocalipsis (crítica, desprecio, actitud defensiva y actitud evasiva), que auguran un conflicto dañino. La razón es que el planteamiento de ella es suave. Por el contrario, un planteamiento violento suele invocar la presencia de los cuatro jinetes, que a su vez provoca que alguien se sienta abrumado y lleva al aumento de distancia emocional y soledad que acaba con el matrimonio. Un 40 por ciento de parejas se divorcia por tener frecuentes y demoledoras peleas. Pero la mayoría termina porque, para evitar constantes escaramuzas, marido y mujer se distancian tanto que pierden su sentido de amistad y conexión.

Por eso es tan importante, cuando Michael admite que ni siquiera había pensado en la colada, que Justine no se muestre crítica o desdeñosa. Gracias a que ella es suave con Michael, la conversación produce un resultado: finalmente idean un plan para resolver el conflicto. Y gracias a esto, a su vez, la discusión deja una sensación positiva sobre ellos mismos y su matrimonio. Esa sensación es muy valiosa para cualquier pareja, puesto que inspira una actitud optimista que ayudará a resolver el siguiente conflicto que surja.

Andrea y Dave son otro matrimonio feliz. El problema que tienen es que Andrea quiere que Dave se implique más en la iglesia. Pero en lugar de darle en la cabeza con la Biblia, le dice: «No es que necesite ir a la iglesia cada día. Pero es un consuelo.» Y añade: «No quiero que tú vayas a la iglesia sólo por mí.» Cuando finalmente le pide «Me gustaría que te involucraras un poco más, no sólo en Pascua o Navidad», él está dispuesto a ceder: «Está bien. Iré a la iglesia las fechas importantes... Y tal vez algún que otro domingo.»

Un planteamiento suave no tiene por qué ser tan diplomático, simplemente es necesario que no conlleve ninguna crítica o desdén. En un matrimonio feliz, aunque volátil o tal vez muy belicoso, la mujer puede decir algo como: «Oye, ya sé que yo también soy un desastre a veces, pero anoche me puso negra ver que pasaste por delante de la cesta de la colada y no te paraste a doblar ni una sábana. Me pareció horrible tener que doblarlo todo yo.» O: «Tenemos que ir más a menudo juntos a la iglesia. Es muy importante para mí.» A pesar de todo, éstos son planteamientos suaves, porque son quejas directas y no críticas o acusaciones desdeñosas.

Saber suavizar el inicio de una discusión es crucial para resolver conflictos, porque las discusiones terminan siempre con el mismo tono con el que empezaron. Por eso, en el 96 por ciento de los casos, puedo predecir el desenlace de una discusión después de los tres primeros minutos. Si comenzamos una discusión de forma agresiva —atacando a la pareja verbalmente—, terminaremos por lo menos con la misma tensión con que empezamos. Pero si comenzamos con suavidad —quejándonos, pero sin criticar o atacar—, lo más probable es que la discusión sea productiva. Y si la mayoría de las peleas comienzan suavemente, es probable que el matrimonio sea estable y feliz.

Aunque cualquiera de los miembros de la pareja puede ser responsable de un planteamiento violento, hemos descubierto que en la mayoría de los casos la culpable es la mujer. Esto sucede porque en nuestra cultura la esposa suele ser, en general, la que saca a colación temas difíciles e insiste en que se solucionen. Los hombres en cambio intentan distanciarse de los enfrentamientos directos. Existen razones fisiológicas que explican estas diferencias. Los hombres tienden a sentirse abrumados con más facilidad, porque su cuerpo reacciona más a la tensión emocional que el de la mujer. Por esto están más inclinados a evitar la confrontación.

Cuestionario: Planteamiento violento

Para saber si los planteamientos violentos son un problema en tu matrimonio, responde las siguientes preguntas. Califica cada frase con una **V** de «verdadera» o una **F** de «falsa».

Cuando comenzamos a discutir algún asunto:

1. Mi pareja suele ser muy crítica conmigo. **V F**
2. No me gusta cómo plantea los temas. **V F**
3. Las discusiones parecen surgir de la nada. **V F**
4. Antes de que nos demos cuenta estamos peleando. **V F**
5. Cuando mi pareja se queja me siento atacado/a. **V F**
6. Me parece que siempre llevo yo la culpa de todo. **V F**
7. Mi pareja es demasiado negativa. **V F**
8. Siento que tengo que protegerme de ataques personales. **V F**
9. A menudo tengo que defenderme de acusaciones. **V F**
10. Mi pareja se siente herida en sus sentimientos con mucha facilidad. **V F**
11. Cuando algo va mal no suele ser responsabilidad mía. **V F**
12. Mi pareja critica mi personalidad. **V F**
13. Los problemas se plantean de forma insultante. **V F**
14. Mi pareja se queja a veces dándose aires de superioridad. **V F**
15. Estoy harto/a de toda la negatividad que hay entre nosotros. **V F**
16. Cuando mi pareja se queja de algo siento que no me respeta. **V F**
17. Cuando surge alguna queja tengo ganas de marcharme y desaparecer. **V F**
18. Nuestra tranquilidad desaparece de pronto. **V F**
19. La negatividad de mi pareja me enerva. **V F**
20. Creo que mi pareja puede ser totalmente irracional. **V F**

Puntuación: Anota un punto por cada respuesta «verdadera».

Menos de 5: Éste es un aspecto sólido de tu matrimonio. Sabéis iniciar las discusiones difíciles con suavidad, sin ser críticos ni desdeñosos. Al evitar la agresividad, aumentan las posibilidades de resolver el conflicto o de aprender a tratar con él de forma efectiva.

5 o más: Tu matrimonio puede mejorar en este aspecto. La puntuación sugiere que cuando surgen temas en los que no estáis de acuerdo alguno de los dos tiende a mostrar una actitud agresiva. Esto implica la presencia de al menos uno de los cuatro jinetes, que automáticamente impide que el problema sea resuelto.

Aunque la mujer es generalmente la responsable de plantear con agresividad las conversaciones, el secreto para evitar esto es que los dos trabajéis juntos en los primeros cuatro principios para que los planteamientos violentos se suavicen. Si tu pareja tiende a plantear los temas de forma agresiva, el mejor consejo es que te cuides de que él o ella se sienta conocido/a, respetado/a y amado/a por ti, y que sepa que tienes en cuenta sus opiniones. Los planteamientos agresivos suelen ser una reacción natural cuando la mujer siente que su esposo no responde a sus quejas o su irritabilidad. De modo que si quieres expresar una petición de poca importancia, como: «Hoy te toca sacar la basura», evitarás que la situación se convierta en: «¿Pero a ti qué te pasa? ¿Estás sordo? ¡Saca la maldita basura!»

Si eres tú la persona responsable de los planteamientos violentos en tu relación, es importante para el futuro de tu matrimonio que aprendas a suavizarlos. Recuerda: si vas directo/a a la yugular la sangre saldrá a borbotones. El resultado será una guerra o el distanciamiento de tu pareja, en vez de una discusión productiva. Si estás enfadado/a con tu pareja, vale la pena que respires hondo y pienses un poco en cómo plantear el problema. Esto resultará más fácil si recuerdas que al ser amable tienes más probabilidades de resolver el conflicto. Si estás demasiado enfadado/a para discutir el tema de buenas maneras, lo mejor es que no comiences la conversación hasta que te hayas calmado. Sigue los pasos indicados en la página 193 para tranquilizarte.

He aquí algunas sugerencias que te ayudarán a suavizar el planteamiento de las discusiones:

Quéjate sin echar la culpa a tu pareja

Digamos que estás enfadada porque tu esposo insistió en comprar un perro a pesar de que tú te oponías a ello. Él había prometido que se encargaría de limpiar lo que el animal ensuciara, pero ahora te encuentras excrementos de perro por todo el jardín. Es evidente que tienes derecho a quejarte. Podrías decir algo como: «Oye, el jardín está lleno de cacas. Tú dijiste que estabas dispuesto a limpiarlas. La verdad es que esto me molesta mucho.» Aunque estás planteando una polémica, no estás atacando. Sencillamente te estás quejando de una situación particular, no de la personalidad o carácter de tu pareja.

Lo que debes evitar es algo como: «Oye, el jardín está lleno de cacas. Todo por tu culpa. Sabía que serías un irresponsable con el perro. No debía haber confiado en ti.» Aunque esté justificado que culpes a tu pareja, lo cierto es que este enfoque no es productivo. Aunque logres que tu pareja limpie el jardín, provoca tensión, resentimiento, actitudes defensivas, etc.

Emplea frases que empiecen con «yo» en lugar de «tú»

Las frases en primera persona son un elemento fundamental de la psicología interpersonal desde mediados de los años sesenta, cuando el psicólogo Haim Ginott advirtió que esta clase de frases suelen ser menos críticas y provocan menos actitudes defensivas que las frases dirigidas a una segunda persona. La diferencia es evidente:

«Me gustaría que me escucharas» en lugar de: «No me estás escuchando.»

«Quiero que ahorremos» en lugar de: «Eres muy descuidado/a con el dinero.»

«Me siento abandonado/a» en lugar de: «No te importo nada.»

Es obvio que las frases en primera persona son más suaves que las que se expresan en segunda persona. Por supuesto podemos construir frases en primera persona, como «Creo que eres un egoísta», que son igualmente agresivas. Pero no has de emplear frases rebuscadas de este tipo. Recuerda que si te centras en lo que sientes, en lugar de acusar a tu pareja, la discusión será más productiva.

Describe lo que está pasando, sin evaluar ni juzgar

En lugar de acusar o culpar, describe simplemente lo que ves. En lugar de decir: «Nunca cuidas al niño», di: «Parece que hoy soy yo la única que cuido de Charlie.» Esto evitará que tu pareja se sienta atacada y se ponga a la defensiva.

Exprésate con claridad

No esperes que tu pareja te lea el pensamiento. En lugar de : «Has dejado el comedor hecho un asco», di: «Te agradecería que quitaras tus cosas de la mesa del comedor.» En lugar de: «¿Quieres hacerte cargo del niño por una vez?», di: «Por favor, cambia los pañales a Emmy y dale el biberón.»

Sé amable

Emplea expresiones como «por favor» o «te agradecería que...».

Sé agradecido/a

Si tu pareja ha sabido manejar la situación mejor en otras ocasiones, hazle saber que aprecias lo que hizo, y que ahora lo echas de menos. En lugar de «Ya nunca tienes tiempo para mí», di: «¿Te acuerdas de que antes salíamos todos los sábados? Me encantaba pasar tanto tiempo a solas contigo y saber que tú también querías estar conmigo. ¿Por qué no empezamos a salir otra vez?»

No te guardes nada

Es difícil ser amable cuando estás a punto de estallar. De modo que no esperes demasiado antes de sacar a relucir un tema, si no quieres que se te vaya acumulando dentro. Como dice la Biblia: «No dejes que el sol se ponga sobre tu ira.»

Para ver cómo todos estos pasos se combinan para iniciar de forma suave una discusión, comparemos las palabras de Iris en estos dos diálogos:

Planteamiento violento

IRIS: Otro sábado que tengo que pasar recogiendo lo que tú vas dejando por ahí. El problema contigo, Richard, es que... (*crítica, culpa*)

RICHARD: Ya estamos otra vez. «El problema contigo, Richard, el problema contigo, Richard.» ¡Yo no tengo ningún problema!

I.: ¿Entonces por qué siempre tengo que decirte lo que tienes que hacer? Es igual. De todas formas ya he terminado de recoger tus cosas. Tú estabas tan ocupado leyendo el periódico que no te has dado cuenta. (*desdén*)

R.: Mira, odio recoger. Y sé que a ti tampoco te gusta. He estado pensando en una solución. (*intento de desagravio*)

I.: Sí, ¿y qué más? (*más desdén*)

R.: La verdad es que he pensado que nos vendrían bien unas vacaciones. Que nos lo den todo hecho. (*segundo intento de desagravio*)

I.: Pero bueno... Si no podemos pagar a una encargada de la limpieza, mucho menos unas vacaciones.

Planteamiento suave

IRIS: Esta casa está hecha un desastre, y esta noche tenemos invitados. (*describe la situación*) Me molesta mucho tener que ordenarlo todo yo sola, y siendo sábado. (*frase en primera persona*) Anda, ayúdame. ¿No podrías pasar la aspiradora? (*expresa con claridad lo que quiere*)

RICHARD: Está bien. Odio hacer limpieza, pero supongo que la aspiradora es lo menos desagradable. También me encargaré yo de limpiar el baño.

I.: Me quitas un peso de encima. (*muestra agradecimiento*) Gracias. (*amabilidad*).

R.: Luego nos daremos un premio. ¿Salimos a almorzar?

I.: De acuerdo.

Aunque comiences una discusión de forma suave, tu pareja no tiene por qué responder de forma tan amable. Tal vez tu esposa o esposo esté esperando críticas o desdén por tu parte, y por tanto puede responder de forma negativa. No te des por vencido/a ni caigas en la trampa de hacer más violento el conflicto. Sigue planteando el tema de forma amable, y acabarás viendo un cambio en la respuesta de tu pareja, sobre todo si estáis trabajando juntos en los demás aspectos del principio 5.

He aquí algunos ejemplos que ilustran la diferencia entre un planteamiento violento y uno suave:

Planteamiento agresivo: «Nunca te muestras cariñoso.»

Alternativa suave: «Me encantó que me dieras un beso en la cocina el otro día. Lo haces estupendamente. Podríamos besarnos más a menudo.»

Planteamiento agresivo: «Ya he visto que le has hecho otra abolladura al coche. ¿Por qué nunca tienes cuidado?»

Alternativa suave: «He visto que el coche tiene otra abolladura.

¿Qué ha pasado? Me preocupa tu forma de conducir, porque temo por tu seguridad. ¿Podemos hablar del tema?»

Planteamiento agresivo: «¡Nunca me haces caso!»
Alternativa suave: «Últimamente te echo de menos y me siento un poco solo/a.»

Ejercicio 1: Planteamiento suave

Probaremos tu propia habilidad para suavizar un planteamiento agresivo. Ofrece una alternativa suave a cada uno de los planteamientos que se ofrecen a continuación. (Al final hay algunas respuestas sugeridas, pero no las leas hasta que hayas terminado.)

1. Cuando tu suegra venga a veros esta noche piensas decirle que te molesta mucho que critique tu conducta con tus hijos. Quieres que tu cónyuge, que se pone a la defensiva en lo referente a su madre, te apoye.

Planteamiento agresivo: «No puedo soportar que venga tu madre a vernos.»

Tu alternativa suave:

2. Quieres que tu pareja haga la cena mañana, o que te saque a cenar.

Planteamiento agresivo: «Nunca me llevas a ninguna parte. Estoy harta de cocinar.»

Tu alternativa suave:

3. Piensas que tu pareja te deja abandonado/a en las fiestas y dedica su atención a los demás. Esta noche quieres que se quede contigo.

Planteamiento agresivo: «Sé que esta noche vas a tener la desfachatez de andar coqueteando otra vez en la fiesta.»

Tu alternativa suave:

4. Estás preocupado/a porque hace tiempo que no hacéis el amor. Te sientes inseguro/a porque no sabes si tu pareja te encuentra atractivo/a. Tienes ganas de hacer el amor esta noche.

Planteamiento agresivo: «¡Siempre estás frío/a conmigo!»

Tu alternativa suave:

5. Quieres que tu pareja pida un aumento de sueldo.

Planteamiento agresivo: «Eres un apocado. Ni siquiera te atreves a pedir un aumento de sueldo.»

Tu alternativa suave:

6. Quieres que tu pareja y tú hagáis más cosas juntos los fines de semana.

Planteamiento agresivo: «No tienes ni idea de cómo pasar un buen rato. Eres un adicto al trabajo.»

Tu alternativa suave:

7. Deseas ahorrar dinero con tu pareja.

Planteamiento agresivo: «No tienes ni idea de cómo administrar el dinero.»

Tu alternativa suave:

8. Deseas que tu pareja te haga más regalos.

Planteamiento agresivo: «¿Cuándo fue la última vez que me compraste algo?»

Tu alternativa suave:

Respuestas sugeridas:

1. Me preocupa que tu madre me critique esta noche y que tú no me apoyes.

2. Estoy harta de cocinar. Me gustaría que saliéramos a cenar fuera.

3. Esta noche me siento un poco tímido/a. Por favor, quédate conmigo en la fiesta y ayúdame a abrirme un poco con los demás. A ti se te da muy bien.

4. Últimamente te echo de menos. Sabes que me gustas mucho. Tengo ganas de hacer el amor.

5. Sería genial que consiguieras un aumento de sueldo. Podríamos pensar juntos a ver cómo puedes lograrlo.

6. Me gustaría que hiciéramos algo divertido este fin de semana. ¿Por qué no dejas el trabajo y hacemos algo juntos? Emiten una película estupenda que me gustaría ver.

7. Me preocupa nuestra economía. ¿Te parece que hagamos un plan de ahorro?

8. Me encantaría que nos hiciéramos un regalo sorpresa esta semana. ¿Qué te parece?

PASO 2: APRENDE A OFRECER Y RECIBIR INTENTOS DE DESAGRAVIO

Cuando aprendemos a conducir, lo primero que nos enseñan es a parar el coche. Saber frenar es también muy importante en el matrimonio. Si una discusión empieza con mal pie, o si nos encontramos en un círculo vicioso de recriminaciones, podemos evitar un desastre si sabemos frenar. Estos frenos son los intentos de desagravio.

Cuando Michael se pone a la defensiva y dice: «Está claro que yo siempre limpio el mostrador y la mesa de la cocina», Justine no rechaza de plano el argumento. «Sí, es verdad», contesta. Esto es un intento de desagravio. Mitiga la tensión, de modo que Michael se muestra proclive a encontrar un compromiso. Lo que distingue a los matrimonios emocionalmente inteligentes no es que sus intentos de desagravio sean más hábiles o mejor pensados, sino que la persona que escucha los recibe. Esto es así porque la relación no está cargada de negatividad.

Cuestionario: Intentos de desagravio

Para valorar la efectividad de los intentos de desagravio responde las siguientes cuestiones. Califica cada frase con una **V** o una **F**.

Durante nuestros intentos de resolver un conflicto:

1. Sabemos frenar cuando hace falta. **V F**
2. Mi pareja casi siempre acepta mis disculpas. **V F**
3. Soy capaz de admitir que me he equivocado. **V F**
4. Sé muy bien cómo tranquilizarme. **V F**
5. Mantenemos el sentido del humor. **V F**
6. Cuando mi pareja dice que debemos hablar de otra forma, generalmente tiene razón. **V F**
7. Cuando las discusiones se tornan negativas, mis intentos de desagravio suelen ser efectivos. **V F**
8. Sabemos escucharnos cuando sostenemos distintos puntos de vista. **V F**
9. Si nos acaloramos, por lo general sabemos calmarnos y cambiar el tono de la discusión. **V F**
10. Mi pareja sabe calmarme cuando me agito. **V F**
11. Sé que podemos resolver la mayoría de los conflictos entre nosotros. **V F**
12. Cuando comento cómo podríamos comunicarnos mejor mi pareja me escucha. **V F**
13. Aunque a veces las cosas se pongan difíciles, sé que podemos superar nuestras diferencias. **V F**
14. Somos cariñosos incluso cuando no estamos de acuerdo. **V F**
15. El sentido del humor y las bromas son efectivas para hacer que mi pareja supere la negatividad. **V F**
16. Si una discusión se nos va de las manos sabemos comenzar de nuevo. **V F**
17. Cuando nos acaloramos, nos sirve de mucho expresar nuestros sentimientos. **V F**
18. Podemos hablar incluso de las grandes diferencias entre nosotros.
19. Mi pareja expresa su aprecio por las cosas buenas que hago. **V F**
20. Si insisto en intentar comunicarme, generalmente lo consigo. **V F**

Puntuación: Anota un punto por cada respuesta «verdadera».

6 o más: Éste es un aspecto sólido en tu matrimonio. Cuando una discusión está a punto de irse de las manos sabéis echar el freno y tranquilizaros.

Menos de 6: Vuestro matrimonio podría mejorar en este aspecto. Al aprender cómo reparar la negatividad que surge en las discusiones tendréis más probabilidades de resolver el conflicto y desarrollar una perspectiva más positiva el uno del otro.

COMUNICANDO EL MENSAJE

Como ya he dicho, el factor clave para la efectividad de un intento de desagravio es el estado de la relación. En los matrimonios felices la pareja ofrece y recibe con facilidad estos intentos de desagravio. En los matrimonios infelices, sin embargo, incluso el intento de desagravio más elocuente puede llegar a oídos sordos. Pero ahora que sabéis esto, podéis «ir contracorriente». No tenéis que esperar a que el matrimonio mejore para que los intentos de desagravio comiencen a ser efectivos. Comenzad prestando atención a estos «frenos» y aprendiendo a reconocerlos cuando se os ofrecen. De esta forma podréis salir del ciclo de negatividad.

Vuestro futuro juntos puede ser prometedor incluso si las discusiones tienden a ser muy negativas. El secreto es aprender a evitar y controlar los daños.

Una de las razones de que no percibamos un intento de desagravio es que éstos no siempre vienen envueltos en un tono dulce o positivo. Si tu pareja te grita: «¡Te estás saliendo del tema!», o masculla: «Vamos a dejarlo un rato», éstos son intentos de desagravio a pesar de su tono negativo. Si atiendes al tono de tu pareja, y no a sus palabras, puedes pasar por alto el mensaje auténtico, que es: «¡Alto! Esto se nos está yendo de las manos.» Puesto que resulta difícil oír los intentos de desagravio si la relación está envuelta en negatividad, la mejor estrategia es expresar tus intentos de desagravio de un modo formal, para enfatizarlos. Más adelante encontrarás una larga lista de frases que puedes utilizar para mitigar la tensión. Al emplearlas cuando las discusiones se tornan demasiado negativas podrás evitar que escapen a vuestro control. Algunas parejas transcriben incluso esta lista y la ponen en la puerta de la nevera para tenerla a mano como referencia.

Muchas de estas frases, si no todas, te sonarán hipócritas o poco naturales de momento. Esto es así porque no es tu modo habitual de hablar con tu pareja cuando estás enfadado/a. Pero no significa que tengas que rechazarlas. Es como aprender un modo más efectivo de agarrar la raqueta de tenis: al principio te parecerá poco natural, sencillamente porque no estás acostumbrado/a. Lo mismo pasa con estos intentos de desagravio. Con el tiempo te resultarán más familiares y podrás modificarlos para que se adapten mejor a tu modo de hablar y tu personalidad.

Siento que...

1. Me estoy asustando.
2. Por favor, dilo con más suavidad.
3. ¿He hecho algo mal?
4. Eso hiere mis sentimientos.
5. Eso me parece un insulto.
6. Me siento triste.
7. Siento que me estás culpando. ¿Podrías decir eso de otra manera?
8. Siento que no me aprecias.
9. Siento que estoy a la defensiva. ¿Puedes decirlo de otra manera?
10. Por favor, no me des sermones.
11. Siento que en este momento no me estás comprendiendo.
12. Empiezo a sentirme abrumado/a.
13. Me siento criticado/a. ¿Puedes decirlo de otra manera?
14. Empiezo a preocuparme.

Necesito calmarme

1. ¿Puedes hacer que me sienta más seguro/a?
2. Necesito que la situación se calme ahora mismo.
3. Necesito tu apoyo ahora mismo.
4. Escúchame y trata de comprenderme.
5. Dime que me quieres.
6. ¿Puedes darme un beso?
7. Quisiera retirar eso que he dicho.
8. Por favor, sé más amable conmigo.
9. Por favor, ayúdame a calmarme.
10. Por favor, calla un momento y escúchame.
11. Esto es importante para mí. Escúchame, por favor.
12. Necesito terminar lo que estaba diciendo.
13. Empiezo a sentirme abrumado/a.
14. Me siento criticado/a. ¿Puedes decirlo de otra manera?
15. ¿Podemos descansar un momento?

Lo siento

1. Mi reacción ha sido exagerada. Lo siento.
2. He metido la pata.
3. Deja que lo intente otra vez.
4. Me gustaría ser más amable contigo en este momento y no sé cómo.
5. Dime lo que acabo de decir.
6. Veo mi parte de culpa en todo esto.
7. ¿Cómo puedo mejorar la situación?
8. Vamos a intentarlo de nuevo.
9. Lo que estás diciendo es…
10. Déjame empezar de nuevo de forma más suave.
11. Lo siento. Perdóname.

Admito que...

1. Estás empezando a convencerme.
2. En parte estoy de acuerdo contigo.
3. Vamos a llegar a un compromiso en esto.
4. A ver si encontramos un terreno en común.
5. Nunca lo había pensado de esa forma.
6. Este problema no es muy grave si lo pensamos bien.
7. Creo que tu punto de vista es lógico.
8. A ver si encontramos una solución que nos convenga a los dos.
9. Te agradezco que...
10. Una cosa que admiro de ti es...
11. Entiendo lo que dices.

¡Parar!

1. Tal vez esté equivocado/a.
2. Vamos a dejarlo un rato, por favor.
3. Vamos a descansar un momento.
4. Enseguida vuelvo.
5. Me siento abrumado/a.
6. Para, por favor.
7. Aceptemos que en esto no estamos de acuerdo.
8. Empecemos de nuevo.
9. Espera. No te distancies.
10. Quiero cambiar de tema.
11. Nos estamos desviando del tema.

Aprecio...

1. Sé que esto no es culpa tuya.
2. Mi parte de culpa en este problema es...

3. Entiendo tu punto de vista.
4. Gracias por...
5. En eso tienes razón.
6. Los dos estamos diciendo que...
7. Comprendo.
8. Te quiero.
9. Te agradezco que...
10. Una cosa que admiro de ti es...
11. No es tu problema, sino nuestro problema.

Al formalizar tus intentos de desagravio utilizando estas frases puedes mitigar la tensión de las discusiones de dos maneras. En primer lugar la formalidad de la frase te asegura que estás utilizando palabras que dan resultado a la hora de frenar. En segundo lugar, estas frases son como megáfonos: te ayudan a prestar atención a los intentos de desagravio que se te ofrecen.

Ahora es el momento de utilizar esta lista para resolver algún conflicto de vuestro matrimonio. Elegid un problema de poca importancia para comenzar a discutir. Cada uno de vosotros hablará durante quince minutos. Los dos tenéis que emplear por lo menos una frase de la lista durante la discusión. Anunciad a vuestra pareja que vais a ofrecer un intento de desagravio. Podéis referiros a él incluso por un número: «Voy a ofrecer el intento de desagravio número seis de la lista *Yo siento*: "Me siento triste."»

Cuando tu pareja anuncie un intento de desagravio, tu tarea será simplemente tratar de aceptarlo. Considera la interrupción como una oportunidad de mejorar la situación. Acepta el intento de desagravio con el mismo espíritu con que fue ofrecido. Esto implica aceptar la opinión y la influencia de tu pareja. Por ejemplo, si te dice «Necesito terminar lo que estoy diciendo», reconoce esa necesidad y anímala a seguir hablando. A medida que vayáis utilizando las frases de la lista en las conversaciones, empezaréis a reemplazar algunas con otras de vuestra propia cosecha, como por ejemplo alzar la mano y anunciar: «¡Esto es un intento de desagravio!» Un matrimonio que conozco suele utilizar la expresión «clip clop» cada vez que alguno de los cuatro jinetes se introduce en la discusión. El sentido del humor ayuda así a mitigar la negatividad.

Paso 3: tranquilizarse uno mismo y a la pareja

Cuando Justine y Michael discuten sobre la colada, él hace algo que parece fortuito pero que tiene un gran significado para su futuro: bosteza. El tema de la limpieza de la casa no es el más fascinante del mundo, pero Michael no bosteza porque Justine le aburra sino porque está relajado. Cuando estamos furiosos o tensos, es muy poco probable que tengamos una reacción fisiológica como el bostezo. El bostezo de Michael es como una declaración de que se siente tranquilo con Justine, incluso cuando discuten un tema conflictivo. Puesto que su cuerpo no ha disparado ninguna alarma, Michael es capaz de hablar de las tareas de la casa y llegar a un compromiso con facilidad.

A un hombre le resulta fisiológicamente más difícil que a una mujer calmarse después de una discusión.

En matrimonios menos estables, sin embargo, las discusiones pueden provocar una reacción opuesta: la sensación de estar abrumado, tanto emocional como físicamente. Lo más probable es que nos sintamos indignados («No tengo por qué seguir aguantando esto»), o víctimas («¿Por qué la toma conmigo?»). Y el cuerpo se perturba. Por lo general el corazón late con fuerza, sudamos, contenemos la respiración.

He descubierto que en la inmensa mayoría de los casos, cuando un cónyuge no «recibe» los intentos de desagravio del otro es porque el que escucha está abrumado y por tanto no puede escuchar lo que le dicen. Si te encuentras en esta condición ni siquiera el intento de desagravio más elocuente beneficiará tu matrimonio.

Cuestionario: Abrumados

Para descubrir si éste es un problema significativo en tu relación responde las siguientes preguntas.

Califica cada frase con una **V** o una **F**.

1. Nuestras discusiones se acaloran demasiado. **V F**
2. Me cuesta mucho calmarme. **V F**
3. Uno de nosotros dirá algo de lo que se arrepentirá. **V F**
4. Mi pareja se enfada demasiado. **V F**
5. Después de una pelea quiero mantener las distancias. **V F**
6. Mi pareja grita sin necesidad. **V F**
7. Me siento abrumado/a por nuestras discusiones. **V F**
8. No puedo pensar con claridad cuando mi pareja se torna agresiva. **V F**
9. ¿Por qué no podemos hablar más racionalmente? **V F**
10. La negatividad de mi pareja parece surgir de la nada. **V F**
11. Por lo general no hay forma de evitar el mal genio de mi pareja. **V F**
12. Durante nuestras peleas tengo ganas de salir corriendo. **V F**
13. Los problemas sin importancia suelen convertirse en grandes problemas. **V F**
14. No me resulta fácil calmarme durante una discusión. **V F**
15. Mi pareja tiene muchas exigencias muy poco razonables. **V F**

Puntuación: Anota un punto por cada respuesta «verdadera».

Menos de 6: Éste es un aspecto sólido en tu matrimonio. Sabes discutir con tu pareja sin sentirte abrumado/a. Esto significa que no te sientes hostil o como una víctima, lo cual indica a su vez que sabéis comunicaros sin negatividad. El resultado es que sois más capaces de resolver conflictos y evitar que los problemas se estanquen y se conviertan en irresolubles.

Más de 6: Tu matrimonio podría mejorar en este aspecto. La puntuación sugiere que tiendes a sentirte abrumado/a durante las discusiones con tu pareja. Cuando esto sucede desaparecen las posibilidades de resolver el conflicto. Te sientes demasiado agitado/a para escuchar lo que tu pareja te dice o para aprender a resolver los problemas.

Ejercicio 2:
Tranquilizarse uno mismo

El primer paso es parar la discusión. Si sigues discutiendo explotarás o te distanciarás, lo cual no hará sino precipitarte un paso más por la pendiente que lleva al divorcio. La única estrategia razonable, por tanto, es hacer saber a tu pareja que te sientes abrumado/a y necesitas un respiro. El descanso debe durar al menos veinte minutos, puesto que es el tiempo que tarda el cuerpo en tranquilizarse. Es de importancia crucial que durante ese tiempo evites pensamientos de indignación o de víctima. Emplea esos minutos en hacer algo que te distraiga y te calme, como escuchar música o hacer ejercicio.

Para mucha gente el mejor método para tranquilizarse es concentrarse en calmar el cuerpo mediante alguna técnica de meditación. He aquí una muy sencilla.

1. Siéntate en una silla cómoda o túmbate en el suelo.

2. Concéntrate en tu respiración. Por lo general, cuando nos sentimos abrumados tendemos a contener el aliento o a respirar muy superficialmente. Cierra los ojos y respira hondo y con regularidad.

3. Relaja los músculos. Ve tensando uno a uno los músculos que sientas agarrotados (la frente y mentón, cuello, hombros, brazos y espalda), y al cabo de unos momentos relájalos.

4. Deja que la tensión desaparezca de cada músculo. Imagina que tus músculos pesan, siéntelo.

5. Ahora que sientes que los músculos te pesan, deja que la tensión desaparezca de nuevo, y siente que los músculos se caldean. Una forma de lograr esto es cerrar los ojos y concentrarte en una visión o idea tranquilizadora. Puedes pensar en algún lugar asociado con la tranquilidad, como un bosque, un lago o una playa. Imagínalo con tanta precisión como puedas, y sigue concentrándote en esta visión durante treinta segundos.

6. Encuentra una imagen personal que te haga sentir toda esta tranquilidad. Yo, por ejemplo, pienso en un lugar que conozco en Orca Island, en Washington, donde se oye el viento entre los árboles y las águilas surcan el cielo. Esta imagen me relaja y activa de forma automática los otros pasos de la técnica de relajación.

Estos descansos son tan importantes que introduzco este ejercicio en la sección de resolución de conflictos de todos mis talleres. Y siempre obtengo la misma respuesta de los participantes. Al principio se quejan por verse obligados a relajarse. Algunos se muestran muy escépticos hacia este ejercicio y no se creen que cerrando los ojos y pensando en un lago puedan resolver sus crisis matrimoniales. Pero en cuanto realizan el ejercicio se dan cuenta de lo efectivo que puede llegar a ser. De pronto todas las personas de la sala se relajan. Después es evidente que las parejas se tratan de forma muy distinta: con más sentido del humor, con voces más suaves. Al calmarse pueden trabajar sobre sus conflictos en equipo, y no como adversarios.

En uno de nuestros últimos experimentos interrumpimos a las parejas después de quince minutos de discusión, con la excusa de que necesitábamos ajustar los instrumentos. Les pedimos que no hablaran del asunto que discutían, sino que se entretuvieran leyendo revistas durante media hora. Cuando retomaron la discusión, sus ritmos cardíacos eran mucho más bajos y su conversación resultaba más productiva.

Ejercicio 3: Calmarse mutuamente

Una vez os habéis calmado individualmente, podéis beneficiar vuestro matrimonio si os tomáis un tiempo para calmaros mutuamente. Esto puede ser difícil si os sentís enfadados o heridos. Pero los resultados pueden ser tan positivos que vale la pena intentarlo. Recordad: haced esto sólo después de pasar veinte minutos tranquilizándoos personalmente.

Calmar al compañero beneficia en gran medida el matrimonio porque es un modo de condicionamiento inverso. En otras palabras, si has vivido con frecuencia la experiencia de que tu pareja te tranquilice, dejarás de verla como un detonador de tensión en tu vida y la asociarás con una sensación de relajación. Esto aumenta de forma automática la positividad en la relación.

Para tranquilizaros mutuamente tenéis que hablar de lo que os hace sentiros abrumados. Haceos las siguientes preguntas:

- ¿Qué te hace sentir abrumado?
- ¿Cómo sueles plantear los temas conflictivos? ¿Cómo expresas tus quejas o tu irritación?
- ¿Puedo hacer algo para tranquilizarte?
- ¿Puedes hacer algo para tranquilizarme?
- ¿Qué señales podemos desarrollar para hacernos saber que estamos abrumados? ¿Podemos tomarnos descansos en las discusiones?

Si tu ritmo cardíaco excede los cien latidos por minuto no serás capaz de oír lo que tu pareja intenta decir, por mucho que insista. Tómate un descanso de veinte minutos antes de continuar.

Existen muchas formas de calmar a tu pareja. Lo más importante es que sea tu pareja la que determine el método. Para algunas personas un masaje es un antídoto perfecto para una discusión estresante. Otra técnica útil es que os guiéis por turnos en una meditación como la descrita en las páginas 195-196. Imaginad que es un masaje verbal. Podéis incluso escribir un guión para ir relajando cada músculo y luego visualizar una escena hermosa y relajante. Podéis grabar este guión para usos futuros (tal vez ofrecer la cinta grabada a tu pareja como un regalo especial). No tenéis que esperar que surja una situación tensa para realizar este ejercicio. Calmaros mutuamente de forma regular es una técnica estupenda para impedir futuras tensiones y en general enriquecer el matrimonio.

PASO 4: EL COMPROMISO

Nos guste o no, la única solución a los problemas matrimoniales es llegar a un compromiso. En una relación íntima, ninguno de los miembros puede salirse siempre con la suya, aunque esté convencido de que tiene razón. Esto crearía tal sensación de injusticia que el matrimonio se resentiría.

Por lo general, aunque ambos cónyuges realicen un gran esfuerzo por llegar a un compromiso en los desacuerdos, lo cierto es que suelen fracasar porque enfocan la situación de forma equivocada. La negociación es posible sólo después de seguir los pasos arriba mencionados: planteamiento suave, intentos de desagravio y mantener la calma. Estos pasos te preparan para llegar a un compromiso, puesto que te han puesto en un estado de ánimo positivo.

Antes de intentar resolver un conflicto recuerda que la piedra angular de cualquier compromiso es el cuarto principio del matrimonio: aceptar la influencia y la opinión del otro. Esto significa que para que un compromiso sea efectivo, no puedes hacer oídos sordos a las opiniones y deseos de tu pareja. No tienes por qué coincidir con todo lo que diga o crea, pero tienes que estar sinceramente abierto/a a considerar su punto de vista. En esto consiste aceptar su influencia. Si te descubres de brazos cruzados y negando con la cabeza mientras tu pareja intenta discutir contigo un problema, la conversación nunca llegará a ninguna parte.

Como ya he dicho, a los hombres les cuesta más aceptar la influencia de sus parejas. Pero ya seas hombre o mujer, una mente cerrada es un grave obstáculo a la hora de resolver conflictos. De modo que, si no lo has hecho ya, trabaja con los ejercicios del capítulo 6. Hace falta tiempo para romper esta tendencia. Tu pareja te puede ayudar a ver las cosas desde su perspectiva. Hazle preguntas para entender mejor su punto de vista. Recuerda que debes buscar en la opinión de tu pareja aquello que sea razonable objetivamente.

Una vez estéis preparados, encontrar una solución con la que ambos estéis cómodos no es cuestión de magia. Muchas veces para llegar a un compromiso no hay más que discutir las diferencias y preferencias de cada uno de forma sistemática. Esto no es difícil, siempre que sigáis los pasos mencionados con anterioridad, para evitar que la discusión se asfixie en negatividad.

Ejercicio 4: Buscar un terreno común

Decidid juntos qué problema queréis tratar, y a continuación pensad en él cada uno por vuestra cuenta. Dibujad dos círculos en un papel (uno pequeño dentro de uno más grande). En el círculo interior escribid una lista de los aspectos del problema en los que no podéis ceder. En el círculo exterior anotad aquellos que estáis dispuestos a ceder. Recordar el principio «ceder para ganar»: cuanto más estéis dispuestos a ceder, más capaces seréis de persuadir al otro. De modo que intentad hacer el círculo exterior lo más grande posible, y el interior lo más pequeño que podáis.

A continuación describo el ejercicio realizado por Raymond y Carol, una pareja que estaba muy poco satisfecha con su vida sexual.

Raymond

Círculo interior:

1. Quiero que el sexo sea más erótico.
2. Quiero que juguemos con fantasías en las que lleves ropa interior provocativa.

Círculo exterior:

1. Puedo ceder en cuanto al momento en que hagamos el amor, ya sea por la mañana o por la noche, aunque esté cansado.
2. Puedo ceder en cuanto a hablar mientras hacemos el amor.

Carol

Círculo interior:

1. Quiero sentir que hacemos el amor cuando practicamos el sexo.
2. Quiero que me abraces y me acaricies mucho antes de hacer el amor.

Círculo exterior:

1. Prefiero hacer el amor por la noche porque me encanta quedarme dormida en tus brazos. Pero también estará bien hacerlo por la mañana.

2. Me gusta que me hables mucho cuando hacemos el amor, pero también puedo ceder en esto.

Una vez hayáis completado vuestras listas (que pueden ser mucho más largas que las de Raymond y Carol), leedlas y buscad un terreno común para llegar a un acuerdo. Cuando habléis del tema, acordaos de utilizar las otras estrategias de resolución de conflictos mencionadas en este capítulo: el planteamiento suave y las técnicas para calmaros personalmente y tranquilizaros mutuamente si os sentís abrumados.

En el caso de Carol y Raymond, los círculos interiores eran muy diferentes, pero no incompatibles. Una vez que acepten y respeten sus diferencias sexuales, cuando hagan el amor podrán incorporar el deseo de Raymond de fantasías eróticas junto con el deseo de Carol de intimidad y caricias. Y aunque sus círculos externos están también en oposición, ambos están dispuestos a ceder en estas áreas, de modo que no les resultará difícil llegar a un compromiso. Pueden decidir hacer el amor por la mañana o por la noche, dependiendo de lo cansado que esté Raymond. Y también pueden variar cuánto hablarán mientras hacen el amor.

El objetivo de este ejercicio es desarrollar un modo común de pensar sobre el problema, de modo que podáis trabajar juntos para idear un plan con el que los dos os sintáis cómodos. Cuando leáis vuestros círculos, haceos las siguientes preguntas:

1. ¿En qué estamos de acuerdo?
2. ¿Cuáles son nuestros sentimientos en común, o los sentimientos más importantes que hay aquí en juego?
3. ¿Qué objetivos comunes podemos tener en este caso?
4. ¿Cómo podemos comprender esta situación o este problema?
5. ¿Cómo creemos que podemos lograr esos objetivos?

Lo más probable es que, si estáis tratando un problema soluble, estos pasos os lleven a encontrar un compromiso razonable. Una vez logrado esto, poned a prueba la solución durante un tiempo y luego revisadla para decidir si da resultado. Si no es así, comenzad de nuevo todo el proceso e intentad resolver juntos el problema.

Es buena idea renovar de vez en cuando vuestra capacidad de llegar a compromisos trabajando juntos para resolver algún problema que no tenga nada que ver con vuestro matrimonio. A continuación propongo un divertido ejercicio con el que aprenderéis a llegar a decisiones comunes trabajando en equipo.

Ejercicio 5: Torre de papel

Este ejercicio es más divertido si se realiza con otras parejas. Podéis celebrar una competición en la que cada pareja sea un equipo. Cada una de las parejas se encargará por turno de la construcción y de la suma de puntos.

Vuestra misión: construir una torre de papel utilizando los elementos anotados más abajo. Se trata de construir la torre más alta, más estable y más bonita posible. Tal vez tengáis distintas ideas para construirla, de modo que tendréis que trabajar sobre vuestras diferencias de opinión utilizando la técnica de compromiso explicada en este capítulo. Durante el ejercicio intentad trabajar en equipo. Los dos tenéis que ofrecer vuestra opinión y aceptar la del otro. Cuenta con tu pareja, hazle preguntas. La tarea debe durar una media hora, y el producto acabado no debe responder a la idea de uno solo, sino a la de los dos. Cuando hayáis terminado, otra persona (u otra pareja) debe puntuar la torre. La puntuación será muy subjetiva, puesto que se valorará la creatividad por encima de todo. Pero el objetivo no son los puntos, sino lo que os habéis divertido construyendo juntos la torre. Habréis creado un monumento a vuestro matrimonio y vuestra capacidad de lograr compromisos.

Elementos

Un periódico dominical
Un ovillo de cordel
Lápices
Celofán de colores
Cinta adhesiva
Grapadora
Rotuladores
Cartulina
Trozos de cartón

Puntuación: Otra persona (o pareja) deberá puntuar vuestra torre. El máximo de puntos es 90, y se distribuyen de la siguiente manera:

Hasta 20 puntos por altura.

Hasta 20 puntos por fuerza o estabilidad.

Hasta 50 puntos por aspecto y originalidad.

PASO 5: SER TOLERANTES CON LOS FALLOS DE CADA UNO

Muchas veces nos quedamos atascados en frases condicionales del tipo: «Si tan sólo...» Si tan sólo mi pareja fuera más alta, más lista, más atractiva... todos mis problemas desaparecerían. Mientras prevalezca esta actitud, será muy difícil resolver los conflictos. A menos que aceptes los defectos y debilidades de tu pareja no podrás llegar a ningún acuerdo. En lugar de esto te lanzarás a una campaña para hacer cambiar a tu cónyuge. Para resolver un conflicto no hace falta que una persona cambie. Lo que hace falta es negociar, encontrar un terreno común y soluciones satisfactorias para los dos.

Cuando domines las técnicas de resolución de problemas explicadas en este capítulo, encontrarás que la mayoría de tus problemas pueden resolverse. Una vez atravieses las barreras que impiden la comunicación clara, es fácil resolver las dificultades. El siguiente capítulo ofrece algunas soluciones sencillas y creativas a algunos de los conflictos más comunes a los que se enfrentan las parejas: dinero, sexo, labores del hogar, hijos, tensiones laborales. Pero recuerda que estas soluciones sólo son efectivas para problemas solubles. Si todavía te parece muy lejana la posibilidad de llegar a un compromiso con tu pareja, tal vez el problema al que te enfrentas no tenga solución. Lo cual significa que ha llegado el momento de dirigirte a los consejos del capítulo 10, que trata sobre los problemas irresolubles.

9

Típicos problemas solubles

Estrés laboral, familia política, dinero, sexo, labores del hogar, hijos: éstos son los aspectos conflictivos más comunes en un matrimonio, de modo que existen muchas probabilidades de que al menos algunos de ellos sean piedras candentes en tu relación. Incluso en los matrimonios felices y estables surgen conflictos referentes a estos temas. Aunque cada relación es diferente, existe una razón para que estos conflictos sean tan comunes: hacen referencia a la tarea más importante del matrimonio.

Mucha gente acepta que la felicidad en el matrimonio implica un esfuerzo, un «trabajo». Pero ¿qué significa esto? Todos los matrimonios se enfrentan a ciertas tareas emocionales que marido y mujer necesitan realizar juntos para que la relación crezca y se haga más profunda. El objetivo de estas tareas es obtener una profunda comprensión entre marido y mujer. Un matrimonio necesita esta comprensión para que ambos cónyuges se sientan seguros. Si las tareas no se cumplen, el matrimonio no es un puerto seguro en la tormenta de la vida, sino una tormenta más.

Cuando existe conflicto en alguno de estos seis aspectos comunes, por lo general es porque marido y mujer sostienen ideas distintas sobre estas tareas, su importancia y la forma de realizarlas. Si el conflicto es irresoluble, no se eliminará con ninguna técnica de resolución de problemas. La tensión se mitigará sólo cuando ambos cónyuges se sientan cómodos conviviendo con sus diferencias. Pero si el problema es soluble, la tarea consiste en encontrar la estrategia adecuada para resolverlo. (Si no sabes si tu problema es soluble o irresoluble consulta la página 150.) A continuación presento una lista de estas seis áreas de conflicto, la tarea que cada una representa en el matrimonio y algunos consejos prácticos para tratar con los desacuerdos solubles que a menudo generan.

Estrés y más estrés

La tarea:

Hacer de tu matrimonio un remanso de paz.

Todos los días Stephanie y Todd llegan de trabajar casi a la vez. Por lo general, en lugar de saludarse de forma amistosa, se enzarzan en una pelea a gritos. Todd, que se ha pasado el día haciendo reverencias a un jefe difícil, se enfada al ver que no encuentra el correo porque Stephanie lo ha quitado de la mesa por enésima vez. Stephanie, que debe terminar un trabajo y sabe que tendrá que quedarse levantada hasta tarde, se enfurece al abrir la nevera y ver que sólo hay mermelada de fresa. «¡No hay nada de comer! —grita—. ¡No me puedo creer que no hayas ido al supermercado como prometiste! ¿Pero a ti qué te pasa?»

La cuestión es qué pasa entre Todd y Stephanie. La respuesta es que están volcando sus tensiones laborales en casa, y esto sabotea su matrimonio.

Planificar sesiones formales de quejas puede impedir que el estrés de cada día se vierta sobre el matrimonio.

No hay duda de que el estrés laboral se ha convertido en un creciente factor de insatisfacción matrimonial. Hoy en día las parejas trabajan anualmente unas mil horas más que hace treinta años. Tienen menos tiempo para hablar, relajarse, comer e incluso dormir. No es de extrañar que los días de «¡Hola, cariño! ¡Ya estoy en casa!» hayan pasado a la historia en muchas familias. Lo más probable es que «cariño» esté también trabajando y haya llegado a casa con un fajo de papeles que tiene que preparar para presentarlos al día siguiente ante un cliente. O tal vez haya estado sirviendo mesas todo el día y lo último que le apetece es servirle la cena a su marido.

Solución:

Reconocer que al final de una jornada larga y estresante tal vez necesitáis un tiempo para relajaros antes de relacionaros el uno con el otro. Si de pronto te pones furioso/a por algo que ha hecho tu pareja, piensa que puedes estar exagerando el incidente en tu mente a causa de tu propio estrés. De la misma forma, si tu cónyuge llega a casa con la cara larga y, cuando le preguntas qué le pasa, te contesta con un gruñido, intenta no tomártelo como algo personal. Probablemente haya tenido un mal día. En lugar de empeorar la situación, no lo tomes en cuenta.

Dedica un tiempo diario a relajarte. Haz de ello un ritual, ya sea tumbarte en la cama a leer el correo, salir a correr un rato o meditar. Para algunas personas la forma ideal de relajarse es con ayuda del compañero. Si éste es vuestro caso, probad las técnicas de relajación descritas en las páginas 195-196.

Una vez os sintáis recuperados, es el momento de comentar juntos la jornada. Consideradlo una sesión formal de quejas, en la que cada uno protesta por las catástrofes que le hayan ocurrido, mientras que el otro lo escucha ofreciendo su comprensión y su apoyo.

RELACIONES CON LA FAMILIA POLÍTICA

La tarea:

Establecer un sentido de solidaridad entre marido y mujer.

Aunque los chistes de suegras son muy populares entre los hombres, la auténtica tensión familiar suele darse con más frecuencia entre suegra y nuera. Las diferencias entre las opiniones, personalidades y puntos de vista entre las dos mujeres se hace más evidente a medida que pasan más tiempo juntas. Una decisión de salir a cenar puede crear desacuerdos sobre minucias como dónde ir, cuándo, cuánto dinero gastar, quién pagará la cuenta, etc. Además, por supuesto, están los conflictos más profundos sobre valores, trabajo, religión, dónde vivir, cómo vivir y a quién votar.

Aunque estos conflictos suelen aflorar muy pronto en el matrimonio, las dificultades con la familia política pueden exacerbarse en cualquier momento, por ejemplo cuando nace un hijo o cuando los hijos atraviesan alguna etapa fundamental de su desarrollo, o bien cuando los suegros empiezan a envejecer y se tornan cada vez más dependientes de la pareja.

En la base de esta tensión existe una batalla entre las dos mujeres por el amor del esposo e hijo. La esposa está alerta para ver si el marido la apoya a ella o a su madre. «¿Cuál es tu auténtica familia?», se pregunta. La suegra plantea a menudo la misma cuestión. Por su parte, el hombre desea que las dos mujeres se lleven mejor. Las quiere a las dos y no le apetece tener que elegir. La mera idea de escoger entre ambas le resulta ridícula. Al fin y al cabo debe lealtad a las dos y debe honrar y respetar a ambas. Por desgracia esta actitud suele ponerle en el papel de mediador, lo cual invariablemente empeora la situación.

Solución:

La única forma de salir de este dilema es que el hombre se ponga del lado de su esposa. Aunque puede parecer duro, tenemos que recordar que una de las tareas básicas de un matrimonio es establecer un sentido de solidaridad entre los cónyuges. De modo que el hombre debe hacer saber a su madre que su esposa está antes que ella, que él es primero esposo y luego hijo. No es una posición muy agradable. La madre puede sentirse herida en sus sentimientos, pero es probable que se adapte a la idea de que la familia de su hijo es lo más importante para él. Es de importancia crucial para el matrimonio que el esposo sea firme en esto, incluso si se siente colocado en una posición injusta o si su madre no puede aceptar la nueva realidad.

No estoy sugiriendo que el hombre deba hacer nada que degrade o deshonre a sus padres, o que vaya en contra de sus valores básicos. No debe comprometer sus valores. Pero tiene que ponerse del lado de su esposa, y no entre su esposa y su madre. Marido y mujer necesitan establecer sus propios rituales familiares, valores y estilo de vida, e insistir en que los padres los respeten.

Por esta razón, para crear un sentido de solidaridad tal vez tengan que apartarse en cierta medida de sus familias. Ésta es la tarea a la que David se enfrentaba cuando sus padres fueron a pasar un fin de semana a su nueva casa, una visita que desencadenó lo que él ahora llama la Gran Crisis del *ossobucco*. Su esposa Janie había reservado una mesa para el sábado en su restaurante italiano favorito. Le hacía mucha ilusión enseñar el restaurante a sus suegros, sobre todo porque muy a menudo se sentía eclipsada por su suegra, que sabía mucho de cocina. Pero mientras David y ella iban a hacer unos recados, la suegra salió de compras y preparó para cenar el plato favorito de David: *ossobucco*.

Cuando David y Janie llegaron a casa, los saludó el delicioso aroma de ajo y ternera. Janie se puso furiosa (aunque no se sorprendió) cuando la madre de David dijo que se había «olvidado» de que tenían mesa reservada para cenar. David tuvo que enfrentarse al dilema: la ternera parecía deliciosa, y sabía que si no se la comía heriría los sentimientos de su madre. Lo que de verdad quería era que Janie cancelara la reserva.

Aunque esto no parece una crisis importante, lo cierto es que llevó a un punto crítico en su matrimonio. Janie había temido desde el principio aquella visita de sus suegros, porque tenía la impresión de que su suegra la trataba como si fuera una incompetente que no supiera llevar una casa. Janie, por su parte, siempre era amable pero distante con la mujer. En privado, sin embargo, se quejaba a David de que su madre era demasiado dominante. David siempre insistía en que eran imaginaciones o exageraciones de Janie, lo cual no hacía más que enfurecerla todavía más.

Ahora Janie contuvo el aliento mientras David inspeccionaba el festín que había preparado su madre. Él carraspeó, puso el brazo sobre los hombros de su madre y le dio las gracias por la magnífica cena. Pero insistió en que la guardaran en la nevera para el día siguiente. Explicó que era muy importante para Janie y él que sus padres vieran cómo preferían pasar una velada del sábado como pareja en su restaurante favorito.

Su madre se sintió ofendida, se puso llorosa e hizo una escena. (David dejó que su padre se encargara de ello.) Pero para David valió la pena sólo por ver a Janie tan feliz y triunfante. El mensaje de David a su madre había sido fuerte y claro: «Ella está primero, mamá. Acostúmbrate.» «Fue entonces cuándo empezó nuestro verdadero matrimonio —recuerda Janie—. Cuando David hizo saber a su madre que yo era la primera en su corazón.»

Para crear esta solidaridad y poner a la esposa en primer lugar, es importante que el hombre no tolere ningún desdén de sus padres hacia su mujer. El matrimonio de Noel y Evelyn se dirigía de cabeza hacia el desastre hasta que él aprendió esta lección. Cuando tuvieron su primer hijo, para Noel era muy importante que sus padres lo considerasen un buen padre. Aunque tenía mucho trabajo como abogado y no podía pasar mucho tiempo con el niño, iba cada quince días con el bebé a ver a sus padres, que vivían en el pueblo de al lado. De esta forma Evelyn podía tener un poco de tiempo para ella, cosa que necesitaba desesperadamente.

Evelyn solía reunirse con ellos al final del día, pero desde el momento en que entraba en la casa se sentía como una extraña, como si la hubieran apartado de la vida del bebé. Los padres de Noel la ignoraban casi por completo. Le hacían un sinfín de carantoñas al niño y no dejaban de comentar una y otra vez lo estupendo que era Noel como padre. A veces se mostraban incluso sarcásticos con ella (burlándose, por ejemplo, de que ella siguiera dando el pecho al niño a los seis meses). Puesto que Evelyn sabía que Noel quería que destetara al niño, sospechaba que se estaba quejando de ella a sus espaldas. En nuestro laboratorio ayudamos a la pareja a hablar del problema, y resultó que Evelyn tenía razón. En un esfuerzo por impresionar a sus padres, Noel estaba sacrificando su solidaridad con su esposa hablando mal de ella.

Una vez Noel se dio cuenta de que su necesidad de aprobación paterna estaba dañando a Evelyn y al matrimonio, fue capaz de cambiar. Empezó a pasar menos tiempo en casa de sus padres, de modo que ellos tenían que ir a ver al nieto al territorio de Evelyn.

Cuando la madre comentó que le preocupaba que el bebé no estuviera recibiendo alimento suficiente, Noel explicó que Evelyn lo había llevado al pediatra y que el niño estaba perfectamente. Cuando su padre sugirió que el niño necesitaba ropa más gruesa, Noel le dijo que Evelyn era su madre y sabía mejor que nadie lo que era mejor para el pequeño. Al principio los padres se sintieron ofendidos por este cambio de actitud, pero al final llegaron a aceptarlo. Y Noel y Evelyn vieron cómo su relación florecía. Por fin se sentían un equipo. Habían logrado construir un fuerte sentido de solidaridad.

Ejercicio 1:
Problemas con la familia política

Si tenéis problemas con las familias políticas, este breve cuestionario puede ayudaros, puesto que permite determinar si vuestro sentido de solidaridad como pareja necesita fortalecerse en lo tocante a vuestras relaciones con las familias políticas. Debéis rellenar el cuestionario por separado.

1. Piensa en tus relaciones con varios miembros de la familia de tu pareja. Si sientes que tu pareja no está de tu lado en cualquiera de estas relaciones, o que existe algún problema con algún pariente en particular, marca el recuadro correspondiente.

❒ Madre
❒ Madrastra
❒ Padre
❒ Padrastro
❒ Hermano(s) ___________
❒ Hermana(s) ___________
❒ Otros miembros de la familia ___________

Describe los éxitos que hayas tenido hasta ahora:

Describe los conflictos que queden por resolver:

2. Piensa en las relaciones de tu pareja con tu familia. Si sientes que tu pareja no está de tu lado en cualquiera de estas relaciones, o que existe algún problema con algún pariente en particular, marca el recuadro correspondiente.

❒ Madre
❒ Madrastra
❒ Padre
❒ Padrastro
❒ Hermano(s) ___________
❒ Hermana(s) ___________
❒ Otros miembros de la familia ___________

Describe los éxitos que hayas tenido hasta ahora:

Describe los conflictos que queden por resolver:

Ahora leed juntos vuestras respectivas respuestas y hablad de lo que podéis hacer para aumentar el apoyo y la solidaridad entre vosotros. Intenta no ponerte a la defensiva si tu pareja percibe un problema y tú no. Recuerda que en una relación muchas cosas son cuestión de percepción. Si, por ejemplo, tu esposa cree que te alías a tu madre en contra de ella, es algo en lo que tenéis que trabajar juntos, incluso si tú no estás de acuerdo con su percepción de la situación.

DINERO, DINERO, DINERO

La tarea:

Equilibrar la libertad y la esclavitud que el dinero representa con la seguridad y la confianza que también simboliza.

Tanto si disfrutan de una cuenta bancaria rebosante como si tienen que apretarse el cinturón, muchas parejas se enfrentan a importantes conflictos sobre el dinero. Estas disputas suelen evidenciar un problema irresoluble, puesto que el dinero simboliza muchas necesidades emocionales —como la necesidad de seguridad o poder—, y hace referencia al centro de nuestro sistema individual de valores. Pero cuando surge un problema financiero simple y soluble, la clave para resolverlo consiste en comprender la tarea del matrimonio en este tema.

El dinero no sólo compra placer, sino también seguridad. Equilibrar estas dos realidades económicas es una tarea difícil para cualquier matrimonio, puesto que nuestros sentimientos sobre el dinero son muy personales.

Las diferencias en cuanto al dinero suelen darse más en los recién casados que en las parejas que llevan más tiempo juntas. La razón es que a medida que pasa el tiempo, o bien estos problemas se resuelven con éxito o bien se convierten en problemas irresolubles sobre el significado simbólico del dinero. A pesar de esto, puede darse el caso de que una pareja que lleva mucho tiempo casada se encuentre ante un problema soluble de dinero, puesto que las circunstancias cambian. Las diferencias de opinión sobre el trabajo, sobre la educación de los niños, los planes de jubilación o el cuidado de los padres ancianos son a menudo fuentes de fricción en parejas maduras.

Solución:

Hace falta establecer un presupuesto lúcido. A continuación ofrezco unos pasos sencillos para que calculéis cuánto queréis gastar y en qué. Recordad, sin embargo, que la gestión de asuntos financieros complejos queda más allá del alcance de este libro. Si necesitáis ayuda en vuestra planificación financiera o inversiones, encontraréis una variedad de recursos en la biblioteca o en librerías. Lo más importante, en lo referente al matrimonio, es que trabajéis en equipo para resolver los problemas financieros y que os expreséis mutuamente vuestras preocupaciones, necesidades y fantasías antes de idear una planificación. Tened cuidado de no terminar con un presupuesto que obligue a alguno de los dos a convertiros en mártires. Esto no hará más que crear resentimientos. Los dos tenéis que mostraros firmes en los asuntos que consideréis no negociables.

Paso 1: Inventario de gastos actuales

Utilizad un formulario como el que se ofrece a continuación para anotar los gastos del último mes, los últimos seis meses o el último año, según sea más apropiado a vuestra situación. Podéis hacerlo revisando los talonarios de cheques y los balances de las tarjetas de crédito.

Gastos

- Comida
- Hipoteca o alquiler
  - Gastos de vacaciones
  - Obras
  - Impuestos sobre la propiedad
  - Gastos de comunidad o mantenimiento
- Material de oficina
- Servicios básicos
  - Electricidad
  - Gas
  - Calefacción
  - Agua
  - Teléfono

Internet, e-mail
Mantenimiento de la casa
Limpieza
Colada
Tintorería
Electrodomésticos y productos (aspiradora, productos de limpieza, etc.)
Ropa
Cuidado personal (peluquería, manicura, artículos diversos)
Coche
Gasolina
Mantenimiento y reparaciones
Renovación de documentos
Seguro
Aparcamientos, autopistas
Pagos
Otros medios de transporte
Autobús, tren…
Viajes
Negocios
Visitas familiares
Vacaciones
Ocio
Comidas fuera de casa
Canguros
Salidas (cine, teatro, conciertos, deportes)
Entretenimiento en casa (alquiler de películas de vídeo, CD…)
Salud
Seguros
Médicos
Farmacia
Gimnasio
Otros (gafas, masajes, etc.)
Electrodomésticos (televisión, ordenador, contestador automático…)
Regalos

Contribuciones de caridad
Intereses de préstamos, gastos bancarios, tarjetas de crédito
Seguro de vida
Inversiones y ahorros (acciones, etc.)

Paso 2: Gestión de las finanzas día a día

1. Escribid cada uno de los gastos de la lista anterior que consideréis esencial para vuestro bienestar y felicidad.

2. Estudiad con atención vuestros ingresos, e intentad crear un presupuesto que os permita gestionar los gastos cotidianos y otros esenciales basados en vuestros medios.

3. Idead un plan para pagar las facturas de forma regular. Determinad quién firmará los cheques y cuándo haréis balance del talonario.

4. Comentad vuestras distintas listas y planes. Buscad un terreno común entre los dos enfoques. Idead una estrategia factible que permita a ambos satisfacer las necesidades básicas. Acordad una revisión del plan al cabo de unos meses, para estar seguros de que funciona para los dos.

Paso tres: Planificar el futuro financiero

1. Imaginad vuestra vida dentro de cinco, diez, veinte o treinta años. ¿Cuáles serían vuestras circunstancias ideales? Pensad en las cosas que queréis (una casa, por ejemplo) y el tipo de vida que os gustaría llevar. Pensad también qué clase de desastre económico quisierais evitar. Por ejemplo, lo que más temen algunas personas es no tener bastante dinero para jubilarse. Otras temen no poder costear la educación universitaria de sus hijos.

2. Haced una lista de objetivos económicos a largo plazo, teniendo en cuenta lo que más deseáis y lo que más teméis. Los objetivos pueden incluir, por ejemplo, compraros una casa, así como contar con un buen plan de jubilación.

3. Compartid vuestras listas. Buscad puntos en común en vuestros objetivos a largo plazo. Discutid vuestros puntos de vista.

4. Trazad un plan financiero a largo plazo que ayude a los dos a cumplir sus objetivos. Revisad el plan de vez en cuando —una vez al año, por ejemplo— para ver si todavía estáis de acuerdo.

Estos pasos han ayudado a muchas parejas a encontrar solución a una amplia variedad de conflictos en cuanto al dinero. A Linda, por ejemplo, le encantaba la ropa cara, así como ir al gimnasio cerca de su oficina. Devon consideraba ambas cosas un frívolo despilfarro. Él prefería gastar el dinero en salir a comer con los amigos e ir a esquiar un par de veces al año. Para Linda esto era un derroche de dinero. Después de rellenar ambos el cuestionario pudieron ver exactamente de cuánto dinero disponían. Comentaron sus finanzas y acordaron un presupuesto temporal. Ninguno de los dos quería renunciar a sus placeres favoritos, de modo que decidieron abrir tres cuentas de ahorro, una para cada uno y otra en común. Convinieron poner cada uno una parte de su salario en la cuenta conjunta, destinada a la educación de sus hijos y otros grandes gastos, y ahorrar individualmente para pagar el gimnasio y las excursiones de esquí. Decidieron revisar de nuevo este acuerdo al cabo de seis meses, para determinar si funcionaba para los dos.

Tina y Gene tenían un problema distinto. Faltaban dos años para que su hijo mayor, Brian, entrara en la universidad. Aunque habían ahorrado bastante para pagar la universidad local, Tina quería enviarlo a una universidad estatal, más rigurosa y más cara, que ofrecía más cursos de ciencias. Brian siempre había sido un estudiante excepcional, y soñaba con ser ingeniero aeroespacial. Pero para pagar los estudios que esto requería, Gene tendría que posponer su sueño de comprar una cabaña en las montañas. Aunque a Gene le preocupaba la educación de su hijo, también sabía que si no compraba una casa pronto los precios se dispararían y jamás podría realizar el sueño de su vida. Gene quería que Tina volviera a trabajar la jornada completa para poder costear así los estudios de Brian y la casa en el campo. Pero ella se oponía porque tenía que cuidar de su madre, ya muy anciana, que vivía con ellos. Ambos discutían por esto casi todos los días. Gene sostenía que ahora le tocaba a la hermana de Tina cuidar de su madre. Pero la hermana de Tina decía que era imposible, porque trabajaba todo el día. La otra opción era ingresar a la madre en una residencia, pero Tina no quería ni oír hablar de ello.

Cuando ambos rellenaron el cuestionario, no encontraron ninguna solución sencilla. Pero el solo hecho de estudiar juntos sus gastos, transformó el ambiente emocional entre ellos de forma drástica. En lugar de pelearse, se sintieron formando de nuevo un equipo. Hicieron una lista de la información que necesitaban para pedir préstamos estudiantiles y becas. Al final Gene aceptó posponer su sueño unos años. Tina volvió a trabajar, pero sólo media jornada. Él pudo modificar su horario para estar en casa con su suegra mientras ella trabajaba. Y Brian logró suficientes préstamos estudiantiles para ir a una universidad estatal.

Es poco probable que tus problemas sean los mismos que los de estas parejas. La cuestión es que siempre que estéis en desacuerdo acerca de las finanzas, podéis mitigar la tensión trabajando en equipo para esbozar un plan que satisfaga a los dos, aunque no os ofrezca de forma inmediata todo lo que deseáis.

SEXO

La tarea:

Aprecio y aceptación mutuos.

Ningún otro aspecto de una relación ofrece más potencial para que nos sintamos avergonzados, heridos y rechazados. No es de extrañar que a las parejas les resulte tan difícil hablar de este tema con claridad. Muy a menudo se expresan vagamente, con lo que apenas es posible descifrar lo que realmente quieren decir. He aquí un ejemplo clásico de una pareja:

ELLA: Piensa lo que sentías hace dos o tres años, y cómo tratamos el problema entonces, cómo nos sentíamos. ¿Te acuerdas? Entonces era para mí un problema mucho más grave que ahora.

ÉL: Yo creo que ahora nuestra relación es más sólida que entonces. No sé. Yo diría que el problema es que no hemos vuelto a hablar de ello. No creo que la situación sea diferente. No sé si en realidad hemos cambiado.
ELLA: ¿Pero han cambiado tus sentimientos al respecto?
ÉL: ¿Tú qué sientes?
ELLA: Pues… supongo que hace dos o tres años yo pensaba que ese problema podía arruinar nuestro matrimonio. Pero ahora ya no me preocupa tanto.
ÉL: Yo nunca lo consideré una amenaza a nuestro matrimonio. Aunque sabía que para ti lo era.
ELLA: Ya. Tal vez es que ahora me siento más segura, y por eso ya no me preocupa tanto.

El «problema» que esta pareja está discutiendo es que él siempre ha querido hacer el amor con más frecuencia que ella. En este retazo de conversación ella intenta que él admita que ya no es un problema. Quiere que él le dé seguridad. Él piensa que el problema sigue existiendo, pero evita decirlo de forma directa.

Cuando marido y mujer hablan de sus necesidades sexuales, muy a menudo su conversación es parecida a esta: indirecta, imprecisa, poco clara. Muchas veces ambos tienen prisa por terminar la conversación, con la esperanza de que acabarán comprendiendo milagrosamente los deseos del otro sin hablar mucho de ello. Rara vez dicen cosas como: «Me encanta que me acaricies los pechos como anoche», o: «Te necesito todos los días», «Las mañanas son mi momento favorito para hacer el amor», etc. El problema es que cuanto menos claros seamos sobre lo que queremos, menos probabilidades tendremos de obtenerlo. El sexo nos ofrece una magnífica posibilidad de profundizar en nuestra intimidad. Pero si la comunicación está cargada de tensión, es probable que nos sintamos frustrados o heridos.

Solución:

Aprended a hablar de sexo de modo que los dos os sintáis a salvo. Esto significa aprender la forma correcta de pedir lo que deseáis, y la forma correcta de reaccionar a las peticiones del otro. Puesto que la mayoría de las personas no se sienten muy seguras y temen no ser atractivas o no ser «buenos» amantes, la clave para hablar de sexo es ser amable. Si una sesión amorosa comienza con un cónyuge criticando al otro, lo más probable es que termine muy pronto. El objetivo del sexo es estar más cerca el uno del otro, pasar un buen rato, sentirse satisfechos, valorados y aceptados en este delicado aspecto del matrimonio. Si dices a tu pareja «Nunca me tocas», lo más probable es que se le quiten las ganas de hacer nada. Es mejor decir: «Me encantó que me besaras el fin de semana pasado en el sofá. Me encantaría que lo hiciéramos más.» De la misma forma, en lugar de «No me toques ahí», obtendrás mejor respuesta si dices: «Me gusta muchísimo que me toques aquí». Cuando hables con tu pareja sobre sexo, tu actitud debería mostrar siempre que quieres hacer de algo bueno algo todavía mejor. Incluso si no estás satisfecho/a con tu vida sexual, tienes que acentuar lo positivo.

Si tu pareja te pide algo, intenta de todo corazón no considerarlo como una velada crítica a tu atractivo, virilidad sexual, capacidad o personalidad. Intenta tener la misma actitud de un cocinero profesional. Un chef no se siente agraviado si una noche a un cliente no le apetece polenta, o tiene aversión a los calamares. El chef se limitará a cocinar lo que satisfaga el paladar del cliente.

Esto no significa que tengas que acceder a todas las peticiones de tu pareja. Vosotros mismos tenéis que decidir con qué cosas os sentís cómodos y con cuáles no. La sexualidad es increíblemente maleable, de modo que es posible que os hagáis concesiones mutuas que resulten placenteras para los dos. Mike, por ejemplo, quería hacer el amor varias veces a la semana, pero para Lynne una o dos veces era suficiente. A resultas de esto él se sentía frustrado y rechazado. Cada vez insistía más en que hicieran el amor más a menudo. Llevaba a casa libros y todo tipo de artículos eróticos en su esfuerzo por excitar a Lynne. Pero con esto sólo lograba que ella se sintiera presionada. A medida que la frustración de Mike crecía, el deseo de Lynne menguaba.

Cuando llegaron a nuestro taller no tenían ni idea de cómo resolver este problema. Les sugerimos que la persona con menos interés (en este caso Lynne) necesita sentir que lleva las riendas. Nos concentramos en la sensualidad, en lugar de la sexualidad. A Lynne le encantaban los masajes, de modo que le sugerimos que comprara un libro de masajes que le gustara, para poder estar a cargo de la experiencia sensual de la pareja. Ella dirigía las veladas. Aunque no había sexo como tal, se tocaban y se abrazaban mucho. Poco a poco el deseo de Lynne fue creciendo y comenzaron a hacer el amor con más frecuencia… una vez a la semana, más o menos.

A menudo las expectaciones obstaculizan una vida sexual óptima. No todo el sexo tiene que ser de la misma calidad o intensidad. A veces os parecerá que habéis llegado a tocaros el alma, otras veces será mero placer. A veces el sexo es lento, otras veces breve. En una relación sexual debe existir variedad. Pero tiene que haber ocasiones en las que el sexo es una expresión de amor. Cuanto más veces suceda esto, mejor.

La mejor forma de enriquecer vuestra vida sexual es aprender más sobre los gustos del otro, dedicar un tiempo a recordar y memorizarlos, y utilizar estos conocimientos a la hora de tocar y besar a la pareja. Asegúrate de que estos conocimientos te resultan accesibles cuando estás excitado/a sexualmente, y aplícalos siendo consciente de las reacciones de tu pareja. Esto significa sintonizar con el lenguaje no verbal de tu pareja cuando comenzáis a hacer el amor. Pero intenta desarrollar la idea de que las palabras son también aceptables como modo de comunicación, incluso mientras hacéis el amor.

Una característica común de las parejas que tienen una vida sexual satisfactoria es que consideran el sexo como una expresión de intimidad, pero no se toman de forma personal las diferencias en sus necesidades o deseos.

Vuestra vida sexual puede mejorar aún más si os sentís seguros compartiendo vuestras fantasías sexuales e incluso realizándolas juntos. Éste es un aspecto muy delicado. Aunque las fantasías son la fuente de la imaginación, variedad y aventura en un matrimonio, muy pocas parejas son capaces de compartir sus fantasías o integrarlas dentro de su vida sexual. Si lográis compartir vuestras fantasías, el resultado será una gran intimidad, pasión y excitación.

Intentad cultivar la idea de que dentro de vuestro matrimonio todos los deseos, anhelos, imágenes y fantasías son aceptables. Nada es malo o repugnante en sí mismo. Podéis decir no a las exigencias de la pareja, pero no las despreciéis. Para expresar una fantasía hace falta tener mucha confianza, de modo que sed tiernos cuando vuestra pareja os cuente alguna fantasía. Si no la compartís, pero no os hace sentir incómodos, aceptadla. Si la pareja os pide que finjáis ser un desconocido, una enfermera o un pirata, no os lo toméis personalmente. Consideradlo un juego. La idea, el deseo, la fantasía no suelen ser comprendidas del todo por la persona que las expresa. Nadie sabe por qué ciertas fantasías son eróticas para algunas personas y para otras no.

En lo referente al sexo existen algunos problemas que deberíais conocer. El más común es la falta de conocimientos básicos sobre sexo. Esto lleva a algunas personas a basar sus expectativas sobre su propia actuación en fuentes informales y poco fiables, casi siempre en historias oídas a los amigos durante la adolescencia. Esto les lleva a juzgarse con bastante dureza y creer que no son buenos en la cama. Muchos hombres piensan, por ejemplo, que siempre deben ser capaces de tener una erección, cada vez que surge la ocasión. Si esto no sucede, suelen tener dudas de sí mismos. Éstas y otras muchas expectativas son cargas que arrastramos sin ser muy conscientes de ellas.

Otro problema que provoca la falta de conocimientos es dar por sentado que conocemos la anatomía y fisiología sexual del otro, cuando lo cierto es que nunca hemos aprendido estas cosas. Jamás se nos ocurriría poner a funcionar un aparato eléctrico nuevo, complicado y moderno sin echar un vistazo al menos al manual. Pero en el área de la sexualidad esto es justamente lo que hacemos. Por suerte hoy en día tenemos a nuestra disposición varios manuales y libros sobre sexualidad en cualquier librería. No des por sentado que sabes de sexo sin haber leído sobre el tema. Compra el libro que más te apetezca.

LABORES DEL HOGAR

La tarea:

Crear una sensación de equidad y trabajo en equipo.

Joanne estaba harta. Se había pasado varios meses pidiéndole a Greg que no dejara su ropa sucia en el suelo del dormitorio. Y él se había pasado meses olvidándose de ello, igual que se olvidaba de pasar la aspiradora y lavar los platos por la noche, aunque había estado de acuerdo en que él se encargaría de estas tareas. Los dos trabajaban todo el día, pero Joanne solía llegar a casa antes, y terminaba recogiendo las cosas de Greg. Pasaba la aspiradora y lavaba los platos, que todavía estaban por fregar. Cuando él llegaba a casa, ella lo recibía en silencio o comentando sarcásticamente que era una criada. Greg insistía en que el problema era que ella lo agobiaba demasiado. «Si no me dieras tanto la lata —decía—, a lo mejor haría las cosas.»

Greg no se daba cuenta de lo nociva que era su actitud para el matrimonio, hasta el día que al llegar a casa oyó unos martillazos. En el dormitorio se encontró a su esposa, todavía con el traje del trabajo, clavando sus calzoncillos sucios en el suelo. «Llevaban aquí tres días —dijo ella—, así que pensé que querías que formaran parte de la decoración.»

Joanne y Greg acabaron divorciándose, de modo que no estoy sugiriendo que la solución a los conflictos domésticos esté en la ferretería más cercana. La cuestión es que los hombres no suelen darse cuenta de lo importante que es para la mujer tener la casa en orden. Es evidente que hay excepciones a esta regla, pero por lo general es la mujer la que insiste en la cuestión de la limpieza y el orden.

Cuando un hombre no cumple con las tareas que ha acordado realizar, la mujer suele sentir que no la respeta ni la apoya, y esto lleva al resentimiento y a un matrimonio menos satisfactorio. Muchos hombres no comprenden que las labores de casa supongan tanto trabajo para la mujer. Hay que tener en cuenta que muchos de ellos se educaron en hogares tradicionales, donde el padre no realizaba ninguna labor doméstica. Algunos hombres hablan de que los tiempos han cambiado y no es justo que su esposa se ponga a trabajar en casa cuando vuelve de la oficina mientras él se sienta a beber una cerveza. Pero los viejos hábitos son difíciles de eliminar. En el fondo, muchos hombres todavía consideran las labores domésticas cosas de mujeres. Cuando un hombre ayuda en casa, siente que deberían aplaudirle, pero en vez de eso su esposa le pide que haga más, con lo cual él tiene ganas de hacer todavía menos.

Una causa mayor de esta lamentable dinámica es que muchos hombres, como Greg, sobreestiman la cantidad de tareas que realizan. Esto ha sido documentado por la socióloga británica Ann Oakley. Y esto mismo es cierto en mi propia casa. Cuando me quejo de que estoy haciendo todo el trabajo de la casa mi mujer dice «¡Bien!», porque sabe que eso significa que estoy haciendo la mitad.

Solución:

La clave para resolver este problema resulta clara: ¡los hombres tienen que hacer más tareas en casa! A veces los hombres escatiman su colaboración por falta de motivación. Admitámoslo: a nadie le gusta sacar la basura por la noche. De modo que esto tal vez encienda una pequeña chispa de entusiasmo: *las mujeres encuentran extremadamente erótico que los hombres colaboren en la casa.* Cuando el esposo contribuye en las tareas del hogar, el matrimonio afirma tener una vida sexual más satisfactoria que en aquellas parejas en que la esposa cree que el marido no está cumpliendo con su parte. Pero los beneficios se extienden más allá del dormitorio. En estos matrimonios se advierte en las mujeres un ritmo cardíaco más lento durante las discusiones, lo cual significa que es menos probable que las inicien con un planteamiento agresivo, evitando así poner en marcha esa espiral de problemas en la que cabalgan los cuatro jinetes y que conduce al divorcio.

No estoy sugiriendo que todos los hombres realicen un cincuenta por ciento exacto de las labores de casa si quieren salvar su matrimonio y mejorar su vida sexual. La clave no es la cantidad de tareas, sino lo que su esposa considera que es suficiente. En algunas parejas esto puede ser una división equitativa de las tareas, pero en otros casos la mujer quedará satisfecha si él realiza las tareas que ella detesta (como limpiar el baño o pasar la aspiradora, por ejemplo), o incluso si él está de acuerdo en contratar a una mujer de la limpieza algunos días a la semana.

La mejor forma de averiguar hasta qué punto debe colaborar el hombre en casa es que la pareja discuta la siguiente lista. Al precisar con exactitud lo que hace cada uno, contaréis con una base objetiva para determinar lo que *debería* hacer cada uno.

Utilizad la lista para expresaros vuestro punto de vista, cuál consideráis que es la situación actual y cómo os gustaría que fuera. La lista incluye diversas tareas domésticas (como la gestión de las finanzas familiares y varios aspectos del cuidado de los hijos) que pueden ser también causa de conflicto si se considera que la división del trabajo es injusta.

Veréis que surgen ciertos patrones de conducta. Como ya he dicho, los hombres suelen creer que están colaborando más de lo que en realidad colaboran. En muchos matrimonios el esposo realiza las tareas de «fuerza bruta», como lavar el coche o cortar el césped, o trabajos abstractos como la planificación financiera, que no tienen que ser atendidos cada día o con un horario estricto. La mujer suele realizar más de la mitad del trabajo rutinario y diario, como la limpieza de la casa, lo cual le provoca resentimientos.

Lo que hace cada uno

Salir a hacer recados	Ahora:	Ideal:
Llevar la ropa a la lavandería	Ahora:	Ideal:
Limpiar los cristales	Ahora:	Ideal:
Planificar los menús	Ahora:	Ideal:
Hacer la compra	Ahora:	Ideal:
Cocinar	Ahora:	Ideal:
Poner la mesa	Ahora:	Ideal:
Recoger la mesa	Ahora:	Ideal:
Limpiar la cocina	Ahora:	Ideal:
Limpiar los baños	Ahora:	Ideal:
Poner toallas limpias	Ahora:	Ideal:
Mantener las mesas limpias	Ahora:	Ideal:
Orden general	Ahora:	Ideal:
Mantenimiento del coche	Ahora:	Ideal:
Poner gasolina	Ahora:	Ideal:
Atender el correo	Ahora:	Ideal:
Pagar las facturas	Ahora:	Ideal:
Llevar la contabilidad	Ahora:	Ideal:
Escribir cartas	Ahora:	Ideal:
Coger mensajes telefónicos	Ahora:	Ideal:
Devolver llamadas o e-mails	Ahora:	Ideal:
Ahorrar dinero	Ahora:	Ideal:
Sacar la basura	Ahora:	Ideal:

Reciclar	Ahora:	Ideal:
Hacer la colada	Ahora:	Ideal:
Doblar la colada	Ahora:	Ideal:
Planchar	Ahora:	Ideal:
Recoger la ropa limpia	Ahora:	Ideal:
Barrer la cocina	Ahora:	Ideal:
Pasar la aspiradora	Ahora:	Ideal:
Fregar y encerar los suelos	Ahora:	Ideal:
Cambiar las bombillas	Ahora:	Ideal:
Reparaciones caseras	Ahora:	Ideal:
Hacer las camas	Ahora:	Ideal:
Descongelar y limpiar la nevera	Ahora:	Ideal:
Comprar ropa	Ahora:	Ideal:
Planificar los viajes	Ahora:	Ideal:
Hacer reformas en casa	Ahora:	Ideal:
Mantenimiento de la casa	Ahora:	Ideal:
Comprar muebles	Ahora:	Ideal:
Redecorar la casa	Ahora:	Ideal:
Comprar artículos para la casa	Ahora:	Ideal:
Comprar aparatos y electrodomésticos	Ahora:	deal:
Coser y remendar	Ahora:	Ideal:
Ordenar los armarios de la cocina	Ahora:	Ideal:
Tareas del patio y el jardín	Ahora:	Ideal:
Mantenimiento del césped, árboles y arbustos	Ahora:	Ideal:

Gestiones del banco	Ahora:	Ideal:
Cuidado de las plantas interiores	Ahora:	Ideal:
Ordenar los armarios	Ahora:	Ideal:
Preparar la casa para invitados	Ahora:	Ideal:
Preparar fiestas	Ahora:	Ideal:
Comprar regalos a los hijos	Ahora:	Ideal:
Llevar a los hijos al colegio	Ahora:	Ideal:
Recoger a los hijos del colegio	Ahora:	Ideal:
Cuidar de los hijos después del colegio	Ahora:	Ideal:
Comidas de los hijos	Ahora:	Ideal:
Pediatra	Ahora:	Ideal:
Deberes de los hijos	Ahora:	Ideal:
Baños de los hijos	Ahora:	Ideal:
Disciplina de los hijos	Ahora:	Ideal:
Llevar a los niños a la cama	Ahora:	Ideal:
Cuidar al niño enfermo	Ahora:	Ideal:
Manejar las crisis de los hijos	Ahora:	Ideal:
Tratar con las emociones de los hijos	Ahora:	Ideal:
Reuniones de profesores	Ahora:	Ideal:
Tratar con el colegio	Ahora:	Ideal:
Eventos especiales de los hijos	Ahora:	Ideal:
Cumpleaños de los hijos y otras fiestas	Ahora:	Ideal:
Clases de los hijos	Ahora:	Ideal:
Comprar para los hijos	Ahora:	Ideal:

Comprar regalos	Ahora:	Ideal:
Mantener el contacto con la familia	Ahora:	Ideal:
Preparar las vacaciones	Ahora:	Ideal:
Planear las vacaciones	Ahora:	Ideal:
Planear cortas escapadas	Ahora:	Ideal:
Planear salidas románticas	Ahora:	Ideal:
Planear veladas tranquilas en casa	Ahora:	Ideal:
Planear fines de semana	Ahora:	Ideal:
Iniciar las sesiones de sexo	Ahora:	Ideal:
Planear cenas fuera	Ahora:	Ideal:
Salidas familiares, excursiones...	Ahora:	Ideal:
Planificación financiera	Ahora:	Ideal:
Grandes compras (coches, etc.)	Ahora:	Ideal:
Gestión de inversiones	Ahora:	Ideal:
Hablar de la relación	Ahora:	Ideal:
Salidas con amigos	Ahora:	Ideal:
Mantener el contacto con los amigos	Ahora:	Ideal:
Declaraciones de impuestos	Ahora:	Ideal:
Asuntos legales (testamentos, etc.)	Ahora:	Ideal:
Coordinación del cuidado médico de la familia	Ahora:	Ideal:
Medicinas y otros aspectos de la salud	Ahora:	Ideal:
Ejercicio	Ahora:	Ideal:
Salidas de recreo	Ahora:	Ideal:

Ahora tendréis una idea clara de qué tareas realiza cada uno en la casa. Dependiendo de lo que consideréis la situación ideal, tal vez haya llegado el momento de volver a dividir las tareas de modo que el trabajo sea más equitativo. Recordad que la cantidad de tareas que realiza el hombre no tiene por qué ser un factor determinante en la ecuación labores de casa = sexo. Pero hay otras dos variables que sí son determinantes en esta ecuación. La primera es si el hombre realiza sus tareas sin que la mujer tenga que pedírselo. El hombre que funciona de esta forma gana una enorme cantidad de puntos en la cuenta bancaria emocional. La otra variable es si es flexible en sus deberes como respuesta a las necesidades de ella. Por ejemplo, si una noche ve que su esposa está cansada, ¿se ofrece para lavar los platos, aunque le toque a ella? Esto implica que la honra y la respeta. Este tipo de ayuda la excitará más que cualquier vídeo porno.

NUEVOS PADRES

La tarea:

Expandir el sentido de solidaridad para incluir a los hijos.

«Un niño es una bomba. Cuando tienes un hijo es como una explosión en el matrimonio, y cuando el polvo se asienta, el matrimonio es diferente. No tiene por qué ser peor ni mejor, pero sí es diferente», escribía Nora Ephron sobre la ruptura de su anterior matrimonio. Prácticamente todos los estudios sobre la transición de una pareja a la paternidad confirman este hecho. Un hijo provoca cambios sísmicos en un matrimonio. Por desgracia, casi siempre estos cambios son para peor. Durante el primer año tras el nacimiento del primer hijo, el 70 por ciento de las mujeres experimentan una bajada precipitada en su satisfacción matrimonial. (El hombre comienza a sentir la insatisfacción más tarde, como reacción a la infelicidad de su esposa.) Existe toda una variedad de razones que explican esto: falta de sueño, sensación de ser poco apreciada, la enorme responsabilidad de cuidar de una criatura tan pequeña e indefensa, combinar la maternidad con el trabajo, estrés económico y falta de tiempo personal, entre otras cosas.

El gran misterio no es por qué el 70 por ciento de las nuevas madres se sienten tan mal, sino por qué el otro 30 por ciento resulta indemne en esa transición a la maternidad. (De hecho, algunas de estas madres aseguran que su matrimonio nunca había funcionado mejor.) Gracias a las ciento treinta parejas que estudiamos desde recién casados hasta los ocho años de matrimonio, conocemos ahora el secreto para mantener una relación feliz y estable incluso después de la explosión de la «bomba». Lo que distingue a esas madres felices de las demás no tiene que ver con la salud del bebé, si duerme bien o no, si le dan el pecho o el biberón, si trabajan o están en casa. No, el factor determinante es si el esposo vive junto con ella esta transformación en padres, o si se queda atrás.

Un hijo provoca una metamorfosis en la nueva madre. La mujer jamás ha experimentado un amor tan profundo y desinteresado como el que siente por su hijo. Casi siempre la nueva madre vive una profunda reorientación en el sentido de su vida. Descubre que está dispuesta a realizar enormes sacrificios por su hijo, y se maravilla ante la intensidad de sus sentimientos hacia ese pequeño ser. La experiencia altera de tal forma su vida, que si su esposo no la vive con ella es comprensible que se distancien. Cuando la mujer experimenta un nuevo sentido de solidaridad que incluye a su hijo, el esposo puede estar todavía anclado en el viejo «nosotros». De modo que no puede evitar resentirse por el poco tiempo que su esposa parece dedicarle ahora, lo cansada que se encuentra siempre, lo preocupada que está por el niño. El marido está molesto porque ya no van a la playa en bicicleta. Es evidente que quiere al bebé, pero desea vivir como antes. ¿Qué puede hacer?

La respuesta al dilema es simple: no puede recuperar a su esposa de antes, de modo que tiene que seguirla a ese nuevo reino en el que ha entrado. Sólo entonces puede continuar creciendo la relación. Si el hombre es capaz de esto, no estará resentido con el niño. Ya no se sentirá tan sólo esposo, sino también padre, y contemplará a su hijo con orgullo, ternura e instinto de protección.

¿Qué puede hacer una pareja para que el esposo se transforme junto con su mujer? En primer lugar, ignorar algunos consejos populares. Muchos expertos recomiendan considerar el matrimonio y la familia como un balancín, como si nuestras vidas fueran una balanza con el niño en un platillo y el matrimonio en el otro. Se aconseja a las parejas que pasen algún tiempo alejadas del niño y concentradas en el matrimonio y algunos intereses externos: hablar de la relación, de sus trabajos, del tiempo, de cualquier cosa menos del hijo. Pero lo cierto es que matrimonio y familia no son puntos diametralmente opuestos, sino todo lo contrario. Sí, la pareja debería alejarse del niño de vez en cuando, pero si están realizando bien la transición los dos juntos, verán que no pueden ni quieren dejar de hablar del niño. Tal vez no consigan siquiera terminar esa primera cena fuera sin llamar a casa por lo menos dos veces. A menudo estas parejas sienten que están haciendo mal, porque han relegado la relación a un segundo término, eclipsada por su nuevo papel de padres. A resultas de esto se sienten más tensos y confusos. Pero en realidad lo están haciendo muy bien. Lo importante es que vayan los dos en el mismo barco. Mientras sean los dos los que experimenten este cambio, tanto el matrimonio como la relación con los hijos mejorará.

A continuación ofrezco algunos consejos para seguir unidos tras el nacimiento de un hijo:

Concentraos en vuestra amistad

Antes de que nazca el niño, aseguraos de que os conocéis bien el uno al otro. Cuanto más unidos estéis ahora, más fácil será la transición. Si un hombre conoce a su mujer, estará más sintonizado con ella cuando comience el viaje hacia la maternidad.

No excluyas al padre del cuidado del niño

A veces una nueva madre pretende saberlo todo sobre los cuidados del niño. Aunque tal vez admita que deberían compartir estos cuidados, lo cierto es que se adjudica el papel de supervisora y dirige constantemente al nuevo padre e incluso le regaña si no hace las cosas exactamente como ella quiere: «No lo cojas así», «Todavía no ha terminado de eructar», «El agua del baño está demasiado fría». Ante esta andanada, muchos hombres prefieren retirarse, ceder el papel de experta a su mujer (al fin y al cabo sus propios padres tampoco sabían nada de recién nacidos) y aceptar su propia incompetencia. El triste resultado es que cada vez hacen menos, y por tanto cada vez se sienten menos seguros en el cuidado de su propio hijo. Es inevitable que se sientan excluidos.

La solución es sencilla. La nueva madre necesita ceder un poco de espacio. Tiene que admitir que hay más de una forma de coger a un niño. Si no le gusta cómo lo hace su marido, debe recordar que también es hijo de él, y que el niño se beneficiará de la experiencia de contar con dos estilos de cuidados. Algunos baños en agua un poco fría es un precio pequeño para un niño —y para un matrimonio— a cambio del creciente compromiso del padre con la familia. Si la madre siente que los métodos de su esposo son realmente poco seguros, debería dirigirle a su pediatra o recomendarle algún manual sobre el tema. Está bien ofrecer algún que otro consejo, siempre con suavidad y en el momento oportuno (no olvides comenzar sin agresividad), pero los sermones y las críticas son contraproducentes.

Las horas de las comidas del bebé pueden ser especialmente difíciles para el nuevo padre. La envidia de pene es tal vez un mito freudiano, pero la envidia de pecho existe en casi todas las casas en que la madre da de mamar al niño. El hombre no puede evitar sentirse celoso al ver ese hermoso lazo de unión entre su esposa y el bebé. Es como si los dos formaran un encantador círculo en el que él no puede entrar. Para responder a esta necesidad, algunos catálogos de primera infancia ofrecen artículos que permiten a los hombres una aproximación a la experiencia de dar el pecho. ¡Existe incluso un aparato que se puede atar al pecho y que vierte leche templada al bebé a través de unos senos de plástico! Pero la mayoría de las parejas no necesita recurrir a estos artilugios para que el hombre se sienta incluido. El esposo, por ejemplo, puede encargarse de llevar el niño a la madre cuando es la hora de comer, o de sostener al bebé mientras eructa. También puede adquirir la costumbre de sentarse con su esposa y su hijo mientras ella le da el pecho, acariciando la cabeza del bebé, o cantándole nanas.

El padre como compañero de juegos

Algunos hombres me han confesado que no se sienten muy unidos al niño hasta que éste crece y aprende a andar, hablar y jugar. Por desgracia, para entonces la distancia con la familia ha creado fisuras en el matrimonio. La razón de que los hombres tarden más en crear un lazo de unión con sus hijos es que, como incontables estudios han confirmado, las mujeres tienden más a cuidar y proteger al pequeño, mientras que los hombres se sienten más inclinados a jugar con él. Y puesto que muchos hombres asumen que no pueden jugar con un bebé indefenso, no se sienten muy unidos a su hijo durante el primer año, que es tan importante.

Pero los padres que dedican tiempo a sus hijos descubren que un bebé no es un bulto que no hace más que llorar, mamar, orinar y dormir. Incluso los recién nacidos pueden ser buenos compañeros de juegos. Los niños empiezan a sonreír a los tres meses. Ya antes pueden seguir movimientos con los ojos. Pronto aprenden a reír y a dar patadas de puro deleite. En pocas palabras, el padre que aprende a conocer a su hijo bañándolo, cambiándole los pañales y dándole de comer descubrirá que le encanta jugar con él, y que tiene un papel especial en su vida.

Reservad un tiempo para vosotros

Parte de la transición a la paternidad implica otorgar una prioridad (si bien secundaria) al matrimonio. Recurrid a niñeras, parientes o amigos para poder disponer de tiempo para vosotros. Pero recordad que vuestras salidas no serán un «fracaso» porque os paséis el rato hablando de vuestro hijo. A medida que el niño vaya creciendo, hasta llegar a la edad escolar, vuestras conversaciones no siempre gravitarán en torno a él o a vuestro papel como padres.

Sé sensible a las necesidades del padre

Incluso si él es un buen compañero de juegos y está realizando el cambio de actitud hacia la paternidad junto con la madre, el hombre se sentirá un poco abandonado por la incesante y enorme necesidad que el niño tiene de la madre. Aunque el padre comprenda intelectualmente que las necesidades del niño tienen prioridad sobre las suyas propias, no podrá evitar echar de menos a su esposa. Cuanto más reconozca la mujer todo lo que él ha «perdido», y cuanto más le haga saber lo importante que él sigue siendo para ella, más comprensivo será el hombre, y más apoyo le ofrecerá. Si ella nunca tiene tiempo para él, el hombre tenderá a apartarse de la relación.

Un descanso para la madre

A pesar de todas las maravillas que una madre experimenta durante el nacimiento y desarrollo del bebé, lo más probable es que se encuentre exhausta. Sería beneficioso para el matrimonio que el marido modificase su horario de trabajo para poder llegar a casa antes, y que durante los fines de semana se hiciese cargo de las tareas de la madre para que ella disponga de un tiempo para dormir, ver a alguna amiga, ir al cine o hacer cualquier otra cosa que necesite para sentir que sigue formando parte del mundo.

Las parejas que sigan este consejo descubrirán que la paternidad no tiene por qué minar la relación sino que, al contrario, la eleva a un nuevo nivel de unión, comprensión y amor.

En este capítulo he intentado ofrecer consejos prácticos para resolver algunos de los problemas que surgen en el matrimonio. Pero a veces, por mucho que nos esforcemos en resolver un conflicto, no logramos encontrar una solución. Si este es el caso, nos encontramos ante un problema irresoluble. Uno de los mayores desafíos a los que se enfrenta la pareja es encontrar el modo de evitar o salir del estancamiento que estos problemas provocan. Mi siguiente principio explica cómo salvar o proteger el matrimonio de las diferencias irreconciliables entre marido y mujer.

10

Sexto principio: Salir del estancamiento

Tú quieres tener hijos, él no. Ella quiere que vayáis a la iglesia juntos, tú eres ateo. Él es una persona casera, tú estás dispuesta a ir de fiesta todas las noches. Si os sentís estancados en un problema que no podéis resolver, os consolará saber que otras parejas han manejado conflictos similares con aplomo, tratándolos como tratarían un dolor de espalda o una alergia. Cuando uno está estancado, parece imposible contemplar el conflicto como si fuera una alergia con la que se pueda convivir. Pero lo cierto es que podemos hacerlo.

El objetivo aquí no consiste en solucionar el problema, sino en pasar del estancamiento al diálogo. El conflicto estancado será probablemente perpetuo en vuestro matrimonio, pero algún día seréis capaces de hablar de él sin haceros mutuo daño. Aprenderéis a vivir con el problema.

Para salir del estancamiento, primero tenéis que comprender su causa. Tanto si el problema es trascendental (como en qué religión educar a vuestros hijos), o trivial (cómo doblar las servilletas en la mesa), el estancamiento indica que teníais ciertos sueños que no se están realizando o que no respetáis vuestros respectivos sueños. Al decir sueños me refiero a esperanzas, aspiraciones y deseos que forman parte de la identidad y dan propósito y sentido a la vida.

Los sueños operan a muy distintos niveles. Algunos son muy prácticos (por ejemplo, el deseo de ahorrar cierta suma de dinero), otros son más profundos. Muy a menudo esos sueños profundos permanecen ocultos mientras los más rutinarios se apilan sobre ellos y son más fáciles de ver. Por ejemplo, bajo el anhelo de tener mucho dinero puede haber una necesidad más profunda de seguridad.

La materia de los sueños

Muchos de nuestros sueños más profundos tienen sus raíces en la infancia. Tal vez desees recrear algunos de los mejores recuerdos de tu vida familiar (por ejemplo, cuando cenabais juntos todas las noches sin la interrupción de la televisión o el teléfono). O tal vez sientas la necesidad psicológica de distanciarte de unos recuerdos dolorosos de la infancia (por ejemplo, tal vez te resistas a celebrar cenas familiares porque las de tu infancia solían ser escenario de hostilidad entre tus padres).

A continuación ofrezco una lista de sueños profundos comunes, expresados por las parejas con que he trabajado.

1. Sensación de libertad.
2. Paz y sosiego.
3. Unidad con la naturaleza.
4. Explorar la propia identidad.
5. Aventura.
6. Viaje espiritual.
7. Justicia.
8. Honor.
9. Unidad con mi pasado.
10. Sanación.
11. Conocer a mi familia.
12. Llegar a ser todo lo que puedo ser.
13. Sensación de poder.
14. Saber envejecer.
15. Explorar mi parte creativa.
16. Ser más poderoso.
17. Superar sufrimientos pasados.
18. Ser más competente.

19. Pedir perdón a Dios.
20. Explorar una vieja parte de mí que he perdido.
21. Superar algún trauma personal.
22. Sensación de orden.
23. Ser productivo.
24. Un lugar y un momento para, sencillamente, «ser».
25. Ser capaz de relajarme de verdad.
26. Reflexionar sobre mi vida.
27. Poner en orden mis prioridades.
28. Terminar algo importante.
29. Explorar mi parte física.
30. Ser capaz de competir y ganar.
31. Viajar.
32. Quietud.
33. Expiación.
34. Construir algo importante.
35. Terminar un capítulo de mi vida despidiéndome de algo.

Todos estos sueños son hermosos. Ninguno es en sí dañino para el matrimonio. Pero pueden causar problemas si están ocultos o si nuestra pareja no los respeta. Cuando esto sucede, tal vez tengamos peleas abiertas sobre el tema, o tal vez el tema quede soterrado y se exprese sólo de forma simbólica. En este último caso, la pareja puede pensar que el motivo de la pelea es salir o no a cenar fuera los domingos, pero el conflicto real es mucho más profundo que una salida al restaurante. La noche del domingo es algo especial para los dos, algo que tiene raíces en su infancia. Ella sueña con salir porque eso era lo que su familia hacía todos los domingos, un lujo que la hace sentirse especial. Pero para su esposo, el auténtico lujo era que su madre cocinara para la familia, cosa que sólo hacía los domingos. De modo que la cuestión de salir a un restaurante es en realidad simbólica, y representa aquello que hace que cada uno se sienta querido.

Cuando los sueños se respetan

¿Por qué algunas parejas manejan con tanto éxito estos conflictos mientras que otras quedan estancadas? La diferencia está en que la pareja feliz comprende que uno de los objetivos del matrimonio es ayudar al otro a realizar sus sueños. «Queremos saber lo que el otro desea en la vida», dice Justine, refiriéndose a ella y su marido. Esto es justamente lo que sucede en las parejas emocionalmente inteligentes. En los matrimonios felices los cónyuges incorporan los objetivos de su pareja en su concepto de matrimonio. Estos objetivos pueden ser concretos, como vivir en cierto tipo de casa u obtener cierta licenciatura universitaria, pero también pueden ser intangibles, como el deseo de sentirse a salvo o de vivir la vida como una gran aventura.

Shelley quiere ir a la universidad. La abultada nómina de Marcolm se lo permite. Pero él quiere dejar su trabajo en márketing porque su sueño es ser su propio jefe y construir barcos. En un matrimonio feliz, ninguno de los cónyuges insistirá o manipulará al otro para que renuncie a sus sueños, sino que trabajarán en equipo. Ambos tendrán en cuenta los deseos del otro.

Tal vez Malcolm decida seguir trabajando hasta que Shelley termine los estudios. O tal vez ella estudie sólo media jornada o posponga los estudios durante un tiempo acordado. Quizá, por cuestiones prácticas, alguno de los dos tenga que renunciar de momento a su sueño. Pero la cuestión es que el concepto de matrimonio implica para los dos el apoyo a sus sueños. Su modo de tomar decisiones, con respeto mutuo y reconocimiento de las aspiraciones del otro, es en parte lo que hace que su matrimonio tenga sentido para ellos.

Un caballo llamado *Daphne*

Cuando alguno de los cónyuges no aprecia la importancia de apoyar los sueños del otro, el estancamiento es casi inevitable. Ésta era la causa de serios problemas matrimoniales entre Ed y Luanne, una pareja de Seattle a la que entrevistamos en el laboratorio del amor para el programa *Dateline NBC*. Era evidente que seguían queriéndose, pero su problema venía provocado por *Daphne*, un caballo de nueve años propiedad de Luanne, con el que ella solía participar en competiciones ecuestres.

Antes de casarse, Ed estaba encantado con *Daphne*. Pero ahora que tenía que hacer frente a los gastos de su mantenimiento, el caballo se había convertido en fuente de tensión en el matrimonio. Ed quería que Luanne lo vendiera para poder ahorrar dinero. Cuanto más discutían sobre vender a *Daphne*, más miedo tenía él de que a ella le importara más el caballo que su matrimonio.

La pareja discutió el problema en sesiones de quince minutos, fragmentos de las cuales fueron emitidas en el programa. Entre estas sesiones mi equipo y yo les aconsejábamos, enseñándoles a emplear las técnicas que encontrarás en este capítulo. Sugerimos a Luanne que no renunciara a su sueño, y que hiciera comprender a Ed que él era el primero en su corazón. Yo ayudé a Ed a comprender que parte de su papel como esposo era ayudar a Luanne a realizar su sueño de participar en competiciones ecuestres con *Daphne*. Ed tenía que aceptar también la influencia de Luanne a la hora de tomar decisiones. Al final de las tres sesiones, ambos habían dado un gran paso en su matrimonio. Cuando Ed dijo que apoyaría su decisión de quedarse con *Daphne*, la sonrisa de Luanne iluminó la pantalla.

Hoy en día, dos años y medio después, siguen felizmente casados. Luanne ha vendido a *Daphne* (aunque todavía va a verla de vez en cuando) para poder alquilar un caballo más joven. Sigue participando en competiciones, y Ed sigue apoyando su derecho a hacerlo.

CUANDO LOS SUEÑOS ESTÁN OCULTOS

En el caso de Ed y Luanne parecía que el sueño era la causa de su conflicto. Lo que debían hacer era respetar ese sueño y las necesidades de cada uno. Pero para muchas parejas el sueño que provoca el conflicto no es tan evidente. Sólo descubriéndolo podrá salir la pareja del estancamiento.

Veamos el caso de Katherine y Jeff. Habían estado felizmente casados, hasta que ella se quedó embarazada. De pronto, le pareció a Jeff, la fe católica se convirtió en algo central en la vida de ella. Jeff era agnóstico, y cuando averiguó que ella había estado hablando con su padre de bautizar al niño, se quedó de piedra. No deseaba que su hijo tuviera ninguna educación religiosa.

Cuando ambos discutieron el problema en nuestro laboratorio, resultó evidente que estaban estancados. Advertí que el matrimonio corría serio peligro, porque se habían distanciado el uno del otro. Ni siquiera discutiendo temas tan personales como la fe y la familia alzaron la voz, lloraron, sonrieron o se tocaron. Podían hablar intelectualmente de sus diferencias de opinión, pero se habían distanciado emocionalmente. Y puesto que su problema era en realidad emocional —ya que concernía a sus sentimientos sobre la familia, la paternidad y la religión—, no podría resolverse por muchos análisis intelectuales que efectuaran.

En la siguiente sesión sugerí que en lugar de intentar resolver el problema se escucharan mutuamente hablar de lo que la religión significaba para ellos. Era la única forma de acceder a los sueños ocultos que provocaban el conflicto. Katherine explicó que sus creencias la habían ayudado mucho en tiempos difíciles. Sus padres se habían divorciado en muy malos términos. Durante diez años su padre no había tenido ningún contacto con la familia, y su madre estaba tan deprimida que Katherine no podía contar con ella. Se sentía totalmente sola y abandonada. Hasta que recurrió a la Iglesia. Entonces no sólo se sintió acompañada por los otros creyentes, sino que también tuvo el consuelo del predicador. A la hora de la verdad, sentir el amor de Dios fue un hondo consuelo para ella. Katherine se echó a llorar al recordar aquellos tiempos difíciles.

Jeff, por su parte, contó que había sido agnóstico toda la vida. Su familia, a diferencia de la de Katherine, era sólida y cariñosa. Cuando Jeff tenía un mal momento siempre recurría a sus padres, y quería que su hijo tuviera en él y Katherine la misma confianza. Temía que si era «adoctrinado» en la Iglesia, la religión interferiría en esta relación, y el niño aprendería a recurrir a Dios en lugar de a sus padres.

Jeff y Katherine tenían sueños opuestos: él se imaginaba una familia feliz que ofrecería todo el amor y el apoyo que sus hijos necesitaran, y veía la religión como una amenaza a esta relación; para ella, al contrario, la religión era un sistema vital de apoyo que quería ofrecer a sus hijos.

Una vez que estos sueños se discutieron abiertamente, el ambiente en la sala cambió de forma drástica. Jeff dijo a Katherine que la quería. Por fin comprendió que su deseo de bautizar al niño provenía de su hondo amor por ese hijo. Se dio cuenta de que era lógico que, por ese amor, quisiera proteger al niño de todo el sufrimiento que ella misma había experimentado. Esto lo ayudó a conectar de nuevo con sus hondos sentimientos por Katherine, que habían quedado soterrados bajo toda aquella amargura y rabia.

En la primera sesión no había surgido ninguna emoción entre la pareja. Pero esta vez se leía la compasión en el rostro de Jeff mientras escuchaba a su esposa hablar de su infancia. Cuando ella se echó a llorar, él le ofreció un pañuelo y la animó a seguir hablando. Katherine, por su parte, escuchó la historia de su marido con suma atención.

Ahora que el conflicto auténtico había quedado desvelado pudieron hablar de la futura educación de su hijo intentando satisfacer ambos puntos de vista. Jeff aceptó que fuera bautizado. Él siempre seguiría siendo un agnóstico, dijo, pero no le importaría que su hijo recibiera una rudimentaria educación católica. Sin embargo se oponía a que la educación fuera intensa, porque temía que la Iglesia impusiera sus ideas al niño. Katherine aceptó este compromiso.

Es poco probable que temas como este se resuelvan en una sola sesión, pero Jeff y Katherine habían dado un primer paso muy importante. Se habían acercado el uno al otro y habían mostrado respeto por sus respectivos sueños sobre el niño. Convinieron en acudir a un consejero para seguir trabajando sobre este tema. ¿Se resolverá alguna vez este conflicto en su matrimonio? Probablemente no. Pero Jeff y Katherine han aprendido a convivir con él.

Si sientes que tu matrimonio ha quedado estancado en algún problema, el primer paso es identificar qué sueños son la causa del conflicto. Un buen indicativo de que estás tratando con sueños ocultos es pensar que tu pareja es la única culpable del problema. Si te descubres diciendo, por ejemplo, que el problema es que él es un vago o que ella es una irresponsable, esto es señal de que existe un sueño oculto. Tú no te sientes culpable en absoluto del conflicto porque no puedes ver tu participación en él.

Descubrir un sueño oculto no es fácil. Es improbable que el sueño emerja hasta que sientas que puedes hablar de él tranquilamente con tu pareja. Por eso es tan importante trabajar en los primeros tres principios, descritos en los capítulos 3, 4 y 5, para fortalecer la amistad con tu cónyuge.

Seguid trabajando en los conflictos insolubles. Las parejas exigentes con su matrimonio tienen más probabilidades de disfrutar una relación satisfactoria que aquellas que renuncian a sus expectativas.

Cuando comiences a reconocer y aceptar tus sueños, tal vez parezca que el problema con tu pareja empeora en lugar de mejorar. Ten paciencia. El reconocimiento y la defensa de tus sueños en el matrimonio no es fácil. La misma naturaleza del estancamiento significa que tu sueño y el de tu pareja están en oposición, de modo que ambos os habéis atrincherado en vuestras posiciones y teméis aceptar la influencia del otro.

Una vez estéis preparados para salir del estancamiento, esto es lo que tenéis que hacer:

Paso 1: convertirte en detective de sueños

Muy a menudo los sueños profundos quedan soterrados en el matrimonio porque suponemos que así debe ser si queremos que funcione la relación. Es común que ninguno de los cónyuges sienta que tiene derecho a sus requerimientos. Tal vez piensen que sus deseos son «infantiles» o «inviables». Pero estas etiquetas no cambian el hecho de que los sueños son algo que deseamos, y si el matrimonio no los satisface, es casi inevitable que surjan conflictos. En otras palabras, cuando nos adaptamos al matrimonio enterrando un sueño, el sueño vuelve a surgir bajo la forma de un conflicto estancado.

Ejercicio 1: Detectar los sueños

Con este ejercicio adquirirás práctica para descubrir los sueños ocultos. Más adelante ofrezco seis ejemplos de problemas estancados comunes. Lee cada uno y piensa qué sueños pueden estar ocultos tras la perspectiva de cada cónyuge. Inventa una breve historia que explique el sueño y la postura de cada uno. Imagina en cada caso que eres tú quien se encuentra en esa situación, y que te resulta muy difícil ceder terreno. Piensa en lo que tu posición significa para ti y cuándo pudo surgir ese sueño en el pasado. Imaginar los sueños de otras personas te ayudará a abrir la puerta de aquellos deseos que están provocando estancamiento en tu matrimonio.

Éste es un ejercicio creativo en el que no existen respuestas correctas o incorrectas. Para comenzar he incluido posibles sueños e historias para las dos primeras parejas. Las respuestas al resto de los casos se encuentran en la página 247. Intenta no mirar las soluciones hasta que hayas inventado tus propias historias. Sacarás mucho más beneficio de este ejercicio.

Pareja 1

ÉL: Creo que mi mujer es demasiado limpia y ordenada. Me paso el día buscando cosas que ella ha guardado. Creo que no es considerada conmigo y es demasiado dominante. Estoy harto.

Mis sueños en este conflicto podrían ser:

Mis padres eran muy estrictos y disciplinarios. Consideraban que cualquier desacuerdo con ellos era una insubordinación. A resultas de esto me convertí en un rebelde. Admito que tengo un problema con la autoridad, y por eso decidí montar mi propio negocio. Mi sueño es poder ser yo mismo en mi casa, lo cual significa no tener que seguir ningún sistema de reglas estrictas. Quiero que mis hijos cuestionen la autoridad y piensen por sí mismos, no que aprendan simplemente a ser obedientes. Quiero sentirme libre en mi casa, permitirme el lujo de ser un poco dejado a veces.

ELLA: Me gusta tener orden y limpieza en casa. Estoy siempre limpiando y recogiendo lo que mi marido ensucia. Creo que está siendo desconsiderado, y estoy harta.

Mis sueños en este conflicto podrían ser:

Crecí en un hogar caótico. Cuando era pequeña no podía contar con nada. Nunca sabía quién iba a llevarme al colegio o quién iba a recogerme. Mi madre siempre se olvidaba de ir a buscarme, y a veces yo la odiaba por eso. En casa muchas veces no había cena, o no tenía ropa limpia. Tuve que ser yo quien creara una sensación de orden y responsabilidad para mis hermanos pequeños, y yo odiaba tener que hacer todo aquello. Mi sueño es ofrecer a mis hijos y mi familia un entorno más saludable. Para mí el orden significa seguridad y paz. Eso es lo que quiero para mis hijos. Cuando la casa está hecha un desastre vuelvo al caos de mi infancia.

Pareja 2

ÉL: Mi esposa es muy emotiva y se queja de que soy frío. Pero yo creo que ella es demasiado exagerada en sus reacciones y a veces se descontrola. Tal vez es demasiado sensible. Para mí la mejor forma de enfrentarse a situaciones emocionales es ser racional, no dejar que las emociones nos desborden. Mi esposa dice que soy demasiado distante.

Mis sueños en este conflicto podrían ser:

Crecí en una familia en la que todo se discutía. Nos encantaba discutir unos con otros. Mi padre solía hacerme una pregunta, cuestio-

nar mi respuesta y luego asumir una postura totalmente contraria a la mía. Entonces comenzaba el debate. A todos nos gustaba. Pero en estos debates estaba prohibido dejarse llevar por las emociones. En cuanto alguien se apasionaba demasiado el debate terminaba. De modo que mi familia valoraba mucho la capacidad de mantener el control de las emociones. Y todavía es así. Sí, tal vez debería ser más emotivo, pero no he recibido esa educación. Mi sueño es ser fuerte, y para mí ser emotivo es una debilidad.

ELLA: Soy una persona muy emotiva y mi esposo es demasiado frío. A veces siento que es «falso», distante, como si no estuviera presente. Casi nunca sé lo que siente. Esta diferencia entre nosotros me exaspera.

Mis sueños en este conflicto podrían ser:

Soy una persona emotiva. Para mí la vida consiste en sentir, en estar en contacto con las cosas, en responder a ellas. Eso es lo que debería significar la palabra «responsable»: ser capaz de responder, de reaccionar. Es lo que más valoro. Reacciono ante todo lo que me rodea, me emociono con el arte, la arquitectura, los niños, los cachorros, las competiciones deportivas, las películas, todo. Ser emotiva es para mí estar viva. Así es como me educaron, y me alegro. Mi sueño es compartir mis emociones con la persona que quiero. Si no es posible, el matrimonio me parece muerto, falso.

Pareja 3

ÉL: Mi esposa es demasiado celosa, sobre todo en las fiestas. Yo creo que las reuniones sociales son una ocasión para conocer gente nueva, cosa que encuentro muy interesante. Pero mi esposa se pega a mí y no se sabe relacionar. Dice que yo coqueteo con otras mujeres, pero no es cierto, y encuentro insultante que me acuse de ello. No sé cómo asegurarle que no es verdad, y estoy harto de que no confíe en mí.

Mis sueños en este conflicto podrían ser:

ELLA: En fiestas y reuniones mi marido mira a otras mujeres y coquetea con ellas. Esto me preocupa y me humilla. Se lo he comentado muchas veces, pero no cambia de actitud.

Mis sueños en este conflicto podrían ser:

Pareja 4

ELLA: Mi marido quiere hacer el amor con más frecuencia que yo. No sé qué hacer cuando acude a mí buscando sexo. No sé cómo decir que no sin herirle. Me siento como un ogro. No sé cómo hacer frente al problema.

Mis sueños en este conflicto podrían ser:

ÉL: Me gusta hacer el amor con más frecuencia que a mi mujer. Cada vez que me rechaza me siento herido. Me parece que no le resulto atractivo, que no me desea. No sé cómo hacer frente al problema.

Mis sueños en este conflicto podrían ser:

Pareja 5

ELLA: Creo que mi marido es demasiado tacaño, y no le gusta gastar dinero en diversiones o simplemente en disfrutar de la vida. También me molesta no tener más libertad personal en lo referente al dinero.

Mis sueños en este conflicto podrían ser:

ÉL: Creo que mi esposa no sabe controlar el dinero y gasta sin pensar y de forma egoísta.

Mis sueños en este conflicto podrían ser:

Pareja 6

ELLA: A mi marido le gusta estar muy en contacto con nuestras familias, pero para mí la familia es fuente de tensión y decepción. Yo me he alejado de mi familia, y me gustaría estar todavía más lejos.

Mis sueños en este conflicto podrían ser:

ÉL: Me gusta estar en contacto con mi familia, al contrario que a mi mujer. Para mí la relación con la familia es muy importante. Ella quiere mantenerse independiente de ellos.

Mis sueños en este conflicto podrían ser:

Respuestas

Pareja 3

ÉL: *De ninguna manera coqueteo, ni me interesa ninguna mujer que no sea mi esposa. Lo que pasa es que las fiestas son mi única posibilidad de satisfacer mi parte social y de desfogarme un poco. Cuando voy a una fiesta no quiero ser responsable de nadie. Mi sueño es sentirme libre para explorar.*

ELLA: *Siempre he querido sentir que yo era «suficiente» para alguien especial en mi vida. Ése es mi sueño: sentirme de verdad atractiva y deseable ante mi compañero. Quiero que mi pareja se interese por mí, por conocerme y saber qué pienso. Me parecería muy romántico ir a una fiesta con mi marido y que él ni siquiera se diera cuenta de que hay otras personas, que sólo tuviera ojos para mí y estuviera dispuesto a pasarse horas charlando y bailando conmigo.*

Pareja 4

ELLA: *Hace mucho tiempo abusaron de mí sexualmente. Yo no pude defenderme, y fue horroroso. Yo sé que mi pareja no tiene la culpa de esto, pero sólo me siento bien haciendo el amor cuando yo dicto los términos. Nuestra relación es dulce y me ha ayudado a recuperarme, pero probablemente jamás superaré del todo este trauma. Mi sueño es practicar el sexo sólo según mis términos.*

ÉL: *Mi sueño es que mi mujer lleve la iniciativa en el sexo y se deje llevar por la pasión, que yo le resulte irresistible. Sé que no soy muy atractivo, pero tampoco estoy tan mal.*

Pareja 5

ELLA: *La vida es demasiado corta para andar ahorrando para el futuro. Sé que es necesario contar con cierta seguridad, pero no quiero vivir sólo para el mañana. No quiero sentir que la vida pasa de largo. Y eso es lo que siento muchas veces, que no soy bastante especial para «despilfarrar» dinero en mí. Quiero sentirme viva y especial. Supongo que la causa de esto es que durante un tiempo tuve que apretarme el cinturón. Pero ahora que gano un buen sueldo ya no tengo que hacer economías.*

ÉL: *Quiero disfrutar de la vida, pero dentro de unos límites. Para mí el problema del mundo es la avaricia. La gente parece no tener nunca suficiente de nada. No hay más que ver a los americanos cuando salen de vacaciones, con todo lo que llevan, caravanas, motos, barcos, coches. Yo no quiero acumular cosas. Quiero estar satisfecho con lo mínimo, y con un mínimo de dinero. No necesito mucho para ser feliz. Me considero una especie de monje, alguien con un propósito en la vida. Un monje necesita muy poco, está satisfecho y tiene en cuenta las muchas bendiciones de la vida. Así que creo que hay que ahorrar y gastar poco. Es una cuestión moral. ¿De dónde proviene esto? Creo que de mi padre, que también era una persona muy austera. Gracias a él nuestra familia siempre vivió bien. Y cuando murió, mi madre no pasó necesidades. Yo respeto lo que él logró.*

Pareja 6

ELLA: *Mi familia es desastrosa, y tuve que hacer un gran esfuerzo por apartarme de ella. Mis padres eran muy fríos y distantes. Mi hermana terminó en un manicomio y mi hermano se convirtió en un drogadicto. Yo fui la única que escapó. Para ello tuve que distanciarme de mi familia y apegarme a los amigos. Las amistades siempre han sido muy importantes para mí. Ahora me da un poco de miedo estar en contacto con la familia de mi esposo, porque veo algunas conductas parecidas a las de la mía. Mi sueño es formar nuestras propias costumbres familiares y mantener nuestra independencia.*

ÉL: *Para mí la familia ha sido siempre muy importante. Recuerdo que muchos domingos venían a mi casa veinte o treinta parientes. Tomábamos café y pastas toda la tarde, se contaban historias, jugábamos a las cartas y lo pasábamos muy bien. Luego solía haber una cena estupenda. Incluso durante los tiempos difíciles mi madre supo hacer siempre comida para uno más. Mi sueño es tener en mi propia familia esta sensación de unidad, cercanía y apoyo.*

PASO 2: TRABAJAR EN UN PROBLEMA ESTANCADO

Ahora que tienes un poco de práctica en descubrir sueños, intenta trabajar en tu propio matrimonio. Escoge un problema estancado y escribe una explicación de tu postura. No critiques ni culpes a tu pareja. Utiliza los ejemplos anteriores como guía (advierte que estas personas no hablan mal de sus parejas, sino que se centran en lo que cada uno necesita, desea y siente sobre la situación). Escribe a continuación la historia de los sueños que se ocultan bajo tu postura. Explica de dónde provienen y por qué son tan importantes para ti.

Una vez tu pareja y tú comprendáis los sueños que están provocando el conflicto, es momento de que habléis de ellos. Cada uno hablará durante quince minutos. No intentéis resolver el problema, porque puede ser contraproducente. El objetivo es simplemente entender por qué el problema os afecta tanto a cada uno.

Tarea del que habla: Habla sinceramente de tu postura y de lo que significa para ti. Describe el sueño que la motiva. Explica de dónde proviene ese sueño y qué simboliza. Habla con claridad y honestidad sobre lo que quieres y por qué es tan importante. Habla como si estuvieras contándole tus anhelos a un buen amigo o a una persona neutral. No intentes censurar o minimizar tus sentimientos por miedo a herir a tu pareja o a discutir. Si esto te resulta difícil, repasa los consejos del capítulo 8 para suavizar el planteamiento de las conversaciones. Puedes aplicar aquí algunas de aquellas técnicas, como la de expresarte con frases en primera persona y hablar sólo de *tus* sentimientos y *tus* necesidades. No es el momento de criticar o discutir con tu pareja. Lo que sientas hacia tu pareja en relación con este sueño es un tema tangencial que no debéis tratar en este momento.

Tarea del que escucha: No juzgues. Escucha como si fueras un amigo. No te tomes como algo personal el sueño de tu pareja, aunque esté en oposición a tus sueños. No estés pensando qué vas a responder o cómo resolver el problema. Tu tarea en este momento es oír a tu pareja y animarla a explorar su sueño. A continuación propongo algunas preguntas de apoyo. No tienes por qué expresarlas al pie de la letra, sino con tus propias palabras:

- Cuéntame de dónde surgió eso. Me gustaría entender qué significa para ti.
- ¿Qué es lo que crees sobre este tema?
- ¿Qué sientes al respecto?
- ¿Qué quieres? ¿Qué necesitas?
- ¿Qué significan estas cosas para ti?

No:

GEORGIA: Siempre he soñado con hacer una expedición de escalada al Everest.

NATHAN: En primer lugar no podemos permitirnos una cosa así.

Además, no se me ocurre nada más estresante que la escalada. Me da vértigo sólo subirme a una mesa.

G.: Olvídalo.

Sí:

G.: Siempre he soñado con hacer una expedición de escalada al Everest.

N.: Háblame de lo que significa para ti escalar una montaña. ¿Qué supondría para ti?

G.: Creo que sentiría una inmensa alegría, como si estuviera en la cima del mundo. Cuando era pequeña siempre me decían que era débil y que no podía hacer nada. Mis padres siempre andaban diciendo «Cuidado, cuidado». Escalar una montaña sería lo más liberador que podría hacer. Me sentiría de lo más realizada.

Di a tu pareja que apoyas su sueño. Esto no significa necesariamente que creas que el sueño pueda o deba realizarse. Existen tres niveles en los que puedes honrar el sueño de tu pareja, y todos son beneficiosos para tu matrimonio. El primero es expresar tu comprensión e interesarte en saber más sobre el sueño, aunque no lo compartas. Por ejemplo, Nathan podría apoyar la decisión de Georgia de apuntarse a un curso de escalada, y podría escucharla y poner entusiasmo cuando ella habla del tema. El segundo nivel sería ofrecer apoyo financiero. En este caso Nathan podría ofrecerse a costear una excursión de escalada. El tercer nivel sería formar parte del sueño, por ejemplo, si Nathan se dedicara también a escalar.

Reconocer y respetar las esperanzas y sueños más profundos y personales del otro es la clave para salvar y enriquecer el matrimonio.

Descubrirás que eres capaz de apoyar completamente algunos de los sueños de tu pareja, mientras que con otros no podrás pasar del primer nivel de comprensión e interés. Eso está bien. Para superar un estancamiento no es necesario que tomes parte en los sueños de tu pareja (aunque esto enriquecería todavía más el matrimonio), sino simplemente honrar esos sueños. Al fin y al cabo no querrás salirte siempre con la tuya a expensas de ahogar a tu pareja.

PASO 3: TRANQUILIZARSE EL UNO AL OTRO

Discutir sueños que están en oposición puede ser una actividad muy estresante. Puesto que no conseguiréis nada si llegáis a sentiros abrumados, tomaos un descanso antes de intentar salir del estancamiento. Recurrid a los ejercicios del capítulo 8 («Tranquilízate tú mismo y a tu pareja», p. 193).

PASO 4: SALIR DEL ESTANCAMIENTO

Ahora ha llegado el momento de hacer las paces con el conflicto, aceptar las diferencias entre vosotros y establecer algún compromiso inicial que os ayude a seguir discutiendo el problema de forma amistosa. Comprender a tu pareja no es resolver el conflicto. Lo más probable es que nunca desaparezca por completo. El objetivo es limarle las asperezas, intentar suavizarlo de modo que deje de ser causa de gran sufrimiento.

Este proceso se inicia utilizando el ejercicio de los círculos («Encontrar un terreno común») de la p. 198. Definid las mínimas áreas en las que no podéis ceder. Para esto necesitáis buscar en vuestro propio corazón y diseccionar el problema en dos categorías. En una de ellas poned todos los aspectos en que no podéis ceder sin violar vuestras necesidades o valores básicos. La segunda categoría incluye todos los aspectos en que podéis ser flexibles porque no son tan importantes para vosotros. Intentad ampliar esta segunda categoría tanto como sea posible.

Leed vuestras respectivas listas y trabajad en ellas juntos. Con las habilidades aprendidas en el capítulo 8, llegad a un compromiso temporal. Ponedlo a prueba un par de meses y sometedlo luego a revisión. No esperéis que esto resuelva el problema. Lo que sí es cierto es que os ayudará a vivir con él mejor.

Sally, por ejemplo, cree que hay que vivir el momento, y tiende a ser espontánea y a gastar dinero. Sin embargo, el principal objetivo de Gus es la seguridad. Toma las decisiones pensándoselas bien y es una persona austera. Sus diferencias chocan cuando Sally sugiere comprar una cabaña en el campo. Gus se niega, porque no pueden permitírselo económicamente. Sally insiste en que sí pueden.

Estuvieron un año estancados en este conflicto. Cada vez que intentaban discutirlo terminaban peleando a gritos. Gus decía que ella era una soñadora irresponsable, siempre dispuesta a despilfarrar el dinero que a él le cuesta tanto trabajo ganar. Sally lo acusaba de querer eliminar cualquier diversión y alegría.

Para salir de este estancamiento, Gus y Sally tienen primero que explorar el significado simbólico de sus posturas con respecto a la cabaña en el campo. En su primera conversación ella explica que su sueño es obtener placer, ser capaz de relajarse de verdad y sentirse unida con la naturaleza, todo lo cual podría lograr si tuviera una cabaña. Aunque también tiene miedo de que Gus quiera convertirla en una autómata que sólo vive para el mañana, de momento no menciona nada de esto (en anteriores ocasiones lo ha mencionado muchas veces), sino que se concentra en lo que ella desea, no en su enfado y sus miedos con respecto a Gus.

Él, por su parte, dice que ahorrar dinero es muy importante. Desea contar con una seguridad económica porque teme quedarse en la miseria cuando sea viejo. Recuerda que sus abuelos sufrieron mucho por la pobreza. Su abuelo terminó en un asilo público en el que perdió su dignidad. Uno de sus grandes objetivos en la vida es no sentirse humillado cuando sea viejo. Está enfadado con Sally porque cree que es una temeraria y tiene una necesidad infantil de gratificaciones inmediatas, lo cual es una amenaza para el bienestar de Gus y la vida que está intentando construir para ambos. Sin embargo, Gus se guarda de lanzar estas acusaciones, y se centra en explicar y describir su sueño de seguridad económica, que está enraizado en su infancia.

Una vez ambos han discutido el significado simbólico de sus posiciones, ocurre una transformación. En lugar de ver el sueño del otro como una amenaza, los consideran como lo que son: profundos deseos de una persona amada. Aunque sus sueños siguen siendo opuestos, ahora tienen una motivación para encontrar un terreno común, un modo de respetar y tal vez incluso satisfacer ambos sueños. Para ello:

1. Primero definen aquellos aspectos en los que no pueden ceder. Sally dice que necesita tener una cabaña. Gus dice que debe ahorrar treinta mil dólares para sentirse seguro.

2. Definen sus áreas de flexibilidad. Sally dice que se conforma con una cabaña pequeña con sólo una hectárea de terreno, en lugar de la gran casa que tenía pensada. También es flexible en cuanto al momento de comprarla. Le gustaría comprarla de inmediato, pero puede esperar unos años, puesto que ve que Gus apoya su decisión. Él, por su parte, dice que puede ceder en el tiempo que tarden en ahorrar los treinta mil dólares, ahora que sabe que están trabajando por ese objetivo ahorrando una cantidad concreta cada mes.

3. Llegan a un compromiso temporal que respeta ambos sueños. Comprarán una cabaña pequeña dentro de tres años. Mientras tanto dedicarán la mitad de los ahorros a pagar una entrada y la otra mitad a un fondo común. Dentro de un par de meses revisarán este plan para decidir si da resultado.

Sally y Gus saben que su problema irresoluble jamás desaparecerá. Sally será siempre una soñadora y pensará en cabañas y largos viajes, mientras que Gus estará siempre preocupado por su seguridad económica y los planes de jubilación. Pero al aprender a convivir con sus diferencias pueden evitar el estancamiento en los problemas específicos que estas diferencias provocan.

A continuación ofrezco otros casos, utilizando como ejemplo las parejas del ejercicio «detective de sueños» de este mismo capítulo, que muestran cómo podemos aprender a vivir con nuestras diferencias. Es probable que ninguno de estos conflictos sea exactamente igual al tuyo, pero te dará una idea de cómo salir de un estancamiento.

Pareja 1

Problema estancado: La limpieza de la casa. Ella quiere que él sea más limpio, él quiere que ella no lo agobie.

Los sueños dentro de este conflicto:

Ella: orden y seguridad en la casa.
Él: libertad en su propia casa.

Aspectos no negociables:

Ella: no soporta que se dejen los platos sucios en la cocina o que no se limpie el baño.
Él: no soporta tener que ordenar todos sus papeles apenas ha terminado de trabajar con ellos.

Aspectos flexibles:

Ella puede admitir cierto desorden siempre que haya limpieza.
Él puede fregar los platos y limpiar los baños siempre que no tenga que estar poniendo orden constantemente.

Compromiso temporal: los dos intentarán mantener la cocina y los baños limpios. Ella no insistirá en que ponga orden más que una vez a la semana. Pero si él no recoge entonces sus cosas, ella las pondrá todas en el suelo de su estudio.

Conflicto irresoluble: ella siempre odiará el desorden; él siempre odiará el orden excesivo.

Pareja 2

Problema estancado: son muy diferentes a la hora de expresar sus emociones.

Los sueños dentro de este conflicto:

Ella: ser emotiva forma parte de su personalidad y parte de lo que da sentido a su vida.
Él: ser emotivo es para él una debilidad.

Aspectos no negociables:

Ella: no puede evitar reaccionar de forma apasionada.
Él: no puede convertirse en una persona emotiva sólo para complacer a su esposa.

Aspectos flexibles: los dos aceptan que su pareja no puede cambiar un rasgo esencial de su personalidad.

Compromiso temporal: respetarán sus diferencias mutuas en este aspecto. Él será receptivo a la necesidad de ella de hablar y compartir sentimientos. Ella aceptará que él no puede hacer lo propio.

Conflicto irresoluble: Seguirán siendo muy diferentes a la hora de expresar emociones.

Pareja 3

Problema estancado: él disfruta relacionándose con otras personas en las fiestas, mientras que ella desea estar con él.

Los sueños dentro de este conflicto:

Él: sentirse libre y poder conocer a otras personas en los eventos sociales.
Ella: ser el centro de la atención de él.

Aspectos no negociables:

Él: debe tener libertad para divertirse y conocer gente nueva.
Ella: no puede soportar que su marido baile con otras mujeres o las toque, aunque sea de forma amistosa.

Aspectos flexibles:

Él: acepta que no tiene que estar completamente separado de su mujer en las fiestas.
Ella: puede tolerar que su marido hable con otras mujeres durante esas fiestas.

Compromiso temporal: estarán juntos en las fiestas la mitad de lo que duren. La otra mitad él puede relacionarse con otras personas, pero no bailará ni tocará a otras mujeres. Y si ella le dice que su comportamiento le molesta, él cambiará su actitud.

Conflicto irresoluble: él siempre querrá relacionarse con otras personas, ella siempre deseará que él la mire sólo a ella.

Ahora intentad perfilar vuestro problema de la misma manera. Describid por escrito cuál es el problema y cuáles los sueños que lo provocan. Anotad luego los aspectos no negociables para cada uno de vosotros y en cuáles estáis dispuestos a ceder. Finalmente, llegad a un compromiso que pondréis a prueba durante un tiempo. Es útil que escribáis también una breve descripción del problema irresoluble para confirmar que los dos comprendéis que aun así podéis convivir con él.

PASO 5: DAR LAS GRACIAS

Por lo general hace falta más de una sesión para salir de un estancamiento provocado por un problema que afecta desde hace tiempo al matrimonio. Estas sesiones pueden ser estresantes, por mucho que os esforcéis en aceptar el punto de vista del otro.

Este ejercicio os permitirá terminar con una nota positiva. El objetivo es recrear un espíritu de agradecimiento, en el que veáis las cosas buenas y expreséis vuestra gratitud por ellas. Esto puede resultar difícil después de hablar de un conflicto estancado, pero es razón de más para intentarlo.

Ejercicio

Selecciona de la siguiente lista tres cosas que realmente agradezcas a tu pareja (puedes añadir elementos que no estén en la lista). Di a tu pareja cuáles son estas cosas. Puede ser algo tan sencillo como: «Te agradezco que seas sensible a mis cambios de humor.»

Tu energía
Tu fuerza
Tu forma de imponerte
Que me dejes dirigir las cosas
Lo sensible que eres conmigo
Cómo me apoyas y respondes a mis cambios de humor
Tu capacidad de saber lo que siento
Cómo eres cuando tomamos decisiones
Cómo me dejas ser yo mismo/a
Tu piel
Tu rostro
Tu cariño
Tu entusiasmo
Tu pelo
Cómo me tocas
Lo seguro/a que me siento contigo
Tu ternura
Tu imaginación
Tus ojos
Cómo confío en ti
Tu pasión
Lo bien que me conoces

Tu elegancia
Cómo te mueves
Cómo me besas
Tu amor
Tu espíritu juguetón
Tu sentido del humor
Cómo vistes
Tu lealtad hacia mí
Tu capacidad como cónyuge
Tu capacidad como padre
Tu amistad
Tu estilo

Seguid estos cinco pasos y seréis capaces de salir del estancamiento en vuestros problemas irresolubles. Tened paciencia con el proceso y el uno con el otro. Los problemas irresolubles son tenaces por naturaleza. Para mitigar la presión que ejercen sobre vuestro matrimonio tendréis que comprometeros y tener fe. Notaréis progresos cuando sintáis menos la carga de estos problemas, cuando podáis discutirlos con sentido del humor y ya no apaguen el amor y la alegría de la relación.

11

Séptimo principio: crear un sentido de trascendencia

Teníamos un matrimonio muy superficial —nos cuenta Helen—. Nos llevábamos bien, y nos queríamos, pero yo no me sentía muy conectada con Kevin. Éramos como compañeros de piso que se acuestan juntos. Helen, que se califica de «devota feminista», siempre se ha enorgullecido de su independencia. Al principio pensaba que era estupendo que Kevin y ella tuvieran sus propias vidas, sus propias carreras, intereses y amigos. Pero poco a poco, sobre todo después de que nacieran sus hijos, se fue dando cuenta de que le faltaba algo. No quería renunciar a su individualidad, pero quería más de su matrimonio. Después de asistir a nuestro taller supo lo que era: quería sentir que Kevin y ella eran una familia.

Si tu matrimonio cumple con los seis primeros principios es muy probable que tu relación sea estable y feliz. Pero si adviertes que te falta algo, tu situación puede ser parecida a la de Helen y Kevin. Tal vez lo que te falte es la sensación de trascendencia. El matrimonio no consiste únicamente en educar a los hijos, dividir las tareas y hacer el amor. Tiene también dimensiones espirituales que se refieren a la posibilidad de crear una vida interior juntos, una cultura plena de símbolos y rituales, y una apreciación de vuestros papeles y objetivos que os una, que os lleve a comprender lo que significa ser parte de una familia.

La palabra «cultura» nos sugiere grandes grupos étnicos o incluso países, pero una cultura puede crearse también entre dos personas. De hecho cada familia crea su propia microcultura.

E igual que en otras culturas, estas pequeñas unidades tienen sus costumbres (como salir a cenar fuera los domingos), sus rituales (como el brindis con champán después del nacimiento de cada hijo), y sus mitos (las historias que la pareja cuenta —ya sean ciertas, falsas o adornadas— y que explican su concepto de matrimonio, lo que significa formar parte de esa unidad).

Paula y Doug se veían como «el último mono» de sus respectivas familias. Los dos eran considerados menos inteligentes o atractivos que sus hermanos, y con menos posibilidades de triunfar en la vida. Pero al final resultó que todos sus hermanos terminaron solteros o divorciados, mientras que Paula y Doug formaron un matrimonio feliz, consiguieron un trabajo estable y tuvieron unos niños maravillosos y un hogar estupendo. Parte de la cultura de su matrimonio, las historias que se cuentan sobre sí mismos, es que ahora forman un gran equipo, son grandes luchadores y triunfan cuando la causa parece perdida.

Desarrollar una cultura no significa que la pareja esté de acuerdo en todos y cada uno de los aspectos filosóficos de la vida. Se trata más bien de una mezcla en la que los cónyuges encuentran el modo de respetar sus sueños mutuos, incluso cuando no los comparten. La cultura que desarrollarán juntos incorporará los sueños de ambos. Y será bastante flexible para cambiar a medida que marido y mujer crezcan y se desarrollen. Cuando en un matrimonio existe este sentido de trascendencia, los conflictos son menos intensos y los problemas irresolubles no suelen llevar a estancamientos.

Por supuesto, es posible tener un matrimonio estable sin compartir un profundo sentido de trascendencia. El matrimonio puede funcionar incluso si los sueños de los cónyuges no están en sintonía. El último capítulo os mostrará cómo abriros camino en torno a los problemas irresolubles de modo que podáis vivir con ellos, en lugar de terminar estancados. Es importante aceptar que cada uno de vosotros tendrá sueños que el otro no comparte pero sí respeta. Por ejemplo, tal vez tengáis distintas religiones, pero si respetáis vuestras respectivas creencias, podréis tender un puente sobre el abismo de las diferencias.

Pero también es cierto que un matrimonio feliz no consiste sólo en saber vadear los conflictos. Cuanto más de acuerdo estéis sobre las cosas fundamentales de la vida, más significativa y fácil será la relación. Es cierto que no podéis forzaros a compartir los mismos puntos de vista, pero si estáis abiertos a las perspectivas del otro, las posturas se acercarán de forma natural. Por lo tanto, un objetivo crucial de cualquier matrimonio es crear un ambiente que anime a los cónyuges a hablar sinceramente de sus convicciones. Cuanto más habléis, con sinceridad y respeto, más se acercarán vuestras respectivas opiniones sobre el sentido de la vida.

En nuestro taller Helen y Kevin trabajaron sobre el aspecto espiritual de su vida. Por primera vez hablaron de sus propias familias, sus valores y sus símbolos. Cuando volvieron a casa Helen sacó el viejo álbum de fotos familiares y enseñó a Kevin fotografías de sus bisabuelos, que habían emigrado a América desde Irlanda. Le contó la historia que ella había oído cientos de veces sobre el matrimonio de sus bisabuelos. Se habían prometido antes de que él emigrara a América, donde permaneció fiel a ella durante los cuatro largos años que tardó en ahorrar el dinero para pagar el viaje de su futura esposa. El mensaje de la historia, según Helen entendía, es que la lealtad es uno de los pilares fundamentales del matrimonio y la vida familiar. Hasta entonces jamás se lo había dicho a Kevin de forma tan directa.

Kevin también recordó algunas de sus historias familiares, sobre todo la de su abuela, que llevaba ella sola una tienda en el campo, en Kansas, y estuvo a punto de arruinarse porque siempre daba comida gratis a los vecinos durante la Depresión. La gente del pueblo sabía que la mujer siempre reservaba cierta cantidad de productos para las familias necesitadas, que acudían a la tienda todos los lunes a la hora de cerrar. «Mi padre siempre decía que los Monahans somos tan generosos que casi llegamos a ser tontos —comentó Kevin—. Pero se veía que estaba muy orgulloso de ello.» Kevin explicó que esto había influido mucho en él, como se notaba en su insistencia en hacer donaciones benéficas o en las generosas propinas que daba en Navidad.

La conversación supuso un punto de transición en su matrimonio. A partir de entonces hablaron con frecuencia de valores como la lealtad y la generosidad, valores que ellos habían recibido escuchando las historias familiares. Con el tiempo, las historias de sus mutuas familias se convirtieron en sus propias historias, en las de la nueva familia que ellos habían creado. Helen aceptó e incorporó las historias y los valores de los Monahans en su propia vida, y él hizo lo mismo con los de ella.

Como ya he dicho, cuantos más valores profundos podáis compartir, más rica y gratificante será la relación. Con esto fortaleceréis también vuestra amistad. De esta forma os resultará más fácil lidiar con cualquier conflicto que surja. Ésta es la ventaja de los siete principios, que forman un entramado sólido, de forma que al trabajar en uno de ellos resulta más fácil trabajar en los demás.

Cuestionario del sentido de trascendencia

Para saber hasta qué punto habéis logrado crear un sentido de trascendencia en vuestra vida en común, responded las siguientes preguntas.

Vuestros rituales de conexión

1. Coincidimos en los rituales en cuanto a las cenas familiares en casa. **V F**
2. Las comidas festivas (Navidad, Pascua, Acción de Gracias) son muy especiales para nosotros. **V F**
3. Cuando nos reunimos en casa al final de la jornada es un momento muy especial. **V F**
4. Coincidimos sobre el papel de la televisión en casa. **V F**
5. La hora de acostarse es un buen momento para sentirnos cerca el uno del otro. **V F**
6. Disfrutamos y valoramos los fines de semana, en los que hacemos muchas cosas juntos. **V F**
7. Sostenemos los mismos valores sobre las diversiones en casa (cenas con amigos, fiestas, etc). **V F**

8. A los dos nos gustan, o nos disgustan, las celebraciones especiales (cumpleaños, aniversarios, reuniones familiares...). **V F**
9. Cuando alguno se pone enfermo se siente cuidado y querido por el otro. **V F**
10. Disfrutamos mucho las vacaciones y los viajes que realizamos juntos. **V F**
11. Pasar juntos las mañanas es algo especial para los dos. **V F**
12. Cuando hacemos algún recado juntos, normalmente nos lo pasamos bien. **V F**
13. Sabemos recargar las pilas cuando estamos cansados. **V F**

Puntuación: anotad un punto por cada respuesta «verdadera». Si la puntuación es menos de 3, vuestro matrimonio podría mejorar en este aspecto. Trabajad juntos en el ejercicio 1, que encontraréis más adelante.

Vuestros papeles

14. Compartimos muchos valores en cuanto a nuestros papeles como marido y mujer. **V F**
15. Compartimos muchos valores en cuanto a nuestra función como padres. **V F**
16. Compartimos muchos puntos de vista sobre la amistad. **V F**
17. Tenemos puntos de vista compatibles sobre el papel del trabajo en la vida. **V F**
18. Tenemos filosofías similares sobre el equilibrio entre el trabajo y la vida familiar. **V F**
19. Mi pareja apoya lo que yo considero mi misión fundamental en la vida. **V F**
20. Compartimos los mismos puntos de vista sobre la importancia de nuestras familias en nuestra vida. **V F**

Puntuación: anotad un punto por cada respuesta «verdadera». Si la puntuación es menos de 3, vuestro matrimonio podría mejorar en este aspecto. Trabajad juntos en el ejercicio 2, que encontraréis más adelante.

Vuestros objetivos

21. Compartimos muchos objetivos en nuestra vida juntos. **V F**
22. Si miráramos atrás cuando fuéramos ya muy mayores veríamos que nuestros caminos se unieron muy bien. **V F**
23. Mi pareja valora mis logros. **V F**
24. Mi pareja respeta mis objetivos personales que no tienen que ver con el matrimonio. **V F**
25. Compartimos los mismos objetivos para otras personas importantes para nosotros (hijos, familias, amigos, comunidad). **V F**
26. Tenemos similares objetivos financieros. **V F**
27. Nuestras preocupaciones sobre posibles desastres financieros son compatibles. **V F**
28. Nuestras esperanzas y aspiraciones, como individuos y como pareja, en relación a nuestros hijos, nuestra vida en general y nuestra vejez, son compatibles. **V F**
29. Nuestros sueños en la vida tienden a ser similares o compatibles. **V F**
30. Incluso cuando diferimos, sabemos encontrar la forma de respetar nuestros respectivos sueños. **V F**

Puntuación: anotad un punto por cada respuesta «verdadera». Si la puntuación es menor de 3, vuestro matrimonio puede mejorar en este aspecto. Trabajad juntos en el ejercicio 3, que encontraréis más adelante.

Vuestros símbolos

31. Estamos de acuerdo en lo que significa un hogar. **V F**
32. Nuestras filosofías sobre lo que debe ser el amor son compatibles. **V F**
33. Tenemos valores similares en cuanto a la importancia de la paz en nuestras vidas. **V F**
34. Tenemos valores similares en cuanto al significado de la familia. **V F**

35. Tenemos puntos de vista similares sobre el papel del sexo en nuestra vida. **V F**
36. Tenemos puntos de vista similares sobre el papel del amor y el afecto en nuestra vida. **V F**
37. Tenemos valores similares sobre el significado del matrimonio. **V F**
38. Tenemos valores similares sobre la importancia y el significado del dinero en nuestra vida. **V F**
39. Tenemos valores similares sobre la importancia de la educación en nuestra vida. **V F**
40. Tenemos valores similares sobre la importancia de la diversión y los juegos en nuestra vida. **V F**
41. Tenemos valores similares sobre el significado de la aventura. **V F**
42. Tenemos valores similares sobre la confianza. **V F**
43. Tenemos valores similares sobre la libertad personal. **V F**
44. Tenemos valores similares sobre la autonomía y la independencia. **V F**
45. Tenemos valores similares sobre compartir el poder en nuestro matrimonio. **V F**
46. Tenemos valores similares sobre ser independientes como pareja. **V F**
47. Tenemos valores similares sobre el significado de las posesiones materiales (coches, ropa, libros, música, una casa, tierras). **V F**
48. Tenemos valores similares sobre el significado de la naturaleza y de nuestra relación con ella. **V F**
49. Los dos somos sentimentales y solemos recordar cosas de nuestro pasado. **V F**
50. Tenemos puntos de vista similares sobre lo que queremos cuando nos retiremos y seamos viejos. **V F**

Puntuación: anotad un punto por cada respuesta «verdadera». Si la puntuación es menor de 3 vuestro matrimonio puede mejorar en este aspecto. Trabajad juntos en el ejercicio 4, que encontraréis más adelante.

Los siguientes ejercicios no son más que listas de preguntas que ambos tenéis que responder y discutir. Están divididas en las cuatro categorías que generalmente forman las bases del sentido de trascendencia entre marido y mujer: rituales, funciones, objetivos y símbolos. Estos cuestionarios no están pensados para que los completéis en una tarde, ni siquiera en un mes. Consideradlos puntos de partida para muchas conversaciones futuras.

Para sacar el máximo provecho de ellos, trabajadlos de uno en uno. Podéis incluso escribir vuestros pensamientos sobre cada pregunta. Luego leeros el uno al otro lo que habéis escrito y comentadlo.

Hablad de vuestras diferencias así como de vuestros puntos en común y de aquellos aspectos sobre los que podáis construir. Encontrad la forma de respetar vuestros mutuos valores, filosofías y sueños. Aunque en muchos aspectos podáis tener necesidades distintas, encontrad la forma de ofreceros apoyo mutuo. Allí donde seáis más distintos, encontrad la forma de honrar y respetar las diferencias entre vosotros. Si esto lleva a una discusión, trabajad con los ejercicios de los capítulos referentes a los principios 4, 5 y 6, incluso si ya los habéis realizado. Escribid, si queréis, vuestros puntos de vista comunes sobre el significado y la filosofía de la vida.

Rituales familiares

Es lamentable que menos de una tercera parte de las familias estadounidenses coman juntas de forma regular, y que más de la mitad de éstas tengan la televisión encendida durante la comida. Esto impide la conversación. En un matrimonio es fundamental crear rituales informales en los que los cónyuges puedan conectar emocionalmente.

La misa del gallo, las velas Kwaanza, la cena de Acción de Gracias en casa de la abuela, las reuniones familiares: la mayoría de nosotros crecimos en familias en que algunos rituales se consideraban importantes. Al convertirlos en parte de vuestra vida de casados (o al crear unos propios), se convierten también en vuestros propios rituales y fomentan la identidad como familia.

Jesse Feldman provenía de una familia numerosa y muy unida.

Desde que era pequeño, en las bodas familiares el fotógrafo terminaba sacando una foto de todos los Feldman, unas cincuenta personas. Todos los miembros de la familia, junto con sus parejas e hijos, se reunían en torno a los recién casados.

Por entonces, Jesse pensaba que la foto era una auténtica tontería, pero cuando se casó con Amanda el ritual de la foto Feldman cobró un nuevo significado para él. De pronto él era el recién casado rodeado por su familia. Ahora cada vez que mira la foto Feldman en su propio álbum de fotos se siente orgulloso y conectado con su familia, sabiendo que Amanda ha pasado a ser un auténtico miembro de ella. Esta sensación ha ido creciendo con los años, cada vez que Jesse asiste a otra boda Feldman y posa con Amanda junto al resto del clan.

Los rituales no tienen por qué derivar de vuestras respectivas historias familiares o vuestra infancia. Podéis crear vuestros propios rituales. Los nuevos rituales pueden surgir de lo que sentís que *faltaba* en vuestra familia. Si os hubiera gustado que la familia hiciera más excursiones los fines de semana, podéis incorporar esto en vuestro matrimonio. O si os hubiera gustado vivir más el aspecto espiritual de las Navidades, podéis decidir asistir a la misa del gallo todos los años.

Algunos rituales pueden ser muy importantes, incluso aunque no parezcan memorables. Nick y Halley, por ejemplo, siempre celebran los cumpleaños familiares preparando juntos un pastel. El ritual comenzó porque su hijo era alérgico a los huevos, de modo que no podían comprar ningún pastel en una pastelería. Al cabo de los años el niño superó su alergia, pero el ritual familiar permaneció porque había llegado a tener un significado para ellos. Les daba una ocasión de estar juntos y celebrar el cumpleaños y la familia de forma hogareña e íntima.

Ejercicio 1: Rituales

En este ejercicio deberéis crear vuestro propio ritual familiar comentando las cosas que queréis. Discutid lo que los rituales familiares (o la falta de ellos) significaban para vosotros cuando erais pequeños, cómo los disfrutabais o cómo los deplorabais. Planead luego vuestro propio ritual, para saber qué debe hacer cada uno y cuándo. Haced de ellos una costumbre regular, algo que esperéis con ilusión.

1. ¿Cómo solemos comer juntos? ¿Cómo deberíamos comer juntos? ¿Cuál es el significado de la hora de las comidas? ¿Cómo eran las comidas en nuestras respectivas familias?
2. ¿Cómo deberíamos despedirnos al comienzo del día? ¿Cómo era esto en nuestras respectivas familias? ¿Cómo deberían ser nuestros reencuentros?
3. ¿Cómo debería ser la hora de irnos a la cama? ¿Cómo era en nuestras respectivas familias? ¿Cómo queremos que sea este momento?
4. ¿Cuál es el significado de los fines de semana? ¿Cómo eran en nuestras respectivas familias? ¿Cómo deberían ser ahora?
5. ¿Cuáles son nuestros rituales sobre las vacaciones? ¿Cómo eran en nuestras respectivas familias? ¿Cómo deberían ser ahora?
6. Escoged una fiesta señalada. ¿Cuál es el significado de este día de fiesta para nosotros? ¿Cómo deberíamos celebrarlo este año? ¿Cómo se celebraba en nuestras respectivas familias?
7. ¿Cómo nos renovamos, como «recargamos las pilas»? ¿Cuál es el significado de esos rituales?
8. ¿Cuáles son nuestros rituales cuando alguien está enfermo? ¿Cómo eran en nuestras respectivas familias? ¿Cómo deberían ser en nuestra familia?

El sociólogo William Doherty insistía en la importancia de los rituales de conexión en las familias. Doherty y su esposa Leah crearon la tradición del café después de la cena, para charlar mientras sus hijos jugaban o hacían los deberes. Primero recogían entre todos y luego Bill hacía el café. Era un momento de paz y conexión. Vosotros podéis crear rituales familiares de conexión estableciendo lo siguiente:

- Una cita semanal para vosotros dos solos, sin los niños.
- Celebraciones de triunfo (modos de celebrar cualquier logro, pequeño o importante, y de crear una cultura de orgullo y alabanzas en vuestro matrimonio).

• Rituales en torno a la mala suerte, los inconvenientes, el cansancio. ¿Cómo podéis apoyaros, sanaros, renovaros?

• Rituales comunitarios para invitar a los amigos, ayudar a otras personas de vuestra comunidad o abrir la casa a otras personas que os importen.

• Rituales en torno al sexo. El sexo es algo importante que normalmente dejamos de lado hasta el final del día, cuando todos estamos cansados. Las parejas suelen pensar que el sexo debería ser espontáneo, y no quieren planearlo. Pero, si lo pensáis, seguramente vuestra vida sexual era mejor cuando erais novios. Pues bien, aquellas citas románticas eran planeadas, planeabais qué llevar, qué perfume utilizar, dónde ir, la música y el vino en la cena, etc. De modo que tenéis que planear el romance y el sexo. Puede ser muy efectivo un ritual que os haga sentir emocionalmente seguros cuando habláis de lo que está bien y lo que necesita mejorar en vuestra vida sexual.

• Rituales para mantener el contacto con parientes y amigos. Se pueden planear eventos y reuniones familiares.

• Cumpleaños y otras fechas especiales, por ejemplo, los días festivos importantes para vosotros, celebraciones religiosas, aniversarios…

Existen también importantes ritos que pueden discutirse, como confirmaciones, bar mitzvahs, graduaciones y bodas.

VUESTRO PAPEL EN LA VIDA

Nuestra idea de cuál es nuestro lugar en el mundo se basa en gran medida en los diversos papeles que interpretamos (somos cónyuges, hijos, padres tal vez, y trabajadores). Desde el punto de vista del matrimonio, nuestra perspectiva de nuestras propias funciones y las de nuestra pareja puede aumentar el sentido de trascendencia y la armonía entre nosotros, o bien puede crear tensión.

El matrimonio será más profundo si vuestras mutuas expectativas (es decir, cuál consideráis que debería ser el lugar de vuestra pareja en la familia) son similares. No estamos hablando de temas superficiales, como quién lava los platos, sino de sentimientos más profundos, de lo que cada uno espera de su pareja. Por ejemplo, Ian y Hilary consideraban que el marido debía hacerse cargo de la protección y el sostén de la familia, mientras que la esposa era la encargada de cuidar de la familia. Chloe y Evan creían en un matrimonio igualitario, en el que ambos cónyuges se apoyaran mutuamente tanto emocional como económicamente. Puesto que en estos dos matrimonios marido y mujer tenían una filosofía similar en cuanto a sus papeles, la relación funcionaba. Si Ian se hubiera casado con Chloe y Hilary con Evan, habrían existido fricciones.

Compartir las mismas convicciones sobre el papel de los padres (por ejemplo, sobre los valores que se deben transmitir a los hijos) aumenta también el significado del matrimonio, así como sobre las relaciones a mantener con las respectivas familias (¿consideráis a los parientes como parte de vuestra propia familia o los mantenéis a distancia?). Incluso vuestras ideas sobre el trabajo, y la importancia que concedéis a vuestros empleos, pueden hacer más profunda vuestra conexión mutua. En otras palabras, vuestro matrimonio se fortalecerá en la medida en que coincidáis en estos temas.

Esto no significa que debáis (o incluso que podáis) coincidir en todos los aspectos filosóficos o espirituales de la vida. Por ejemplo, las parejas que piensan lo mismo sobre el trabajo, tal vez le adjudiquen un significado diferente. A Johnny le apasiona ser científico, y su trabajo como geólogo forma una parte importante de su identidad y de su visión del mundo. Se siente inspirado por el método y la visión científica, la objetividad y el análisis, y está muy orgulloso de ser geólogo. Su esposa Molly también es geóloga, pero no se identifica de forma tan profunda con su profesión. Ella se considera antes que nada mujer, pero esto no provoca ninguna dificultad en su matrimonio, porque ambos conectan profundamente en muchos otros aspectos de su vida en común.

Ejercicio 2: Funciones

Cuanto más comentéis vuestras ideas sobre vuestras funciones en la vida, más probable es que lleguéis a un consenso de modo natural. Es de gran utilidad pensar por separado sobre este tema y luego hablar de él.

1. ¿Cómo te sientes en tu papel de esposa o esposo? ¿Qué significa este papel en tu vida? ¿Cómo veían este papel tu padre o tu madre? ¿Eres tú parecido/a o diferente? ¿En qué te gustaría modificar este papel?
2. ¿Cómo te sientes en tu papel de padre o madre? ¿Qué significa este papel en tu vida? ¿Cómo veían este papel tu padre o tu madre? ¿Eres parecido/a o diferente? ¿En qué te gustaría modificar este papel?
3. ¿Cómo te sientes en tu papel de hijo o hija? ¿Qué significa este papel en tu vida? ¿Cómo veían este papel tu padre o tu madre? ¿Eres parecido/a o diferente? ¿En qué te gustaría modificar este papel?
4. ¿Cómo te sientes en tu papel de trabajador, en tu trabajo? ¿Qué significa este papel en tu vida? ¿Cómo veían este papel tu padre o tu madre? ¿Eres parecido/a o diferente? ¿En qué te gustaría modificar este papel?
5. ¿Cómo te sientes en tu papel de amigo/a de otras personas? ¿Qué significa este papel en tu vida? ¿Cómo veían este papel tu padre o tu madre? ¿Eres parecido/a o diferente? ¿En qué te gustaría modificar este papel?
6. ¿Cómo te sientes en tu papel en la comunidad? ¿Qué significa este papel en tu vida? ¿Cómo veían este papel tu padre o tu madre? ¿Eres parecido/a o diferente? ¿En qué te gustaría modificar este papel?
7. ¿Cómo equilibras estos papeles en tu vida?

Objetivos personales

Nuestros objetivos son en parte lo que da significado a la vida. Todos tenemos algunos objetivos prácticos (como ganar cierto dinero), pero también luchamos por metas más profundas y espirituales. Nuestro objetivo puede ser encontrar paz, recuperarnos de una infancia difícil o de algún trauma. O bien educar a los hijos para que sean buenos y generosos. Muchas veces evitamos hablar de nuestros objetivos más profundos. A veces ni siquiera nos hemos preguntado por estos objetivos. Pero pensar o hablar de ellos nos da la oportunidad de explorar un terreno que puede tener un profundo impacto en nosotros mismos y en nuestro matrimonio.

Al comentar vuestros objetivos más profundos no sólo alcanzaréis una mayor intimidad, sino que a medida que trabajéis juntos para lograr estas metas, podéis enriquecer cada vez más la unión. Por ejemplo, tanto Emilie como Alex realizaban trabajos voluntarios para su iglesia. Cuando sus hijos crecieron, decidieron que querían dejar un legado espiritual en la comunidad, de modo que él se unió a la junta directiva de la escuela religiosa y ella puso en marcha en la iglesia un programa de educación de adultos para personas que quisieran recuperar su fe. «Yo habría hecho esto por mi cuenta —dice Emile—, pero al sentir que compartía con Alex la importancia de dar algo a mi comunidad y mi iglesia, la experiencia ha sido mucho más gratificante. Me siento renovada no sólo en mi fe, sino también en mi matrimonio.»

Ejercicio 3: Objetivos

Para explorar con tu pareja el papel de los objetivos en vuestras vidas individuales y en vuestro matrimonio, planteaos las siguientes preguntas:

1. Escribe una descripción de tu misión en la vida. Escribe tu propia nota necrológica. ¿Qué te gustaría que pusiera?
2. ¿Qué objetivos tienes en la vida, para ti mismo/a, para tu pareja, para tus hijos? ¿Qué quieres conseguir en los próximos cinco o diez años?
3. ¿Qué sueño te gustaría hacer realidad antes de morir?
4. Normalmente estamos ocupados en cosas que requieren nuestra atención inmediata. ¿Pero cuáles son las cosas realmente impor-

tantes en la vida y para las que necesitas tiempo, cosas que te proporcionan energía y placer y que siempre pospones?

5. ¿Cuál es el papel del aspecto espiritual en tu vida? ¿Cómo era en tu familia? ¿Cómo debería ser en tu matrimonio?

SÍMBOLOS COMPARTIDOS

Otro signo de trascendencia en un matrimonio es que vuestras vidas están rodeadas de cosas que representan los valores y creencias que compartís. Estas «cosas» son muchas veces objetos: los iconos religiosos, como un crucifijo por ejemplo, son los símbolos más evidentes de fe que una pareja puede colocar en su hogar. Pero existen símbolos más personales. Para Jenna y Michael, la mesa del comedor tenía un significado especial. Ahorraron durante mucho tiempo para lograr que un buen carpintero se la hiciera a medida. Cada vez que la abrían para alguna celebración familiar, su belleza y su firmeza les recordaba la belleza y la estabilidad de su propio matrimonio. Otra familia tenía sobre la repisa de la chimenea la estatuilla de un ángel en memoria de su primer hijo, nacido muerto. El ángel conmemoraba al bebé, pero también representaba su propia resistencia y su amor mutuo, que los había ayudado a superar la tragedia y a tener más adelante una familia numerosa y feliz.

Algunos símbolos son abstractos, pero no menos significativos para un matrimonio. Las historias familiares, por ejemplo, pueden simbolizar una serie de valores. La historia de Helen sobre sus bisabuelos, que mantuvieron vivo su amor a pesar de estar separados por un océano, simbolizaba el hondo sentido de lealtad de la familia. Cada vez que la historia se contaba (y las historias familiares se suelen contar una y otra vez a lo largo de los años), ponía de manifiesto el enorme valor que la familia otorgaba a la lealtad. La historia de su esposo Kevin, sobre la tienda de su bisabuela y su generosidad con los pobres, era también una metáfora de otro valor familiar: el dinero es menos importante que el hecho de relacionarse con la comunidad. Una casa puede tener también gran significado para una familia. La pareja puede considerarla no sólo el lugar donde comen y duermen, sino el centro espiritual de su vida en común, el lugar donde consumaron su amor, donde sus hijos fueron concebidos y crecieron, etc.

Ejercicio 4: Símbolos

Las siguientes preguntas os ayudarán a hablar sobre el significado de los símbolos en vuestro matrimonio.

1. ¿Qué símbolos (como fotografías u objetos) muestran quiénes son nuestra familia y qué significa para nosotros ser ______________________________ (anotad vuestros apellidos)?
2. Las historias familiares son también símbolos. Generalmente hacen referencia a una serie de valores. Describe algunas de tus historias familiares, historias de las que te enorgullezcas y que quieres que formen parte de la tradición de tu familia.
3. ¿Qué significa para ti un hogar? ¿Qué cualidades debe poseer? ¿Cómo era tu hogar cuando eras pequeño/a?
4. ¿Qué cosas o actividades simbolizan tu filosofía sobre la vida? Por ejemplo, colaborar con obras benéficas, llevar un crucifijo o encender una vela por tus antepasados muertos puede simbolizar lo que para ti significa la vida. ¿Te parece que no estás haciendo esto en la medida en que te gustaría?

No es probable que de la noche a la mañana te sientas unido/a a tu pareja en la mayoría de los temas profundos. Explorar estos temas es labor de toda una vida. El objetivo no debería ser estar de acuerdo en todos los temas importantes, sino estar abierto a las creencias más profundas del otro. Cuanto más abiertos estéis a proclamar estas convicciones, más gozoso será el viaje de vuestra vida juntos.

Epílogo: ¿Ahora qué?

Ningún libro ni terapeuta puede resolver todos los problemas matrimoniales. Pero si incorporáis estos siete principios a vuestro matrimonio, cambiaréis el curso de la relación. El menor cambio en la trayectoria del matrimonio puede tener un enorme efecto positivo con el tiempo. La condición, por supuesto, es que sepáis conservar ese cambio y construir a partir de él. Mejorar el matrimonio es una especie de viaje y, como todos los viajes, comienza dando un pequeño paso, teniendo un poco de fe y viendo dónde os lleva el siguiente paso. Si os quedáis estancados o dais algunos pasos equivocados, volved a leer este libro, centrándoos en el punto al que haya llegado vuestro matrimonio. Entonces sabréis cómo avanzar en la dirección correcta.

A continuación propongo algunas ideas para seguir avanzando:

Las cinco horas mágicas

En nuestro seguimiento de las parejas que asistieron a nuestros talleres de Seattle, nos preguntábamos qué distinguía a aquellos matrimonios que seguían mejorando, de otros que no. ¿Descubriríamos que el primer grupo había modificado drásticamente su vida? Nada de eso. Para nuestra sorpresa, descubrimos que estas parejas dedicaban sólo cinco horas a la semana a su matrimonio. Aunque cada una tenía su propio estilo para pasar estas cinco horas, se advertían algunos patrones comunes de comportamiento. En general, lo que estas parejas hacían era realizar una especie de curso de repaso de los siete principios. Esto daba resultados tan fenomenales que he llegado a llamarlo las Cinco Horas Mágicas.

Vosotros también podéis hacerlo siguiendo estos consejos:

Despedidas: Antes de despediros por las mañanas, es aconsejable que conozcáis por lo menos un evento de ese día en la vida de la pareja (un almuerzo con el jefe, una visita al médico, una llamada a un viejo amigo...).

Tiempo: Dos minutos al día, cinco días laborables.

Total: Diez minutos.

Encuentros: Al final de la jornada, intentad que vuestras conversaciones os ayuden a mitigar el estrés (ver p. 105).

Tiempo: Veinte minutos cada día, cinco días a la semana.

Total: Una hora y cuarenta minutos.

Admiración y aprecio: Encontrad la forma todos los días de expresaros vuestro afecto y aprecio.

Tiempo: Cinco minutos al día, siete días a la semana.

Total: Treinta y cinco minutos.

Afecto: besaos, abrazaos, tocaos el uno al otro cuando estéis juntos. Besaos antes de ir a dormir. Considerad ese beso como una forma de desprenderse de la irritación o el enfado que hayáis acumulado durante el día. Es decir, cargad vuestro beso con perdón y ternura hacia vuestra pareja.

Tiempo: Cinco minutos al día, siete días a la semana.

Total: Treinta y cinco minutos.

Cita semanal: Éste puede ser un método relajado de estar conectados. Haceos preguntas que os ayuden a tener al día vuestros mapas de amor y a acercaros mutuamente. También podéis aprovechar estas citas para comentar algún problema matrimonial o resolver alguna discusión que hayáis tenido esa semana, si es necesario. Pensad algunas preguntas que plantear a la pareja, como:

«¿Todavía estás pensando en pintar el dormitorio?», «¿Dónde podríamos ir de vacaciones?», «¿Qué tal te llevas con tu jefe últimamente?».

Tiempo: Dos horas, una vez a la semana.

Total: Dos horas.

TOTAL: **¡Cinco horas!**

Como veis, el tiempo requerido para incorporar estos cambios en vuestra relación es mínimo. Pero estas cinco horas son de gran ayuda para mantener vuestro matrimonio en el buen camino.

Recordad: si trabajáis en vuestro matrimonio un poco cada día, haréis más por vuestra salud y longevidad que si fuerais a un gimnasio.

El sistema de alarma matrimonial

Algunos «expertos» sostienen que una causa importante de infelicidad en el matrimonio es que los cónyuges tienen excesivas expectativas el uno sobre el otro. Al renunciar a estas expectativas, es menos probable que nos decepcionemos. Sin embargo, Donald Baucom, de la Universidad de Carolina del Norte, ha refutado esta idea de forma rigurosa estudiando las expectativas de diversas parejas. Baucom ha descubierto que las personas con mayores expectativas sobre su matrimonio, por lo general disfrutan de relaciones de mejor calidad. Esto sugiere que al mantener alto el listón de las expectativas, tenemos más probabilidades de lograr la clase de matrimonio que queremos.

Nuestras investigaciones con recién casados confirman los resultados de Baucom. Las parejas que se ajustaban a altos niveles de negatividad en su matrimonio (irritabilidad, distancia emocional) estaban menos satisfechas años después. Aquellas que no aceptaban un alto nivel de negatividad (que insistían en enfrentarse suavemente el uno contra el otro cuando, por ejemplo, el desdén o las actitudes defensivas amenazaban con hacerse omnipresentes) terminaban felices y satisfechas años después.

Estos descubrimientos sugieren que todo matrimonio debería estar equipado con un sistema de alarma que avisara a los cónyuges cuando la calidad del matrimonio sufra peligro de deterioro. Alguien dijo una vez que para los hombres las seis palabras más aterradoras son: «Vamos a hablar de nuestra relación.» La verdad es que estas palabras pueden asustar también a muchas mujeres. La mejor forma de superar este miedo es hablar de los problemas de la relación cuando todavía son menores, antes de que empiecen a crecer y ser peligrosos. La alarma matrimonial nos permite conseguirlo.

Uno de los cónyuges suele ser el primero en detectar los problemas. A menudo es la mujer. Cuando el marido se distancia o está irritable, ella pregunta qué pasa. Pero no hay razón para que no sean ambos los que realicen esta función en el matrimonio.

Aquí tenéis una lista de preguntas que deberíais planteаros una vez a la semana. Os ayudará a ver cómo va vuestra relación. Al hablar de estos temas recordad que debéis plantear la conversación sin agresividad y sin ser críticos con el otro. Lo mejor es decir: «Oye, siento que nos estamos distanciando un poco. ¿Te pasa algo?» No comencéis a discutir un problema justo antes de acostaros, porque podría impediros dormir bien.

Instrucciones: Utilizad este cuestionario para saber cómo han ido las cosas hoy (o últimamente), y si queréis comentar algún problema. Marcad todas las respuestas que parezcan apropiadas. Si señaláis más de cuatro, pensad en comentar estos temas con vuestra pareja dentro de los tres próximos días.

1. He estado irritable.
2. Me he sentido distante emocionalmente.
3. Ha habido mucha tensión entre nosotros.
4. Deseo estar en otro lugar.
5. Me he sentido solo/a.
6. Mi pareja me parecía inaccesible emocionalmente.
7. He estado enfadado/a.
8. No hemos estado en contacto.
9. Mi pareja no sabe lo que pienso.

10. Hemos sufrido mucho estrés, y nos ha pasado factura.
11. Me gustaría que estuviéramos más unidos.
12. He deseado muchas veces estar solo/a.
13. Mi pareja ha estado irritable.
14. Mi pareja ha estado emocionalmente distante.
15. Mi pareja parece tener la atención en otra parte.
16. He sido inaccesible emocionalmente a mi pareja.
17. Mi pareja ha estado enfadado/a.
18. No sé lo que mi pareja piensa.
19. Mi pareja ha deseado muchas veces estar solo/a.
20. Realmente tenemos que hablar.
21. No nos hemos comunicado muy bien.
22. Nos hemos peleado más de lo habitual.
23. Últimamente los pequeños problemas crecen.
24. Nos hemos herido en nuestros sentimientos.
25. No nos hemos divertido mucho ni ha habido mucha alegría en nuestras vidas.

PERDÓNATE A TI MISMO/A

Después de trabajar en los siete principios, probablemente te haya quedado claro que no existe la crítica constructiva. A diferencia de las quejas (peticiones específicas de algún cambio), las críticas no mejoran el matrimonio, sino que inevitablemente lo empeoran. ¿Qué es lo que provoca que uno de los cónyuges se muestre crónicamente crítico? Existen dos causas. La primera es la falta de respuesta emocional por parte del otro cónyuge. Por ejemplo, si Natalie se queja una y otra vez porque Jonah deja los periódicos en el suelo del cuarto de baño, y él no hace más que ignorar estas quejas, lo más probable es que ella acabe criticándole (acusándole de ser un insensible en lugar de recordarle con amabilidad que debe recoger los periódicos). Este cambio en la actitud de Natalie es comprensible, pero será de poca ayuda para su matrimonio, puesto que sus críticas sólo lograrán que Johan responda todavía menos. La única forma de salir de este círculo vicioso es que los dos cambien, lo cual no es fácil. Hace falta coraje para ser menos crítico con un compañero que no responde, y hace falta coraje para acercarse a un compañero que siempre nos está criticando. Pero ambos cambios son necesarios para salir de este círculo.

La otra causa de críticas en el matrimonio es interna. Tiene que ver con las dudas sobre uno mismo que se desarrollan a lo largo de la vida, sobre todo durante la infancia. En otras palabras, comienzan siendo críticas a uno mismo. Aaron no puede apreciar sus propios logros. Cuando tiene algún traspiés en su negocio, siente que él mismo no vale nada. Cuando su negocio marcha bien, Aaron no se permite sentirse orgulloso. Una voz en su interior le dice que él no vale como persona. Aaron busca continuamente la aprobación de los demás, pero no puede aceptarla cuando la recibe.

¿Qué pasa cuando Aaron se casa con Courtney? Puesto que él sólo sabe ver lo que está mal, sólo lo que falta en lugar de apreciar lo que tiene, le resulta difícil disfrutar de lo positivo de su relación con Courtney. De modo que en lugar de apreciar las cualidades de su mujer, su dulzura, su devoción y el apoyo emocional que le ofrece cuando tiene algún problema, Aaron se centra en lo que considera sus defectos: que es una persona demasiado emotiva, que no sabe relacionarse socialmente y que no es tan limpia y meticulosa en la casa como a él le gustaría.

La historia de Aaron y Courtney se repite en el 85 por ciento de los matrimonios infelices. Si no sabemos valorarnos como personas, estaremos siempre buscando lo que está mal, tanto en nosotros mismos como en nuestra pareja. Y una cosa es cierta: cualquier persona con la que nos casemos carecerá de ciertas cualidades. El problema surge cuando nos concentramos en aquello de lo que carece nuestra pareja y pasamos por alto lo que tiene de positiva.

Si crees que éste es tu caso, lo mejor que puedes hacer es trabajar para lograr aceptarte a ti mismo/a con todos tus defectos. Yo mismo soy muy consciente de lo importante que fue para mí perdonarme todas mis imperfecciones, y lo mucho que esto me hizo cambiar como esposo y como padre.

Un camino hacia este perdón puede ser la fe. Mi religión, el judaísmo, me ha ayudado a aceptar y cuidar aquello que es bueno y fuerte en mí mismo y en mi relación. En el judaísmo, la principal función de la oración es dar gracias o alabar. Pero la religión sostiene que Dios no requiere interminables alabanzas o agradecimiento. ¿Cuál es entonces el propósito de las oraciones? Las oraciones no son para beneficio de Dios, sino de la persona que las reza. Las oraciones nos ayudan a apreciar la obras de Dios, este hermoso mundo que hemos heredado, y a advertir y agradecer las bendiciones que continuamente recibimos. Sea cual sea tu religión: las expresiones de agradecimiento y alabanza son los antídotos al veneno de las críticas y el desdén. El siguiente ejercicio te ayudará a emprender este camino.

Un ejercicio de agradecimiento

Paso 1: Durante una semana intenta ser consciente de tu tendencia a criticar, a ver lo que está mal, a concentrarte en lo que te falta y hablar de ello. Intenta, en cambio, ser consciente de lo que está bien, lo que tienes, lo que los demás ofrecen. Busca cosas que alabar. Comienza con lo más simple. Alaba al mundo, aprecia tu propia respiración, el amanecer, la belleza de una tormenta, el brillo de los ojos de tus hijos. Pronuncia en silencio algunas palabras de agradecimiento (a nadie en particular) por estas pequeñas maravillas cotidianas. Esto hará cambiar tu atención a lo positivo.

Paso 2: Durante una semana, dedica cada día por lo menos una alabanza sincera, de corazón, a tu pareja. Advierte los efectos de este ejercicio en ti y en tu pareja. Si puedes, realiza el ejercicio un día más, y luego otro. Amplía el ejercicio a otras personas (tus hijos, por ejemplo). Cuando conozcas a alguien, busca qué tiene de especial. Aprecia sus cualidades. Recuerda que todo tiene que ser auténtico, de corazón. No seas hipócrita. Advierte las cualidades positivas y disfruta de ellas. Intenta decir a los demás lo que de verdad aprecias de ellos. Busca sólo una cualidad en cada persona e ignora los defectos.

Al extender el período de agradecimiento un día más, después de la semana, y luego otro día y otro, recibirás un gran don: comenzarás a perdonarte a ti mismo/a. La gracia y el perdón entrarán en tu mundo. Comenzarás a disfrutar de tus logros, en lugar de pasarlos por alto.

Uno de los dones más importantes que un padre puede dar a un hijo es admitir sus propios errores, decir: «En esto estaba equivocado/a», o «Lo siento». Esto tiene un gran significado porque permite al niño cometer también sus propios errores, admitir que puede equivocarse y no pasa nada. Le permite perdonarse. De la misma forma es muy importante saber decir «Lo siento» a la pareja. Cuanto más presente esté en la relación el espíritu de agradecimiento y alabanza, más significativa y satisfactoria será vuestra vida en común.